斯尔教育
SINCERE EDU

基础进阶 | 课程配套讲义

注册会计师考试辅导用书

公司战略与风险管理

斯尔教育 组编

2022

Corporate Strategy
and
Risk Management

只做好题

民主与建设出版社
·北京·

©民主与建设出版社，2022

图书在版编目（CIP）数据

只做好题. 公司战略与风险管理 / 斯尔教育组编. —北京：
民主与建设出版社, 2022.3
注册会计师考试辅导用书
ISBN 978-7-5139-3753-5

Ⅰ. ①只… Ⅱ. ①斯… Ⅲ. ①公司—企业管理—资格
考试—习题集②公司—风险管理—资格考试—习题集
Ⅳ. ①F23-44

中国版本图书馆CIP数据核字(2022)第033920号

只做好题·公司战略与风险管理

ZHIZUO HAOTI·GONGSI ZHANLÜE YU FENGXIAN GUANLI

组　　编	斯尔教育	
责任编辑	刘　芳	
封面设计	师鑫祺	
出版发行	民主与建设出版社有限责任公司	
电　　话	（010）59417747　59419778	
社　　址	北京市海淀区西三环中路10号望海楼E座7层	
邮　　编	100142	
印　　刷	北京盛通印刷股份有限公司	
版　　次	2022年3月第1版	
印　　次	2022年3月第1次印刷	
开　　本	889mm×1194mm　1/16	
印　　张	12	
字　　数	205千字	
书　　号	ISBN 978-7-5139-3753-5	
定　　价	30.00元	

注：如有印、装质量问题，请与出版社联系。

各位同学，在下笔做题之前，且慢！让我们先来聊聊做题的策略。毕竟，先花一点时间弄明白"为什么要做题？"、"要做哪些题？"、"该如何做题？"这几个问题，一定要比匆匆忙忙、迷迷糊糊就开始刷题之旅要有裨益的多。

问题一：我要做题吗？

备考CPA战略一定要做题吗？当然要！所有的备考都离不开做题，备考CPA战略当然也不例外。做题有很多好处，比如，能够帮助大家巩固对知识点的掌握、培养快速做题的能力等等，在此不一一列举了。事实上，我们只需要运用反向思维想一下不做题就上考场的糟糕情形，就知道做题是必须的！

问题二：我要做什么题？

其实，很多同学心里都明白要做题，可是在实践的时候往往犯了难。很多同学都想知道，"我到底需要做哪些题？"、"市面上有那么多题册，我究竟该买哪本？"。最后的结果往往就是乱做一气，不成章法。比如，有些同学可能一上来就豪情万丈地拿起一套真题册，誓要横扫过往十年的真题，然后往往没做几题心里就开始打起了退堂鼓。

老师想告诉大家的是，做题是有策略、有套路的。请大家回忆一下我们在初中、高中时代的经历，想一想我们以前是怎么备考的呢？

第一阶段，在每节课结束后，老师会给大家布置课后练习，帮助大家来巩固当堂所学的知识点。

第二阶段，老师会下发专题练习，帮助大家巩固一些重要的知识点。

第三阶段，临近考试前，模拟考卷才会登场，来帮助大家从全局角度了解自己的水平。

备考CPA的时候，上述的做题策略同样奏效。而且，请放心！斯尔把每个阶段你需要做的题都选好了，你只需要循序渐进地进行练习就好了！

第一阶段，逐个击破。在基础进阶阶段，我们的目的是把基础夯实。因此，每节课结束后，同学们需要通过一定的练习来巩固当堂所学的知识点。每节课后的巩固练习在哪呢？就在这本《只做好题》中。这套练习册非常全面，充分实现了考点全覆盖，而且难度与真题保持一致，是训练的绝佳素材。

第二阶段，专题攻关。到了冲刺飞越阶段，我们不再追求大而全的知识点全覆盖，而需要精而深的重点攻关。届时，斯尔将会为同学们准备冲刺专属题册《飞越必刷题》。这一轮习题在难度上有所提升，目的是帮助同学们应对更高难度的考查。

第三阶段，成套模拟。临近考试，一定要通过模拟考试的形式来检验自己的能力。同学们在考前只有做过比较充分的模拟，才能在考试中有一个好的发挥。除了往年的真题可供大家练习外，每年斯尔都为大家准备独家模拟试卷，每一套试卷背后都凝聚了老师们满满的心血，这也是临考复习最重要的素材之一。

问题三：我该怎么做题？

在知道要做哪些题之后，还有一个很重要的问题，那就是"怎么做题？"。有很多同学看似做了很多题，但还是收效甚微，背后的原因就在于没有掌握良好的做题习惯，白白浪费了时间！就像武功秘籍已经在手，但没有适当的修炼方法，还是成不了高手。

下面，老师给大家分享一些良好的做题习惯：

及时练习不拖延

很多同学有一种很不好的习惯，就是在做题的时候喜欢拖延。"等我有空了再做"这样的flag立了一个又一个，也倒了一个又一个。在学习完一个模块的知识点，就要"趁热打铁"，及时做对应的题目，才能够有最好的复习效果。其实，你开始做题了以后就会发现，很多题目真没那么难，只要认真学习了，很容易解答出来。

关上书本来练习

很多同学在做题的时候喜欢打开书本做，或者一遇到不会做的题目就翻书来看。尤其在答主观题的时候，涉及到对一些知识点的记忆背诵，如果边对照书本边答题，这样的练习效果是很差的，也不利于了解自己真实的知识掌握水平。

巧用错题提能力

在做题的过程中，同学们一定会遇到一些纠结的题目。如果我们在考试中如果碰到这样的题，当然会觉得非常烦躁，觉得它们简直就是我们考试通关路上的拦路虎。但是，在备考的时候，遇到这样的题目，其实是我们"捡到宝了"！对于这样的题，千万不能糊弄过去，请同学们老老实实地把这些题目标注出来。大家可以对照斯尔解析回顾相关知识点，想想当时做不对这道题的困难在哪，把这样一道又一道错题好好突破了，你的能力才会得到真正的提升。

好了，分享了那么多做题方法论是为了帮助大家磨出一把更快的"刀"，但是"砍柴"的过程是任何其他人都没办法帮你完成的。快开始你的练习之旅吧！

目 录

使用斯尔教育APP
扫码看解析做好题

第一章 战略与战略管理

一、单项选择题

1.1 逸云公司是一家手机游戏软件开发商。该公司为实现预定的战略目标，借助大数据分析工具，及时根据市场需求的变化调整产品开发和经营计划，成效显著。下列各项中，对逸云公司上述做法表述错误的是（ ）。

A.逸云公司的战略是理性计划的产物

B.逸云公司的战略是在其内外环境的变化中不断规划和再规划的结果

C.逸云公司采取主动态势预测未来

D.逸云公司的战略是事先的计划和突发应变的组合

1.2 以营利为目的而成立的组织，其首要目的是（ ）。

A.保证员工利益　　　　　　　　B.实现经营者期望

C.履行社会职责　　　　　　　　D.为其所有者带来经济价值

1.3 佳鑫公司最初是一家新能源车企，后来成长为业务涵盖网络商城、物流等领域的大型多元化公司。佳鑫公司的发展体现了公司（ ）。

A.战略层次的变化　　　　　　　B.经营哲学的变化

C.宗旨的变化　　　　　　　　　D.公司目的的变化

1.4 妙原公司是国内一家著名的肉类加工企业。近年来，妙原公司收购了几家肉类连锁超市，积极向下游环节延伸。妙原公司的上述行为属于该公司的（ ）。

A.总体战略　　　　　　　　　　B.业务单位战略

C.职能战略　　　　　　　　　　D.混合战略

1.5 下列各项中，属于多元化公司总体战略的核心要素的是（ ）。

A.明确企业竞争战略

B.选择企业可以竞争的经营领域

C.协调每个职能中各种活动之间的关系

D.协调不同职能与业务流程之间的关系

1.6 下列关于战略管理的表述，错误的是（ ）。

A.战略管理的对象不仅包括研究开发、生产、人力资源、财务、市场营销等具体职能，还包括统领各项职能战略的竞争战略和公司战略，这体现了战略管理是企业高层次的管理

B.评估战略备选方案时，考虑战略是否发挥了企业优势，克服了劣势，是否利用了机会，将威胁削弱到最低程度，是否有助于企业实现目标，这使用的标准是适宜性标准

C.战略管理是一个循环过程，而不是一次性的工作。要不断监控和评价战略的实施过程，修正原来的分析、选择与实施工作，这是一个循环往复的过程

D.战略管理必须由企业的高层领导来推动和实施

1.7 凉茶当中含有的一些成分具有清热解毒、生津止渴的功效。自清朝以来，凉茶一直被用作药饮。家祥公司摒弃了凉茶与疾病的关联，转而瞄向日渐增长的健康市场，将凉茶作为能够帮助清热去火的日常饮品推向市场，获得了消费者的青睐。家祥公司所采用的战略创新类型是（　　　）。

    A.产品创新　　　　　B.流程创新　　　　　C.定位创新　　　　　D.范式创新

1.8 中微基因是一家专门从事生命科学的科技机构，其近期试制成功的基因检测技术可以快速输出人类的基因序列图谱，并在不断调试技术参数。但受到政策的影响，该技术目前的市场接受度不高，且有不少其他机构可以在检测的速度与准确性方面与之抗衡。根据以上信息，中微基因当前所处的创新生命周期为（　　　）。

    A.流变阶段　　　　　B.过渡阶段　　　　　C.成熟阶段　　　　　D.衰退阶段

1.9 VR技术的推进和发展近年来一直是众人关注的热点。目前，国内虚拟现实领域的科技公司都还处在技术的探索阶段，行业内尚未出现一种主导设计。由于显示技术、图像处理性能、传输效率以及电池性能方面的限制，导致VR设备的市场接受度不高。根据以上信息，VR技术当前所处的创新生命周期是（　　　）。

    A.流变阶段　　　　　B.过渡阶段　　　　　C.成熟阶段　　　　　D.衰退阶段

1.10 鲍莫尔（Baumol W J.）的"销售最大化"模型，描述了企业在追求利润最大化和销售额最大化之间的博弈过程，这一模型反映了（　　　）。

    A.企业利益与社会效益的矛盾与均衡

    B.企业与外部利益相关者的矛盾与均衡

    C.企业员工与企业之间的利益矛盾与均衡

    D.股东与经理人员的利益矛盾与均衡

1.11 不能用来描述投资者与经理人员的利益矛盾与均衡的模型是（　　　）。

    A.列昂惕夫模型　　　　　　　　　　B.威廉姆森的经理效用最大化模型

    C.马里斯的增长最大化模型　　　　　D.鲍莫尔的销售最大化模型

1.12 截至2015年秋，U国N航空公司与M航空公司合并已有5年，但原N公司和M公司机舱服务员的劳工合约仍未统一。为此，原N公司与M公司的机舱服务员在临近圣诞节期间，发起抗议行动，有效推动了该项问题的解决，本案例中原N公司与M公司机舱服务员的权力来源于（　　　）。

    A.个人的素质和影响

    B.在管理层次中的地位

    C.利益相关者集中或联合的程度

    D.参与或影响企业战略决策与实施过程

1.13 某企业管理层拟将该公司旗下的两家子公司合并以实现业务重组，致使这两家子公司的大部分员工面临工作环境改变甚至下岗的风险。这些员工联合起来进行了坚决的抗争，致使公司管理层放弃了上述决定，公司管理层对待和处理这场冲突的策略是（　　　）。

    A.协作　　　　　B.折中　　　　　C.和解　　　　　D.规避

二、多项选择题

1.14 捷力公司是一家成立于1997年的汽车集团。为了实现"让捷力汽车跑遍全世界"的使命，捷力公司在2019年提出了最新的目标：争取用3～5年时间完成从单纯的低成本战略向高技术、高质量、高效率、国际化的战略转型。到2025年，在海外建成15个生产基地，实现大规模的产品外销，使捷力公司成为国际上有竞争力的品牌。下列关于捷力公司目标的描述正确的有（　　）。

A.捷力公司的目标阐明了其组织的根本性质与存在理由

B.捷力公司的目标表述仅包括战略目标，不包括财务目标

C.捷力公司的目标主要是集中精力提高公司的经营业绩和经营结果

D.捷力公司的目标是其使命的具体化

1.15 下列关于公司建立战略目标体系目的的表述中，正确的有（　　）。

A.提高股利增长率　　　　　　　　B.获得满意的投资回报率

C.提高公司在客户中的声誉　　　　D.获得持久的竞争优势

1.16 下列各项中，属于战略实施要切实做好的工作有（　　）。

A.调整和完善企业的组织结构

B.协调好企业战略、组织结构、文化建设和技术创新与变革诸方面的关系

C.企业自身所处的地位是否有利

D.推进企业文化的建设

1.17 包子是中国人的一种常见主食。很多上班族早上匆匆忙忙上班，就会在公司附近的小卖铺买几个包子当做早餐。最近，地址在上海静安寺繁华街区的忠哥包子铺自家的包子打上了"美食主义新享受"的口号，打算开启全新的包子销售模式。同时，店铺老板在包子的外观和口味上下足了功夫，推出了小龙虾包等创新菜品，并在制作工艺上做出了改进。每天夜间，客人仍然络绎不绝。根据以上信息，忠哥包子铺所采用的战略创新类型有（　　）。

A.产品创新　　　　B.流程创新　　　　C.定位创新　　　　D.范式创新

1.18 民先公司是一家销售生鲜食品的大型连锁超市。2017年，该公司逐渐开设了网上销售业务，并初步建立了快速高效的物流体系，目前已实现在若干超市门店3公里范围内，至多30分钟即可送货上门。根据上述信息，下列关于民先公司的说法中错误的有（　　）。

A.从创新的新颖程度来看，民先公司的创新属于渐进性创新

B.从创新的新颖程度来看，民先公司的创新属于突破性创新

C.民先公司创新的新颖程度能够使得企业保持平稳、正常运转

D.民先公司创新的新颖程度会使整个体系发生变化

1.19 下列各项对权力与职权的概念理解中，正确的有（　　）。

A.利益相关者内部的联合程度会影响其职权大小

B.职权也是权力的一种类型

C.权力只沿着企业的管理层次自上而下

D.榜样权和专家权是个人素质和影响的重要方面

答案与解析

一、单项选择题

| 1.1 | A | 1.2 | D | 1.3 | C | 1.4 | A | 1.5 | B |

| 1.6 | A | 1.7 | C | 1.8 | A | 1.9 | A | 1.10 | D |

| 1.11 | A | 1.12 | C | 1.13 | C |

二、多项选择题

| 1.14 | BD | 1.15 | CD | 1.16 | ABD | 1.17 | ABCD | 1.18 | BD |

| 1.19 | BD |

一、单项选择题

1.1 🔖斯尔解析　A　本题考查的知识点是战略的概念。战略的概念有三种表述：一是传统概念（波特）、二是现代概念（明茨伯格），三是综合概念（汤姆森）。传统概念强调计划性，现代概念强调应变性，而综合概念认为战略是事先计划和突发应变的组合。从题干信息可以看出，逸云公司的表现更符合综合概念对于战略的界定。逸云公司有"预定的战略目标"，同时也会"及时根据市场需求的变化调整产品开发和经营计划"，说明其战略是事先的计划和突发应变的组合（选项D表述正确，不当选），而并不完全是理性计划的产物（选项A表述错误，当选）。"该公司为实现预定的战略目标，借助大数据分析工具，及时根据市场需求的变化调整产品开发和经营计划，成效显著"说明逸云公司采取主动态势预测未来，而不是被动地对变化作出反应（选项C表述正确，不当选），其战略是在其内外环境的变化中不断规划和再规划的结果（选项B表述正确，不当选）。

1.2 🔖斯尔解析　D　本题考查的知识点是营利组织的目的。如果考生能够记住原文表述，可以直接选择选项D。但如果考生不记得原文，也可以按以下思路来进行判断：组织按照其目的进行划分，可以分为营利组织和非营利组织。公司作为典型的营利组织，其所有者为股东，而股东创办公司、经营公司的首要目的应当是增加自己的经济价值，而非为员工/经营者/社会大众增加价值，因此选项ABC错误。

1.3 🔖斯尔解析　C　本题考查的知识点是公司的使命，需要考生对公司目的、公司宗旨和经营哲学等概念进行辨析。"佳鑫公司最初是一家新能源车企，后来成长为业务涵盖网络商城、物流等领域的大型多元化公司"说明公司的经营业务范围发生变化，公司宗旨的具体内容主要是说明公司目前和未来所从事的经营业务范围，因此选项C正确。

1.4 斯尔解析 A 本题考查的是公司战略的层次。公司战略一般分为三个层次：总体战略、业务战略和职能战略。总体战略的核心要素是选择可以竞争的经营领域。"妙原公司收购了几家肉类连锁超市，积极向下游环节延伸"说明该公司的经营领域发生了变化，这属于总体战略的范畴，因此选项A正确。

1.5 斯尔解析 B 本题考查的知识点是对公司总体战略内涵的理解，需要考生对总体战略、业务单位战略（竞争战略）和职能战略进行区分。选项A属于竞争战略的核心要素，该选项错误。选项B落脚点在"经营领域"，属于总体战略，该选项正确。选项CD属于职能战略的核心要素，选项CD错误。

1.6 斯尔解析 A 本题考查的知识点是战略管理的三大特征和评估战略备选方案的三大标准。"战略管理的对象不仅包括……，还包括……"体现了战略管理是综合性管理，而非高层次管理，选项A错误。"评估战略备选方案时，考虑战略是否发挥了企业优势，克服了劣势，是否利用了机会，将威胁削弱到最低程度，是否有助于企业实现目标"对应的是评估战略备选方案三个标准中的适宜性标准，因此选项B正确。选项C体现了战略管理的动态性特征，正确。选项D体现了战略管理的高层次特征，正确。

1.7 斯尔解析 C 本题考查的知识点是战略创新的类型。"家祥公司摒弃了凉茶与疾病的关联，转而瞄向日渐增长的健康市场，将凉茶作为能够帮助清热去火的日常饮品推向市场，获得了消费者的青睐"说明家祥公司重新定义了凉茶的市场定位，体现的是定位创新，因此选项C正确。

1.8 斯尔解析 A 本题考查的知识点是创新生命周期。"不断调试技术参数"说明其生产流程带有实验性，"该技术目前的市场接受度不高，且有不少其他机构可以在检测的速度与准确性方面与之抗衡"说明了这个阶段有很大的不确定性，而且竞争对手之间的竞争重点是产品性能本身，这些表述都符合流变阶段的特点，因此选项A正确。

1.9 斯尔解析 A 本题考查的知识点是创新生命周期。"目前，国内虚拟现实领域的科技公司都还处在技术的探索阶段"说明其生产流程带有实验性，因此符合流变阶段的特点，选项A正确。"行业内尚未出现一种主导设计"说明VR技术尚未进入到过渡阶段，选项BCD错误。

1.10 斯尔解析 D 本题考查的知识点是利益矛盾与均衡相关理论。鲍莫尔用"销售最大化"模型反映了股东与经理人员的利益矛盾与均衡。该模型认为：作为企业的实际代表，经理总是期望企业获得最大化销售收益，但企业赚取的利润并不一定能满足股东对红利的需求，也不一定能达到资本市场的需求；另一方面利润最大化的产出点则往往要求企业的经营活动低于其全部生产能力。事实上，往往企业并不会去追求这两种产出量中的任何一种，各方利益均衡的结果是企业可能在这两种产出量中选择一个中间点，这个产出量反映了代表经理人员利益的销售额最大化与代表股东利益的利润最大化的均衡结果。因此选项D正确。

1.11 斯尔解析　　A　本题考查的知识点是企业利益相关者的利益矛盾与均衡。用来描述投资者与经理人员的利益矛盾与均衡的模型有鲍莫尔的销售最大化模型、马里斯的增长最大化模型和威廉姆森的经理效用最大化模型。列昂惕夫模型是用来描述企业员工与企业（股东或经理）之间的利益矛盾与均衡。本题要求选出不能用来描述投资者与经理人员的利益矛盾与均衡的模型，因此选项A当选。

1.12 斯尔解析　　C　本题考查的知识点是企业利益相关者的权力来源。原N公司与M公司的机舱服务员在临近圣诞节期间，发起抗议行动，有效推动了该问题的解决，属于利益相关者集中或联合的程度，因此选项C正确。

1.13 斯尔解析　　C　本题考查的知识点是利益相关者在企业战略决策与实施过程中权力应用的类型辨析。根据题干，这场冲突涉及到两个对象：一是管理层、二是公司的员工。本题提问的是公司管理层对待和处理这场冲突的策略，因此应当关注公司管理层对待这场冲突的态度和处理这场冲突的行为。"公司管理层放弃了上述决定"，说明管理层做出了单方面的让步，因此为和解，选项C正确。所谓和解，是一方利益相关者面对矛盾与冲突时，设法满足对方的要求，目的在于保持或改进现存的关系。和解模式通常表现为默认和让步。如果本题提问的是员工对待和处理这场冲突的策略，则应当关注员工的态度和行为——员工联合起来进行了坚决的抗争，表现为坚定的不合作，即对抗。

二、多项选择题

1.14 斯尔解析　　BD　本题考查的知识点是公司目标的相关内容。使命是企业组织的根本性质与存在理由，而非目标，选项A错误。根据描述，题干中的目标表述仅涉及战略目标，并未涉及财务目标，选项B正确。捷力公司的目标并非关注短期的经营业绩和结果，而是促使公司的管理者考虑现在应该采取什么行动，才能使公司进入一种可以在相当长的一段时期内良性经营的状态，选项C错误。公司的目标是使命的具体化，选项D正确。

1.15 斯尔解析　　CD　本题考查的知识点是战略目标体系所包含的具体内容，考生在做题时需要把握住一个原则，即战略目标体系一般不能用财务指标量化，财务目标体系反之，即可做出正确选择。提高股利增长率、获得满意的投资回报率，都是要在财务指标上有好的表现，属于财务目标体系的范畴，因此选项AB错误。提高公司在客户中的声誉、获得持久的竞争优势都属于战略目标体系的范畴，因此选项CD正确。

1.16 斯尔解析　　ABD　本题考查的知识点是战略实施。战略实施要切实做好的工作包括：（1）调整和完善企业的组织结构，使之适合公司战略的定位。（2）推进企业文化的建设。（3）运用财务和非财务手段、方法，监督战略实施进程，及时发现和纠正偏差。（4）采用先进技术尤其是数字化技术，构建新型企业组织，转变经营模式，支持企业数字化转型和数字化战略的实施。（5）协调好企业战略、组织结构、文化建设和技术创新与变革诸方面的关系。因此选项ABD正确。企业自身所处的地位是否有利属于战略分析所需要考虑的范畴，因此选项C错误。

1.17 斯尔解析　　ABCD　本题考查的知识点是战略创新类型。"将自家的包子打上了'美食主义新享受'的口号"改变了食客对于吃包子的感知，属于定位创新，因此选项C正确；"打算开启全新的包子销售模式"体现了业务潜在思维模式的变化（具体为商业模式的变化），属于范式创新，因此选项D正确；"店铺老板在包子的外观和口味上下足了功夫，推出了小龙虾包等创新菜品"体现了产品创新，因此选项A正确。"在制作工艺上做出了改进"体现了流程创新，因此选项B正确。

1.18　💡斯尔解析　**BD**　本题考查的知识点是创新的新颖程度。创新的新颖程度可以划分为渐进性创新和突破性创新。抓关键词，"逐渐开始""初步建立"，说明其该创新是一系列持续、稳步前进的变化过程，因此民先公司的创新属于渐进性创新，选项A的说法正确，选项B的说法错误。渐进性创新能够使得企业保持平稳、正常运转，选项C的说法正确；而突破性创新才会使得整个体系发生变化，所以选项D的说法错误。注意，题目要求选择"错误"的说法，因此选项BD当选。

1.19　💡斯尔解析　**BD**　本题考查的知识点是权力与职权的概念辨析。权力是比较宽泛的一个概念，职权指的是职位赋予一个人的权力。利益相关者内部的联合程度会影响其权力的大小，但不会影响其职权大小（因为利益相关者内部的联合程度不会影响职位的高低）。举个例子，公司内部的一些员工联合起来投诉一件事情，人越多力量越大，反映了利益相关者内部的联合程度会影响权力的大小，但是联合并不会使得这些员工的职位发生改变，自然不会影响其职权大小，因此选项A错误；职权是职位赋予一个人的权力，是权力的一种类型，因此选项B正确。职权沿着企业的管理层次方向自上而下，选项C错误。个人的素质和影响是一种非正式职权的权力的重要来源，榜样权和专家权是个人素质和影响的重要方面，因此选项D正确。

第二章　战略分析

一、单项选择题

2.1　金冶公司在对某投资对象国家进行考察时，发现该国因内部矛盾突出、社会稳定性差，导致局部战争和部族纷争频发，不利于业务的开展，因此决定推迟对该国的直接投资。这表明该公司在进行决策时考虑了（　　　）。

A.法律和政治环境　　　　　　　　B.经济环境

C.社会和文化环境　　　　　　　　D.技术环境

2.2　国际快餐连锁公司S公司宣布在中东开设连锁店，但并不出售猪肉汉堡，只出售牛肉汉堡、鸡肉汉堡和鱼肉汉堡。这说明该国际快餐连锁公司在战略分析中考虑了（　　　）。

A.政治和法律环境　　　　　　　　B.经济环境

C.社会和文化环境　　　　　　　　D.技术环境

2.3　近年来，国内空调产业的销售额达到前所未有的水平。不同企业生产的空调在技术和质量等方面的差异不明显。空调生产企业的主要战略途径是提高效率、降低成本。按照产品生命周期理论，目前国内空调产业所处的阶段是（　　　）。

A.成长期　　　　　B.成熟期　　　　　C.衰退期　　　　　D.导入期

2.4　根据产品生命周期理论，当企业的战略目标是争取最大市场份额时，企业所在产业处于（　　　）。

A.导入期　　　　　B.衰退期　　　　　C.成熟期　　　　　D.成长期

2.5　根据产品生命周期理论，产业从导入期到进入衰退期，其经营风险（　　　）。

A.不断提高　　　　　　　　　　　B.先提高后下降

C.先下降后提高　　　　　　　　　D.不断下降

2.6　龙苑公司是一家制作泥塑工艺品的家族企业。该公司成立100多年来，经过世代相传积累了丰富的泥塑工艺品制作经验和精湛技艺，产品远销国内外。目前一些企业试图进入泥塑工艺品制作领城。根据上述信息，龙苑公司给潜在进入者设置的进入障碍是（　　　）。

A.资金需求　　　　　　　　　　　B.学习曲线

C.行为性障碍　　　　　　　　　　D.分销渠道

2.7　下列各项中，对规模经济和学习经济之间的关系作出正确表述的是（　　　）。

A.两者总是同方向变动

B.在劳动密集型产业中，学习经济很小，规模经济却很大

C.在资本密集型产业中，规模经济很小，学习经济却很大

D.两者交叉地影响产品成本的下降水平

2.8 近年来，国内智能家电产业的产品销售量节节攀升，竞争者不断涌入。各厂家的产品虽然在技术和性能方面有较大差异，但均可被消费者接受。产品由于供不应求，价格高企。在产品生命周期的这个阶段，从市场角度看，国内智能家电产业的成功关键因素应当是（　　）。

A.建立商标信誉，开拓新销售渠道　　　　　B.保护现有市场，渗入别人的市场

C.选择区域市场，改善企业形象　　　　　　D.广告宣传，开辟销售渠道

2.9 近年来，国内电动自行车市场增长趋于缓慢。各厂家的产品在技术和性能方面的差异并不明显，竞争逐渐加剧，甚至出现了挑衅性的价格竞争。在产品生命周期的这个阶段，从市场角度看，国内电动自行车产业的成功关键因素是（　　）。

A.广告宣传，开辟销售渠道

B.建立商标信誉，开拓新销售渠道

C.保护现有市场，渗入别人的市场

D.选择市场区域，改善企业形象

2.10 2010年，R国汽车制造商G公司预测，随着绿色环保理念的普及和政府相关产业政策的推出，R国的新能源汽车产业将迎来一个巨大的发展机遇，其本国竞争对手汽车制造商S公司，将凭借雄厚的资金实力和强大的科研能力，把投资和研发的重点转向新能源汽车领域。G公司对S公司的上述分析属于（　　）。

A.成长能力分析　　　　　　　　　　　　　B.适应变化能力分析

C.快速反应能力分析　　　　　　　　　　　D.财务能力分析

2.11 2008年美国次贷危机爆发，波及中国大部分金融企业。在此期间，国外投行K预计其竞争对手中国的甲银行将会逐步降低权益类投资，并逐渐降低对客户的理财产品的收益率。投行K对甲银行进行的上述分析属于（　　）。

A.财务能力分析　　　　　　　　　　　　　B.快速反应能力分析

C.成长能力分析　　　　　　　　　　　　　D.适应变化的能力分析

2.12 随着中美贸易战持续发酵，中国科技类企业逐步意识到自主研发与国产品牌的重要性，并希望凭借自身的实力扭转M国A科技公司独霸中国市场的局面。中国的甲科技公司通过分析其国内竞争对手乙科技公司创始人在公开场合的发言，推测出乙公司将在近期推出一款自主研发的新产品以与A公司进行抗衡。甲公司对乙公司的上述分析属于（　　）。

A.成长能力分析　　　　　　　　　　　　　B.适应变化的能力分析

C.快速反应能力分析　　　　　　　　　　　D.财务能力分析

2.13 自由现金储备、留存借贷能力、厂房设备的余力、定型的但尚未推出的新产品等因素，决定着企业竞争对手的（　　）。

A.快速反应能力　　　　　　　　　　　　　B.成长能力

C.适应变化的能力　　　　　　　　　　　　D.持久力

2.14 下列关于产业内战略群组分析的表述中，正确的是（　　）。

A.有助于预测市场变化或发现战略机会

B.有助于寻找产业内的合作伙伴结成战略联盟

C.有助于了解产业的进入障碍

D.有助于了解产业内企业之间的纵向或横向的联系

2.15 七彩公司以"文化娱乐性"和"观光游览性"为两维坐标，将旅游业分为不同的战略群组，并将"文化娱乐性高、观光游览性低"的文艺演出与"文化娱乐性低、观光游览性高"的实景旅游两类功能结合起来，率先创建了"人物山水"旅游项目，它将震撼的文艺演出置于秀丽山水之中，让观众在观赏歌舞演出的同时将身心融于自然。七彩公司采用战略群组分析的主要思路是（ ）。

A.了解战略群组间的竞争状况

B.了解战略群组间的"移动障碍"

C.预测市场变化或发现战略机会

D.了解战略群组内企业竞争的主要着眼点

2.16 福清公司是发展中国家C国一家专门生产汽车玻璃的企业，准备到发达国家M国投资建厂。福清公司对M国诸多条件进行了充分的调查分析。以下分析内容不属于钻石模型四要素的是（ ）。

A.很多跨国企业已经在M国投资设厂，竞争激烈

B.M国汽车工业发达，对汽车玻璃的需求旺盛

C.M国劳动力成本高企，M国工人薪资是C国工人薪资的数倍

D.M国为福清公司提供了税收优惠

2.17 对于产品质量差异较小的软饮料行业而言，最重要的企业资源是（ ）。

A.财务资源 B.企业文化 C.商誉 D.技术

2.18 以生物药品研发为主营业务的康力公司多年来不断完善科研管理体制建设，为科研人才的创造性活动提供了坚实的基础和障碍，使公司在激烈的市场竞争中获得明显优势，康力公司的竞争优势来源于（ ）。

A.具有经济制约性的资源   B.物理上独特的资源

C.具有因果含糊性的资源   D.具有路径依赖性的资源

2.19 W航空公司以"家庭式愉快，节俭而投入"的企业文化为基础，构建起U国航空业的竞争优势，竞争对手对其难以模仿。W公司的竞争优势来源于（ ）。

A.物理上独特的资源   B.具有路径依赖性的资源

C.具有因果含糊性的资源   D.具有经济制约性的资源

2.20 吧里吧里公司"面向未来，包容多元"的企业文化为其吸引了一大批杰出的视频创作者在其网络平台上生产优质内容，竞争对手对此难以模仿。吧里吧里公司的竞争优势来源于（ ）。

A.物理上独特的资源   B.具有路径依赖性的资源

C.具有因果模糊性的资源   D.具有经济制约性的资源

2.21 M国的甲航空公司专营国内城际航线，以低成本战略取得很大成功，专营B国国内城际航线的H国乙航空公司，也采用低成本战略，学习甲公司的成本控制措施，在H国竞争激烈的航空市场取得了良好的业绩。乙公司基准分析的类型是（ ）。

A.内部基准   B.竞争性基准

C.过程或活动基准   D.一般基准

2.22 迅驰电梯公司是世界上最大的电梯、自动扶梯和自动走道的制造、安装和服务公司。2003年公司总裁鲍博在主持公司年度会议时，为迅驰电梯公司提出了一个愿景：超越自己，在提供卓越服务方面成为世界范围内所有公司——不仅仅是电梯公司——公认的领袖。为了追求服务卓越，迅驰电梯公司未来的参照标准是像UPS（快递公司）这样具有类似核心业务的公司。从基准分析方法判断，鲍博的观点是基于（　　　）。

    A.竞争性基准   B.过程或活动基准

    C.一般基准   D.顾客基准

2.23 西康酒店是一家位于中国西部某著名旅游景区的五星级酒店，为了提升管理水平，西康酒店定期派人去东部旅游景区的五星级酒店学习，从而逐步提升了服务质量和财务业绩。西康酒店进行基准分析的基准类型是（　　　）。

    A.内部基准   B.过程或活动基准

    C.一般基准   D.竞争性基准

2.24 佳星公司是一家专注于高端智能手机的创新型科技企业。佳星手机在网络上开设了星粉留言板，让用户可以在网络上提出需求，对产品的缺陷提出改进意见，从而快速地改进产品及服务，进而提升用户粘性。佳星公司所实施的基准分析的类型属于（　　　）。

    A.一般基准   B.竞争性基准

    C.内部基准   D.顾客基准

2.25 东海公司为了提升公司的信息化管理水平，聘请某著名咨询公司为其开发一套管理信息系统。东海公司的上述活动属于价值链支持活动中的（　　　）。

    A.采购管理   B.人力资源管理

    C.基础设施   D.技术开发

2.26 下列关于波士顿矩阵的表述中，错误的是（　　　）。

    A.纵轴表示企业销售额增长率

    B.横轴表示企业在产业中的相对竞争地位

    C.市场增长率是决定企业产品结构是否合理的外在因素

    D.波士顿矩阵事实上暗含了一个假设，企业的市场份额与投资回报是正相关的

2.27 天兆公司经营造船、港口建设、海运和相关智能设备制造四部分业务，这些业务的市场增长率分别为7.5%、9%、10.5%和18%，相对市场占有率分别为1.2、0.3、1.1和0.6。该公司四部分业务中，适合采用智囊团或项目组等管理组织是（　　　）。

    A.港口建设业务   B.造船业务

    C.相关智能设备制造业务   D.海运业务

2.28 晨明公司经营智能家电、手机、新能源汽车、房地产四部分业务。这些业务的市场增长率分别为12%，7%，20%，5%，晨明公司这四部分业务的相对市场占有率分别为0.5，1.2，1.5，0.3。该公司四部分业务中，适合采取发展战略的是（　　　）。

    A.家电业务   B.手机业务

    C.新能源汽车业务   D.房地产业务

2.29 环美公司原以家电产品的生产和销售为主业，近年来逐渐把业务范围扩展到新能源、房地产、生物制药等行业。依据波士顿矩阵分析法，下列各项环美公司对其业务所做的定位的描述中，错误的是（　　　）。

A.新能源行业发展潜力巨大、前景广阔，公司在该领域竞争优势不足。公司应当对新能源业务进行重点投资，以提高市场占有率

B.房地产业进入"寒冬"期，公司的房地产业务始终没有获利。公司应当果断地从该业务中撤出

C.生物制药行业近年来发展迅猛，公司收购的一家生物制药企业由弱到强，竞争优势日益显现。公司应当在短期内优先供给其所需资源，支持该业务继续发展

D.家电业务的多数产品进入成熟期，公司在家电行业竞争优势显著。公司应当对该业务加大投资力度，以维持公司在行业中的优势地位

2.30 实行多元化经营的达梦公司在家装行业有很强的竞争力，市场占有率达50%以上。近年来家装市场进入低速增长阶段，根据波士顿矩阵原理，下列各项中，对达梦公司的家装业务表述正确的是（　　　）。

A.该业务应采用撤退战略，将剩余资源向其他业务转移

B.该业务应由对生产技术和销售两方面都很内行的经营者负责

C.该业务需要增加投资以加强竞争地位

D.该业务的经营者最好是市场营销型人物

2.31 下列战略分析工具中，用来分析企业外部环境的是（　　　）。

A.波士顿矩阵 　　　　　　　　　　B.成功关键因素分析

C.SWOT分析 　　　　　　　　　　D.通用矩阵

2.32 平阳公司是国内一家中型煤炭企业，近年来在政府出台压缩过剩产能政策、行业竞争异常激烈的情况下，经营每况愈下，市场份额大幅缩减，根据SWOT分析，平阳公司应采取（　　　）。

A.扭转型战略 　　　　　　　　　　B.增长型战略

C.防御型战略 　　　　　　　　　　D.多种经营战略

2.33 受国家政策扶持，3D打印产业及市场呈现爆发式增长，智创三维有限公司是国内一家3D打印设备制造商，该公司通过仿造国外同类产品，制造用来打印珠宝、齿科产品等中小型产品的3D打印设备。但是，受技术水平的制约，其产品质量欠佳，故障率明显高于国外同类产品。根据SWOT分析，该公司应采取的战略是（　　　）。

A.增长型战略 　　　B.扭转型战略 　　　C.防御型战略 　　　D.多元化战略

二、多项选择题

2.34 鑫策公司是一家民营企业，主要从事口腔医疗器械制造及相关业务，是国内的行业龙头企业。下列各项关于鑫策公司的成功原因分析中，属于PEST分析的有（　　　）。

A.该公司近年来该业务保持着较高的市场份额

B.该公司的技术水平处于行业领先地位

C.政府对于口腔健康产业给予优惠政策

D.我国消费者对于口腔健康的重视日益加强

2.35 下列关于产品生命周期的表述中，正确的有（   ）。

A.以产业销售额增长率曲线的拐点划分，产品生命周期可以划分为导入期、成长期、成熟期和衰退期4个阶段

B.成熟期开始的标志是竞争者之间出现挑衅性的价格竞争

C.与产品生命周期每一阶段相联系的竞争属性随着产业的不同而不同

D.一个产业所处的生命周期具体阶段通常比较清晰

2.36 英华公司是一家从事少儿智力开发的企业。该企业成立十几年来，凭借其自主研发的独特高效的教育训练方法、国内一流的少儿智力开发团队和多年打造出的"英华"品牌，在业内一直占据龙头地位。随着业务量的持续快速增加，英华公司在保持营业收入和利润不断增长的同时，把收费降到行业最低水平，使许多试图进入该行业的企业望而却步。英华公司给潜在进入者设置的进入障碍有（   ）。

A.限制进入定价　　　　　　　　　　B.现有企业的市场优势

C.现有企业对关键资源的控制　　　　D.规模经济

2.37 惠丰公司是一家柴油机生产企业。最近，该公司拟把业务延伸到农机生产领域。下列各项中，属于惠丰公司进入新产业所面临的结构性障碍有（   ）。

A.现有农机企业的品牌优势

B.现有农机企业采取限制进入定价行为

C.政府颁布的农机产业进入政策

D.现有农机企业对销售渠道的控制

2.38 近年来国内洗涤品生产企业面临日益沉重的竞争压力。国外著名洗涤品公司加快进入中国市场的步伐；原材料及用工成本不断上涨；国内洗涤品生产企业众多，产品差异较小，消费者选择余地大；新型洗涤品层出不穷，产品生命周期缩短，原有洗涤品不断遭到淘汰。从产业五种竞争力角度考查，国内洗涤品生产企业面临的竞争压力包括（   ）。

A.产业内现有企业的竞争　　　　　　B.购买者讨价还价

C.供应者讨价还价　　　　　　　　　D.潜在进入者的进入威胁

2.39 近年来，国内调味品企业面临着激烈的竞争压力：其一，海外调味品企业不断通过收购国内品牌或在国内直接建厂进入国内市场；其二，原料成本、用工成本不断上抬，同时由于国内企业众多，产品差异小，利润微薄；其三，天然营养的综合型调味品层出不穷，对传统调味品形成部分替代。从五种竞争力角度考查，国内调味品生产企业面临的竞争压力包括（   ）。

A.产业内现有企业的竞争　　　　　　B.潜在进入者的进入威胁

C.供应者讨价还价　　　　　　　　　D.替代品的威胁

2.40 近年来，国内的奶茶企业面临日益沉重的竞争压力。目前已经有大量的奶茶商家在该市场进行激烈的竞争。与此同时，由于我国奶茶行业进入门槛低，很多年轻的创业者都在筹备开创自己的奶茶品牌。从产业的五种竞争力角度考虑，国内奶茶企业面临的竞争压力包括（   ）。

A.产业内现有企业的竞争　　　　　　B.购买者讨价还价

C.供应者讨价还价　　　　　　　　　D.潜在进入者的进入威胁

2.41 按照波特的五力分析模型，下列各项因素中，可能对某家航空公司获取行业竞争优势产生不利影响的有（　　）。

A.进入航空业需要大量的资本投入

B.航空产业的行业增长率开始处于下降趋势

C.由于廉价航空公司兴起，使得机票价格大幅降低

D.由于许多大型国际企业采用视频会议管理跨国业务，使得商务航空服务需求降低

2.42 巨能公司是多家手机制造企业的电池供应商。根据波特的五种竞争力分析理论，下列各项关于巨能公司与其客户讨价还价能力的说法中，正确的有（　　）。

A.巨能公司能够进行前向一体化时，其讨价还价能力强

B.巨能公司提供的电池差异化程度越高，其讨价还价能力越强

C.巨能公司的客户购买量越大，巨能公司讨价还价能力越强

D.巨能公司掌握的客户的转换成本信息越多，其讨价还价能力强

2.43 根据波特的五力模型，下列各项中，可以提高购买商议价能力的原因有（　　）。

A.购买商主要为零散的个人，但是通过协议方式进行集体大量购买产品

B.市场上的替代产品多

C.购买商对于产品的性能、规格、质量及售价信息很了解

D.购买商对于产品的供应时间要求迫切

2.44 近几年VR（虚拟现实）产品的销售量节节攀升，顾客群逐渐扩大；不同企业的产品在技术和性能方面有较大差异；消费者对产品质量的要求不高。从市场角度看，现阶段VR行业的成功关键因素有（　　）。

A.建立商标信誉

B.保护现有市场

C.开拓新销售渠道

D.改善企业形象

2.45 甲公司是C国一家生产经营消费类电子产品的企业，准备到发展中国家N国投资彩电生产业务，对N国诸多条件进行了认真的调查分析。以下分析内容属于钻石模型四要素的有（　　）。

A.国际名牌家电企业早已进入N国彩电市场，且竞争激烈

B.N国市场上质量高、价格适中的大众化彩电较少

C.由于C国产品在N国名声不好，N国政府对于C国家电产品的进入制定了许多限制性政策

D.N国劳动力价格比C国明显偏低，且劳动者的文化与技术水平较低

2.46 香港半岛酒店位于九龙半岛的天星码头旁，占据有利的地理位置，游客可以遥望对岸香港岛和维多利亚港美不胜收的海景和夜景。关于半岛酒店这一大特色，以下表述正确的有（　　）。

A.是半岛酒店难以被竞争对手模仿的无形资源

B.有助于半岛酒店获得竞争优势

C.是一种有形资源

D.是一种稀缺性资源

2.47 天翔航空公司于2016年年初率先布局航空互联网。现在该公司已有50多架飞机完成改造和机组培训，为乘客提供了稳定的互联网接入服务，并由此赢得明显的竞争优势。天翔航空公司的竞争优势来源于其拥有的（　　）。

A.文化资源　　　　B.人力资源　　　　C.技术资源　　　　D.物质资源

2.48 甲公司是一家电力设备制造企业。为了正确评价自身的核心能力，甲公司选取了国内一家知名的同类上市公司进行基准分析。下列各项中，属于甲公司选择基准对象时应当主要关注的领域有（　　）。

A.能够衡量企业业绩的活动　　　　　　B.占用企业较多资金的活动

C.能够显著改善与客户关系的活动　　　D.能够最终影响企业结果的活动

2.49 按照波特的价值链理论，企业的下列各项活动中，属于辅助活动的有（　　）。

A.新华书店提供网络在线销售服务

B.家电生产企业利用外包仓库储存其产成品

C.快递公司重整其人力资源管理，提升员工的服务能力

D.制鞋企业设立特定研究中心专门从事人体工程学和产品生产和研究

2.50 按照波特的价值链分析方法，企业支持活动中的基础设施包括（　　）。

A.信息系统开发

B.厂房、道路等

C.企业高层管理人员

D.企业的组织、惯例、控制系统及文化等活动

2.51 甲公司是国内火力发电装备制造行业的龙头企业，拥有雄厚的资金实力和品牌优势。2012年，甲公司在国家政策支持下，投资开展了为核电企业提供配套设备的新业务，由于相关技术研发力量不足，且市场竞争激烈，该业务一直处于亏损状态。下列各项对甲公司所作的SWOT分析并提出的相应战略中，正确的有（　　）。

A.甲公司新业务的相关技术研发力量不足，且市场竞争激烈，应将新业务出售。此为WT战略

B.甲公司虽然新业务的相关技术研发力量不足，但面对国家政策的支持，应寻找有实力的公司，结成战略联盟。此为ST战略

C.甲公司拥有雄厚的资金实力和品牌优势，但自身研发能力不足，应寻求有实力的公司，结成战略联盟。此为WO战略

D.甲公司拥有雄厚的资金实力和品牌优势，应借国家政策支持的东风，加强技术攻关力度，争取新业务尽快扭亏为盈。此为SO战略

2.52 甲公司是C国一家以乳制品业务为主体的多元化经营企业，业务范围涉及乳制品、煤化工、房地产、新能源等。甲公司对其业务发展状况进行分析，以下各项符合SWOT分析的有（　　）。

A.乳制品行业增长缓慢，公司市场占有率高，应采用SO战略

B.房地产行业不景气，公司市场占有率低，应采用WT战略

C.新能源行业具有广阔的发展前景，公司在该行业不具有竞争优势，应采用WO战略

D.煤化工行业近年来发展势头明显回落，公司在该行业中具备一定优势，应采用ST战略

答案与解析

一、单项选择题

2.1 A	2.2 C	2.3 B	2.4 D	2.5 D
2.6 B	2.7 D	2.8 A	2.9 C	2.10 B
2.11 D	2.12 C	2.13 A	2.14 A	2.15 C
2.16 D	2.17 C	2.18 D	2.19 C	2.20 C
2.21 D	2.22 B	2.23 C	2.24 D	2.25 A
2.26 A	2.27 D	2.28 D	2.29 D	2.30 D
2.31 B	2.32 C	2.33 B		

二、多项选择题

2.34 CD	2.35 ABC	2.36 ABC	2.37 ACD	2.38 ABCD
2.39 ABCD	2.40 AD	2.41 BCD	2.42 ABD	2.43 ABC
2.44 AC	2.45 ABD	2.46 BCD	2.47 BCD	2.48 BCD
2.49 CD	2.50 CD	2.51 AD	2.52 BCD	

一、单项选择题

2.1 〔斯尔解析〕 **A** 本题考查的知识点是宏观环境分析（PEST）。"该国因内部矛盾突出、社会稳定性差，导致局部战争和部族纷争频发"反映的是一个国家或地区的政局稳定状况，属于法律和政治环境，因此选项A正确。

2.2 〔斯尔解析〕 **C** 本题考查的知识点是宏观环境分析（PEST）。"国际快餐连锁公司S公司宣布在中东开设连锁店，但并不出售猪肉汉堡，只出售牛肉汉堡、鸡肉汉堡和鱼肉汉堡"考虑的是中东地区的风俗习惯、宗教文化传统，属于社会和文化环境，因此选项C正确。

2.3 〔斯尔解析〕 **B** 本题考查的知识点是产品生命周期理论的阶段判断。产业在生命周期的不同阶段有不同的特征。从题目中的一系列关键词——"销售额达到前所未有的水平""技术和质量等方面的差异不明显""主要战略途径是提高效率、降低成本"等，可以看出国内空调产业所处的阶段是成熟期，因此选项B正确。

2.4 🔍斯尔解析　D　本题考查的知识点是产品生命周期理论的阶段特征。在产品生命周期的不同阶段，企业的战略目标是不同的。在导入期，企业的战略目标是扩大市场份额。在成长期，企业的战略目标是争取最大市场份额，并坚持到成熟期的到来。在成熟期，企业的战略目标是巩固其现有的市场份额。在衰退期，企业的战略目标是获取最后的现金流。因此选项D正确。

2.5 🔍斯尔解析　D　本题考查的知识点是产品生命周期理论的阶段特征。考生需牢记一个关键结论即可快速解题：四个阶段的经营风险呈现持续下降的趋势，因此选项D正确。

2.6 🔍斯尔解析　B　本题考查的知识点是波特五力模型的进入障碍。进入障碍的设置是为了抵御潜在进入者的威胁。"学习曲线"指的是当某一产品累计生产量增加时，由于经验和专有技术的积累所带来的产品单位成本的下降。根据题干，"经过世代相传积累了丰富的泥塑工艺品制作经验和精湛技艺，产品远销国内外"，关键词是"制作经验和精湛技艺"，体现了学习曲线的内涵，因此选项B正确。

2.7 🔍斯尔解析　D　本题考查的知识点是波特五力模型中规模经济和学习经济的辨析。规模经济和学习曲线是两个非常容易混淆的概念，但两者之间并不存在必然的相关性——这两者既不是必然同向变动（选项A错误），也不是必然反向变动。在诸如铝罐制造这样的资本密集型产业中，学习经济很小，规模经济却很大，因此选项B错误。而在诸如计算机软件开发这样的劳动密集型产业中，规模经济很小，学习经济却很大，因此选项C错误。学习曲线与规模经济往往交叉地影响产品成本的下降水平，选项D正确。

2.8 🔍斯尔解析　A　本题考查的知识点是产品生命周期各阶段的成功关键因素。解题的关键是先判断国内智能家电产业所处的产品生命周期阶段，再选择与该阶段匹配的KSF。根据题干描述，"产品销量节节攀升""产品在技术和性能方面有较大差异"都说明国内智能家电产业处于成长期。因此，从市场角度看，成功关键因素是建立商标信誉，开拓新销售渠道，选项A正确。选项BCD分别是成熟期、衰退期和导入期的KSF。

2.9 🔍斯尔解析　C　本题考查的知识点是产品生命周期各阶段的成功关键因素。解题的关键是先判断阶段，再选择与该阶段匹配的成功关键因素。根据题干描述，"国内电动自行车市场增长趋于缓慢。各厂家的产品在技术和性能方面的差异并不明显，竞争逐渐加剧，甚至出现了挑衅性的价格竞争"，属于成熟期的特点。从市场角度来看，成熟期的成功关键因素是保护现有市场，渗入别人的市场，因此选项C正确。选项ABD分别是导入期、成长期、衰退期的成功关键因素。

2.10 🔍斯尔解析　B　本题考查的知识点是竞争对手的能力分析。根据题干，G公司分析的竞争对手是S公司，而S公司之所以"把投资和研发的重点转向新能源汽车领域"，是因为R国的宏观环境发生了改变——"随着绿色环保理念的普及和政府相关产业政策的推出，R国的新能源汽车产业将迎来一个巨大的发展机遇"，属于S公司对于"环境"的反应，反映的是S公司适应变化的能力。因此选项B正确。请同学们注意两组潜在能力的辨析：第一组：快速反应能力（对手之于对手）VS适应变化能力（对手之于环境）；第二组：自由现金储备（属于快速反应能力，偏经营）VS现金储备（属于持久力，偏管理）。

2.11 斯尔解析 D 本题考查的知识点是竞争对手的能力分析。"美国次贷危机爆发，波及中国大部分金融企业。国外投行K预计其竞争对手中国的甲银行将会逐步降低权益类投资，并逐渐降低对客户的理财产品的收益率"，投行K对甲银行进行的上述分析属于对竞争对手能否对外部事件（即"环境"）做出反应的分析，因此选项D正确。

2.12 斯尔解析 C 本题考查的知识点是竞争对手的能力分析。根据题干"希望凭借自身的实力扭转M国A科技公司独霸中国市场的局面""乙公司将在近期推出一款自主研发的新产品以与A公司进行抗衡"，属于对手（乙公司）之于对手（M国A科技公司）的改变，因此选项C正确。

2.13 斯尔解析 A 本题考查的知识点是竞争对手的能力分析。竞争对手对其他公司的行动迅速作出反应的能力如何或立即发动进攻的能力如何？这将由一系列因素决定：自由现金储备、留存借贷能力、厂房设备的余力、定型的但尚未推出的新产品，因此选项A正确。需要大家注意的是，快速反应能力的这些因素整体上均偏实际的业务"经营"，而持久力的相关因素（包括现金储备、管理人员的协调统一、财务目标上的长远眼光、较少受股票市场的压力）则更偏"管理"。

2.14 斯尔解析 A 本题考查的知识点是战略群组分析。战略群组分析有助于（1）了解战略群组内企业竞争的主要着眼点；（2）很好地了解战略群组间的竞争状况，主动地发现近处和远处的竞争者，也可以很好地了解某一群组与其他群组间的不同；（3）了解（产业内）战略群组之间的"移动障碍"，但无法了解产业的进入障碍，选项C错误；（4）利用战略群组图还可以预测市场变化或发现战略机会，因此选项A正确。战略群组分析关注的是竞争格局，而非"合作"，选项B错误。战略群组的分析对象是处于同一产业内的企业，通过了解群组间的竞争状况及群组内的竞争着眼点，更多了解的是企业间的横向联系，而非纵向联系（上下游），选项D错误。

2.15 斯尔解析 C 本题考查的知识点是战略群组分析。"七彩公司以'文化娱乐性'和'观光游览性'为两维坐标"，将现有的旅游项目划分为两大战略群组。根据题干，文艺演出属于"文化娱乐性高、观光游览性低"的一组，实景旅游属于"文化娱乐性低、观光游览性高"的一组。七彩公司采用战略群组分析的主要思路，不是为了分析某一群组内部的竞争情况（选项D错误），也不是分析两个群组之间的竞争状况（选项A错误）或移动障碍（选项B错误），而是通过分析发现了战略机会——"将……的文艺演出和……的实景旅游两类功能结合起来，率先创建了'人物山水'旅游项目"，因此选项C正确。

2.16 斯尔解析 D 本题考查的知识点是钻石模型要素的判断。钻石模型包含四个要素，分别是生产要素，需求条件，同业竞争和相关与支持性产业。选项A

反映同业竞争的情况，属于钻石模型的要素，不当选。选项B反映需求条件，属于钻石模型的要素，不当选。选项C反映生产要素，属于钻石模型的要素，不当选。选项D反映的是政府推行的政策，属于PEST分析中的政治和法律环境，不属于钻石模型的要素，当选。

2.17 斯尔解析 **C** 本题考查的知识点是企业资源的分类。对于产品质量差异较小的行业，例如软饮料行业，商誉可以说是最重要的企业资源，因此选项C正确。这是教材的举例原文，大家一定要熟悉！

2.18 斯尔解析 **D** 本题考查的知识点是企业资源分析。根据题干，康力公司的竞争优势来源于"多年来不断完善科研管理体制建设，为科研人才的创造性活动提供了坚实的基础和障碍"，与制度、管理、人员有关的且是长期形成的属于具有路径依赖性的资源，因此选项D正确。

2.19 斯尔解析 **C** 本题考查的知识点是企业资源分析。通过抓关键词："企业文化"，可直接确定这属于"具有因果含糊性的资源"——即有些资源的潜在的复制者不能清楚其价值究竟在何处，或不能找出准确的复制方法，从而难以被竞争对手模仿。因此选项C正确。注意：决定企业竞争优势的企业资源判断标准是非常高频的考点，大家需全面掌握，并重点辨析"不可模仿性"中的相关内容，具体参见《打好基础》相关内容的【解题高手】。

2.20 斯尔解析 **C** 本题考查的知识点是企业资源分析。吧里吧里公司的竞争优势来源于其"面向未来，包容多元"的企业文化，企业文化属于具有因果模糊性的资源，因此选项C正确。

2.21 斯尔解析 **D** 本题考查的知识点是基准分析的类型辨析。根据题干，乙公司是专营B国国内城际航线的H国航空公司，而其基准分析选取的对象是专营M国国内城际航线的M国航空公司。这两家公司是处于同一行业中，但是这两家公司开展的业务范围处于不同的国家，所以并没有构成直接的竞争关系，所以属于一般基准，因此选项D正确（关键点：同一行业无竞争）。

2.22 斯尔解析 **B** 本题考查的知识点是基准分析的类型辨析。"迅驰电梯公司是世界上最大的电梯、自动扶梯和自动走道的制造、安装和服务公司"，其基准分析选取的对象是"UPS（快递公司）这样具有类似核心业务的公司"。UPS公司和迅驰公司不属于同一个行业（选项C错误），UPS公司更不是迅驰公司的竞争对手（选项A错误）。过程或活动基准的对象是不同产业但拥有相同或相似活动、流程的企业，彼此之间的产品不存在直接竞争。因此选项B正确（关键点：不同行业无竞争）。

2.23 斯尔解析 **C** 本题考查的知识点是基准分析的类型辨析。"西康酒店"对标的是东部的一家五星级酒店，二者都是酒店，有相同的业务。但一家在西部，一家在东部，并不存在竞争关系，属于一般基准，因此选项C正确（关键点：同一行业无竞争）。

2.24 斯尔解析 **D** 本题考查的知识点是基准分析的类型辨析。"佳星手机在网络上开设了星粉留言板，让用户可以在网络上提出需求，对产品的缺陷提出改进意见，从而快速地改进产品及服务"体现了佳星公司以顾客的预期为基准进行比较，选项D正确。

2.25 斯尔解析 **A** 本题考查的知识点是价值链活动。广义的采购管理既包括生产原材料的采购，也包括其他资源的投入管理。例如，企业聘请咨询公司为企业进行广告策划、市场预测、管理信息系统设计、法律咨询等都属于采购管理，因此选项A正确。

2.26 斯尔解析 **A** 本题考查的知识点是波士顿矩阵，涉及波士顿矩阵的横纵轴定义和模型的局限性。波士顿矩阵的纵轴表示的是市场增长率，而非企业的销售额增长率，因此选项A的表述错误。波士顿矩阵的横轴是相对市场占有率，表示企业在产业中的相对竞争地位，因此选项B的表述正确。市场增长率是决定企业产品结构是否合理的外在因素，选项C的表述正确。波士顿矩阵事实上暗含了一个假设，企业的市场份额与投资回报是正相关的，这也是波士顿矩阵这一模型的局限性所在，选项D的表述正确。本题要求选出表述错误的选项，因此选项A当选。波士顿矩阵是客观题的高频考点，同学们需要将波士顿矩阵的相关内容进行全面的理解和掌握。

2.27 斯尔解析 **C** 本题考查的知识点是波士顿矩阵的管理组织选择。不同类型的业务适合匹配不同的管理组织。解答本题的关键在于需要知道，适合采用智囊团或项目组等管理组织的是问题业务。与此同时，同学们要能够根据业务特征判断业务的类型。问题业务对应高市场增长率（大于10%）和低相对市场占有率（小于1.0）。相关智能设备制造的市场增长率为18%，相对市场占有率为0.6，属于问题业务，即适合采取智囊团或项目组等管理组织，因此选项C正确。

2.28 斯尔解析 **C** 本题考查的知识点是波士顿矩阵的业务类型判断。不同类型的业务适合匹配不同的应对战略。解答本题的关键在于需要知道，适合采取发展战略的是明星业务。与此同时，同学们要能够根据业务特征判断业务的类型。明星业务对应的是高市场增长率（大于10%）和高相对市场占有率（大于1.0）。新能源汽车业务的市场增长率为20%，相对市场占有率为1.5，属于明星业务，适合采取发展战略，因此选项C正确。

2.29 斯尔解析 **D** 本题考查的知识点是波士顿矩阵的综合分析。不同类型的业务适合匹配不同的应对战略。对于波士顿矩阵的判断，大家需要学会通过抓取关键词来领悟出题人所暗示的象限位置。"新能源行业发展潜力巨大、前景广阔，公司在该领域竞争优势不足"表明新能源行业的市场增长率高，而环美公司新能源业务的相对市场占有率低，因此环美公司的新能源业务属于问题业务。对于未来有发展前途的问题业务，公司应当进行重点投资，以提高市场占有率，因此选项A表述正确，不当选。"房地产业进入'寒冬'期，公司的房地产业务始终没有获利"表明房地产行业的市场增长率低，而环美公司的房地产业务的相对市场占有率低，因此环美公司的房地产业务属于瘦狗业务。对于瘦狗业务，公司应当采用撤退战略，因此选项B表述正确，不当选。"生物制药行业近年来发展迅猛，公司收购的一家生物制药企业由弱到强，竞争优势日益显现"表明生物制药行业的市场增长率高，环美公司的生物制药业务发展欣欣向荣，相对市场占有率高，属于明星业务，应当为该业务提供资源支持该业务继续发展，因此选项C表述正确，不当选。"家电业务的多数产品进入成熟期，公司在家电行业竞争优势显著"表明家电行业的市场增长率低，而环美公司的家电业务的相对市场占有率高，属于现金牛业务，故应采用收获战略，而非加大投资力度，因此选项D表述错误，当选。

2.30　🔍斯尔解析　　D　本题考查的知识点是波士顿矩阵的管理组织选择。"市场占有率达50%以上"说明相对市场占有率高（且可以判断是大于1），"近年来家装市场进入低速增长阶段"说明市场增长率低，因此达梦公司的家装业务属于现金牛业务。现金牛业务的经营者最好是市场营销型人物，因此选项D正确。选项A是瘦狗业务的策略，选项BC是明星业务的策略，因此选项ABC错误。

2.31　🔍斯尔解析　　B　本题考查的知识点是企业外部环境分析工具。解答本题需要对战略分析这一章构建起清晰的知识框架。成功关键因素分析是用来分析企业外部环境的，因此选项B正确。波士顿矩阵和通用矩阵属于企业内部环境分析，选项AD错误；SWOT分析属于内外部结合的分析模型，选项C错误。

2.32　🔍斯尔解析　　C　本题考查的知识点是SWOT分析。政府的压缩过剩产能政策和行业的激烈竞争说明该公司面临外部环境的威胁（T）；经营状况每况愈下和市场份额大幅缩减说明该公司面临内部环境的劣势（W）。根据SWOT分析，平阳公司应该采取的战略是WT战略，即防御型战略，因此选项C正确。

2.33　🔍斯尔解析　　B　本题考查的知识点是SWOT分析。受国家政策支持，3D打印产业及市场呈现爆发式增长，说明该公司面临外部环境的机会（O）；受技术水平制约，其产品质量欠佳，故障率明显高于国外同类产品，说明该公司面临内部环境的劣势（W）。根据SWOT分析，应采取的战略是WO战略，即扭转型战略，因此选项B正确。

二、多项选择题

2.34　🔍斯尔解析　　CD　本题考查的知识点是宏观环境分析（PEST）。选项AB均属于企业自身的发展情况，是内部环境分析，不属于PEST分析，因此选项AB错误。选项CD分别属于PEST分析中的政治和法律环境与社会和文化环境，因此选项CD正确。

2.35　🔍斯尔解析　　ABC　本题考查的知识点是产品生命周期理论。选项ABC都是关于产品生命周期的正确表述。产品生命周期局限性的第一点即为"分不清"——产品各阶段的持续时间随着产业的不同而非常不同，并且一个产业究竟处于生命周期的哪一个阶段通常不清楚，因此选项D错误。

2.36　🔍斯尔解析　　ABC　本题考查的知识点是波特五力模型中潜在进入者的进入障碍。"凭借其自主研发的独特高效的教育训练方法、国内一流的少儿智力开发团队"属于现有企业对关键资源的控制（选项C正确），"多年打造出的'英华'品牌，在业内一直占据龙头地位"属于现有企业的市场优势（选项B正确），"把收费降到行业最低水平，使许多试图进入该行业的企业望而却步"属于限制进入定价（选项A正确）。因此选项ABC正确。规模经济是指在一定时期内，企业所生产的产品或劳务的绝对量增加时，其单位成本趋于下降。而且规模经济通常是在资本密集型的生产中产生，因此选项D错误。

2.37　🔍斯尔解析　　ACD　本题考查的知识点是进入障碍中的结构性障碍。选项A是市场优势/品牌优势，属于结构性障碍，因此选项A正确；选项B属于行为性障碍，因此选项B错误；选项C是政府政策，属于结构性障碍，因此选项C正确；选项D是企业对现有资源的控制/分销渠道，属于结构性障碍，因此选项D正确。

2.38 🔍斯尔解析 **ABCD** 本题考查的知识点是产业五种竞争力分析。国内洗涤品生产企业众多，体现了现有企业的竞争，选项A正确。产品差异较小，消费者选择余地大，体现了消费者的议价能力强，选项B正确。原材料及用工成本不断上涨，体现了供应者的议价能力强，选项C正确。国外著名洗涤品公司加快进入中国市场的步伐，体现了潜在进入者的进入威胁，选项D正确。

2.39 🔍斯尔解析 **ABCD** 本题考查的知识点是产业五种竞争力分析。"海外调味品企业不断通过收购国内品牌或在国内直接建厂进入国内市场"属于潜在进入者的进入威胁，选项B正确；"原料成本、用工成本不断上抬"属于供应者讨价还价，选项C正确；"国内企业众多，产品差异小，利润微薄"，属于产业内现有企业的竞争，选项A正确。"天然营养的综合型调味品层出不穷，对传统调味品形成部分替代"属于替代品的威胁，选项D正确。

2.40 🔍斯尔解析 **AD** 本题考查的知识点是产业五种竞争力分析。"目前已经有大量的奶茶商家在该市场进行激烈的竞争"体现的是产业内现有企业的竞争，选项A正确。"由于我国奶茶行业进入门槛低，很多年轻的创业者都在筹备开创自己的奶茶品牌"体现的是潜在进入者的进入威胁，选项D正确。

2.41 🔍斯尔解析 **BCD** 本题考查的知识点是产业五种竞争力分析，有一定难度。行业进入壁垒高，会对行业内现有公司获取行业竞争优势产生有利影响，因此选项A错误。行业增长率下降，行业内现有企业的竞争就会加剧，会对企业取得行业竞争优势产生不利影响，因此选项B正确；廉价航空公司兴起，会加剧同业竞争，对企业取得行业竞争优势产生不利影响，因此选项C正确；许多大型国际企业采用视频会议管理跨国业务，属于替代品的替代威胁，会产生不利影响，因此选项D正确。

2.42 🔍斯尔解析 **ABD** 本题考查的知识点是产业五种竞争力分析。决定购买者与供应者讨价还价能力的"四化"水平有集中化、差异化、一体化、透明化。"巨能公司是多家手机制造企业的电池供应商"，处于手机产业链的上游。巨能公司能够进行前向一体化时，其与下游客户讨价还价能力变强，选项A正确。需要注意的是，如果巨能公司进行的是后向一体化，并不能加强其与下游客户讨价还价的能力。巨能公司提供的电池差异化程度越高，其讨价还价能力越强，选项B正确。巨能公司的客户购买量越大（集中化），客户的讨价还价能力越强，而巨能公司讨价还价能力越弱，选项C错误。巨能公司掌握的客户的转换成本信息越多（透明化），其讨价还价能力强，选项D正确。

2.43 🔍斯尔解析 **ABC** 本题考查的知识点是产业五种竞争力中购买者的讨价还价能力。决定购买者与供应者讨价还价能力的"四化"水平有集中化、差异化、一体化、透明化。购买者为零散的个人，通过协议方式进行集体大量购买，提高了购买方的集中化水平，能够提高购买商的议价能力，因此选项A正确。市场上的替代选择多，说明产品差异化程度不高，这种情况下供应商的议价能力低，而购买商的议价能力高，因此选项B正确。购买商对于产品的性能、规格、质量及售价信息很了解，信息透明化程度高，有利于提高购买商的议价能力，因此选项C正确。购买商对产品的供应时间要求迫切，不利于购买商讨价还价，议价能力低，因此选项D错误。

2.44　斯尔解析　**AC**　本题考查的知识点是产品生命周期各阶段的成功关键因素。根据题干描述，"销售量节节攀升，顾客群逐渐扩大；不同企业的产品在技术和性能方面有较大差异；消费者对产品质量的要求不高"，说明行业正处于成长期。从市场角度看，选项AC都是成长期行业的成功关键因素，选项AC正确；选项B是成熟期的成功关键因素，选项D是衰退期的成功关键因素，选项BD错误。

2.45　斯尔解析　**ABD**　本题考查的知识点是钻石模型的要素判断。选项AB属于钻石模型四要素中同业竞争的表现，选项AB正确；选项D属于钻石模型四要素中生产要素的表现，选项D正确；选项C属于PEST分析中的政治和法律环境，不属于钻石模型的四要素之一，选项C错误。

2.46　斯尔解析　**BCD**　本题考查的知识点是企业资源分析。"香港半岛酒店位于九龙半岛的天星码头旁，占据有利的地理位置，游客可以遥望对岸香港岛和维多利亚港美不胜收的海景和夜景"，地理位置是有形资源（选项C正确），而非无形资源（选项A错误）。同时，这也是一种稀缺性资源，能够帮助半岛酒店获得竞争优势，选项BD正确。

2.47　斯尔解析　**BCD**　本题考查的知识点是企业资源分析。企业资源有三种：有形资源、无形资源和人力资源。除此之外，大家还需要掌握有形资源的下属分类还包括物质资源和财务资源，无形资源的典型分类有技术资源和商誉等。本题中，机组培训属于人力资源（选项B正确），率先布局航空互联网属于技术资源（选项C正确），50多架飞机属于物质资源（选项D正确）。

2.48　斯尔解析　**BCD**　本题考查的知识点是基准分析的类型辨析。一般来说，能够衡量业绩的活动都可以成为基准对象。当然，把企业的每一项活动都作为基准对象是不切实际的，因此选项A错误。企业可以主要关注以下几个领域：占用较多资金的活动；能显著改善与顾客关系的活动；能最终影响企业结果的活动等等。因此选项BCD正确。

2.49　斯尔解析　**CD**　本题考查的知识点是价值链分析。选项A属于基本活动中的市场销售，因此选项A错误；选项B属于基本活动中的外部后勤，因此选项B错误；选项C属于辅助活动中的人力资源管理，因此选项C正确；选项D属于辅助活动中的技术开发，因此选项D正确。

2.50　斯尔解析　**CD**　本题考查的知识点是价值链分析。企业支持活动中的基础设施是指企业组织结构、惯例、控制系统以及文化等活动，选项D正确。企业高层管理人员往往在这些方面发挥重要作用。因此高层管理人员也往往被视作基础设施的一部分，选项C正确。信息系统开发属于支持活动中的技术开发，选项A错误。注意，公司的厂房属于固定资产而不是一种活动，因此选项B错误。

2.51　斯尔解析　**AD**　本题考查的知识点是SWOT分析。"甲公司新业务的相关技术研发力量不足"属于内部环境中的劣势（Ｗ），"市场竞争激烈"属于外部环境中的威胁（Ｔ），所以是WT组合，选项A正确。"研发能力不足"属于内部环境中的劣势（W），而"国家政策支持"属于外部环境中的机会(O)，所以是WO组合，选项B错误。SWOT分析的战略一定是内部环境和外部环境的组合，所以不可能出现SW组合和OT组合。选项C表述的是内部环境（拥有雄厚的资金实力和品牌优势属于优势，自身研发能力不足属于劣势），而不涉及外部环境，因此选项C错误。"甲公司拥有雄厚的资金实力和品牌优势"属于内部环境中的优势（S），"国家政策支持的东风"属于外部环境中的机会（O），所以是SO组合，选项D正确。

2.52 🔆 斯尔解析 BCD 本题考查的知识点是SWOT分析。乳制品行业增长缓慢，属于外部环境中的威胁（T），公司市场占有率高，属于内部环境中的优势（S），应采用ST战略，因此选项A错误。房地产行业不景气，属于外部环境中的威胁（T），公司市场占有率低，属于内部环境中的劣势（W），应采用WT战略，选项B正确。新能源行业具有广阔的发展前景，属于外部环境中的机会（O），公司在该行业不具有竞争优势，属于内部环境中的劣势（W），应采用WO战略，选项C正确。煤化工行业近年来发展势头明显回落，属于外部环境中的威胁（T），公司在该行业中具备一定优势，属于内部环境中的优势（S），应采用ST战略，选项D正确。

第三章　战略选择

一、单项选择题

3.1　福海公司是国内一家著名的肉类加工企业。为了保持业绩持续增长，福海公司近年来陆续收购了几家规模较大的养殖场和肉类连锁超市，福海公司采取的发展战略属于（　　　）。

A.多元化战略　　　　B.一体化战略　　　　C.产品开发战略　　　　D.差异化战略

3.2　为克服对客户需求的变化缺乏敏感性、公司结构性产能过剩等问题，神大钢铁公司近年来收购了远航造船厂，参股国兴造船厂，与天州钢帘线制造厂签订了合作协议。神大钢铁公司的发展战略是（　　　）。

A.前向一体化战略　　　　　　　　B.后向一体化战略

C.密集型战略　　　　　　　　　　D.多元化战略

3.3　舒适牙膏是一款专业抗敏感的牙膏品牌。为了进一步提高牙膏的销量，品牌总监提出向消费者宣传"餐后刷牙是护齿洁齿的最好方法"这一理念，从而通过增加顾客每日的刷牙次数增加顾客购买牙膏的数量。从密集型战略来看，这种营销措施属于（　　　）。

A.市场渗透战略　　　B.市场开发战略　　　C.产品渗透战略　　　D.多元化战略

3.4　甲公司是一家玩具生产企业。1998年以来，该公司依靠其成本优势，将产品成功打入了东南亚、欧洲和北美市场。去年，为了进入F国市场，甲公司在该国第二大城市经济开发区建成了一家工厂，并顺利将其产品销往F国各地。甲公司采取的发展战略类型是（　　　）。

A.市场开发　　　　　B.相关多元化　　　　C.市场渗透　　　　　D.产品开发

3.5　悠哈哈公司是国内最大的活性乳酸菌饮品制造公司。多年以来，该公司的主打产品"悠乐多"一直以红罐的形象出现。随着国人开始越来越追求健康的生活品质，悠哈哈公司推出了无糖的蓝罐"悠乐多"，受到了广大消费者的喜爱。从密集型战略来看，悠哈哈公司采取的发展战略类型是（　　　）。

A.市场渗透战略　　　B.市场开发战略　　　C.产品开发战略　　　D.多元化战略

3.6　下列企业采用的发展战略中，属于多元化战略的是（　　　）。

A.甲碳酸饮料生产企业通过按季更换饮料包装、在各传统节日期间附赠小包装饮料等方式增加市场份额

B.乙汽车制造企业开始将其原在国内生产销售的小型客车出口到南美地区

C.丙洗衣粉生产企业通过自行研发，开始生产销售具有不同功效的洗发水

D.丁酸奶生产企业新开发出一种凝固型酸奶，并将其推向市场

3.7　赞多美作为知名婴幼儿营养品品牌，自成立以来致力于提供优质婴幼儿营养奶粉。为进一步扩大业务规模并获取融合优势，该公司正准备进行多元化经营。下列各项业务中，赞多美公司最优先考虑的业务领域是（　　　）。

A.青少年奶粉　　　　　　　　　　B.鲜奶

C.孕妇装　　　　　　　　　　　　D.婴儿服装

3.8 某市自来水公司由市政府全资控股，其确定的公司使命和目标是长期为该市所有企事业单位和个人提供稳定的生产、生活用水供应服务。根据公司战略理论，下列各项战略类型中，该自来水公司可以选择的是（　　　）。

A.密集型战略 　　　　　　　　　　　B.稳定战略

C.紧缩与集中战略 　　　　　　　　　D.转向战略

3.9 M国F汽车集团在经历了10余年的全面扩张之后，由于市场变化及公司竞争力下降，业绩全面下滑。集团进行了重大战略调整，从战略扩张改为战略收缩。集团相继出售了旗下几个欧洲高端品牌的业务。F汽车集团的战略收缩类型属于（　　　）。

A.削减成本 　　　　B.放弃战略 　　　　C.紧缩与集中 　　　　D.转向战略

3.10 如果并购方不以谋求产业利润为首要目的，而是靠购入然后售出企业的所有权来获得投资利润，按并购方的身份分类，则该并购属于（　　　）。

A.产业资本并购 　　　　　　　　　　B.杠杆并购

C.金融资本并购 　　　　　　　　　　D.非杠杆并购

3.11 鑫歌公司是一家从事家具出口贸易的公司。鑫歌与从事家具制造的Y公司经过多次友好商定，最终以自有资金1亿元和发行债券融资3亿元，完成了对Y公司的收购。从并购的类型来看，上述收购不属于（　　　）。

A.金融资本并购 　　　　　　　　　　B.杠杆并购

C.纵向并购 　　　　　　　　　　　　D.友善并购

3.12 国内著名商业零售企业东海公司与主营大数据业务的高胜公司签订战略合作协议，商定由东海公司免费向高胜公司开放相关数据收集平台，高胜公司则无偿为东海公司提供数据分析及应用方案。下列各项中，属于上述两个公司结成的战略联盟的特点是（　　　）。

A.企业对联盟的控制力较强 　　　　　B.更具有战略联盟的本质特征

C.有利于企业长久合作 　　　　　　　D.有利于扩大企业资金实力

3.13 甲公司是一家日用洗涤品生产企业。甲公司在市场调研中发现，采购日用洗涤品的消费者主要是家庭主妇，她们对品牌的忠诚度不高，但对价格变动非常敏感。目前，甲公司主要竞争对手的各类产品与甲公司的产品大同小异。在这种市场条件下，最适合甲公司选择的业务单位战略是（　　　）。

A.成本领先战略 　　　　　　　　　　B.差异化战略

C.集中化战略 　　　　　　　　　　　D.一体化战略

3.14 轿车生产企业华美公司起步初期，国内汽车市场基本被跨国公司巨头瓜分殆尽。华美公司生存和发展的唯一途径就是走低价低值路线。过去国内汽车市场一直流传一句话，"卖一辆高档车赚一辆中档车；卖一辆低档车只能赚一辆自行车"。华美公司的轿车在入市时只是一般低档车价格的二分之一，其利润的微薄可想而知。依据基本竞争战略的"战略钟"分析，华美公司当时的竞争战略是（　　　）。

A.集中成本领先战略 　　　　　　　　B.混合战略

C.失败战略 　　　　　　　　　　　　D.成本领先战略

3.15 买多多作为新电商开创者，通过"社交+电商"的模式，让更多的用户带着乐趣分享实惠，"拼着买，更便宜"。区别于其他电商平台，买多多的竞争对手是路边的街边店，其消费人群大部分是三四线城市以及广大城镇用户，平台上的产品以满足功能性为主，部分商家还会出现产品质量问题。依据基本竞争战略的"战略钟"分析，买多多公司当时的竞争战略是（　　　）。

A.集中成本领先战略 　　　　　　　　B.混合战略

C.失败战略 　　　　　　　　　　　　D.成本领先战略

3.16 舒娅公司的使命是"为顾客提供舒适的家居服饰"，舒娅公司的目标客户是那些追求高品质的年轻一族，这些年轻的消费者愿意为了舒适的家居体验支付较高的价格。依据基本竞争战略的"战略钟"分析，舒娅公司当时的竞争战略是（　　　）。

A.集中成本领先战略 　　　　　　　　B.集中差异化战略

C.混合战略 　　　　　　　　　　　　D.失败战略

3.17 旭悠咖啡店率先采取了一项新的经营方式：顾客点单付费后，亲自操作咖啡机自取咖啡。此举节省了店员的操作和相关费用，相应地把咖啡价格降低到行业最低水平，同时使顾客产生宾至如归的亲切感，"回头客"明显增加。旭悠咖啡店采用的战略属于（　　　）。

A.成本领先战略 　　　　　　　　　　B.集中化战略

C.混合战略 　　　　　　　　　　　　D.差异化战略

3.18 下列各项中，属于造成产业零散的原因是（　　　）。

A.技术不确定性 　　　　　　　　　　B.战略不确定性

C.成本的迅速变化 　　　　　　　　　D.市场需求多样导致高度产品差异化

3.19 经营中式快餐的力元公司于2015年宣布其战略目标是建成门店覆盖全国的"快餐帝国"。由于扩张过快、缺乏相关资源保障、各地流行菜系经营者的激烈竞争，以及不同消费者口味难以调和的矛盾，该战略目标未能实现，公司经营也陷入危机。从零散产业角度看，下列各项中，属于力元公司进行战略选择未能避免的战略陷阱是（　　　）。

A.不能保持严格的战略约束力 　　　　B.寻求支配地位

C.不了解竞争者的战略目标和管理费用　D.过分集权化

3.20 M国的几家数据设备公司的雇员确认其公司不会开发一种他们认为有很高潜力的产品，于是这些雇员共同成立了通用数据公司，经过数年发展，通用数据公司成为了行业佼佼者。上述材料反映了数据产品这一新兴产业的共同特征是（　　　）。

A.技术的不确定性 　　　　　　　　　B.成本的迅速变化

C.萌芽企业和另立门户 　　　　　　　D.战略的不确定性

3.21 下列关于蓝海战略的表述中，正确的是（　　　）。

A."蓝海"的开创是基于价值的创新

B."蓝海"的开创是基于技术的突破

C."蓝海"不会萌生在产业现有的"红海"之中

D.企业不能以系统的、可复制的方式去寻求"蓝海"

3.22 H公司是一家区别于传统火锅店的新式火锅餐饮企业，在给顾客提供用餐服务的同时，还免费给顾客提供拖鞋、美甲、拍照打卡等服务。H公司的经营模式取得了巨大的成功，营业额高速增长。H公司实施蓝海战略的路径是（　　）。

A.跨越时间　　　　　　　　　　　B.重新界定产业的买方群体

C.重设客户的功能性或情感性诉求　　D.跨越战略群组

3.23 某轮胎制造商为汽车制造商和农用拖拉机制造商分别生产两种安全标准不同的轮胎，其中为汽车制造商生产的轮胎安全标准高于为农用拖拉机制造商生产的轮胎安全标准。该轮胎制造商进行市场细分的依据是（　　）。

A.用户的行业类别　　　　　　　　　B.用户规模

C.用户的地理位置　　　　　　　　　D.购买行为因素

3.24 近年来，电动汽车的消费市场越来越大。梦想公司意识到，不同的消费群体有着不同的消费需求，电动汽车行业的消费客群细分已经成为未来的大趋势。因此梦想公司专门针对中国三胎家庭的出行需求，推出了一款特大型SUV，这款车型一举成为了爆款。梦想公司采用的目标市场选择策略是（　　）。

A.无差异营销策略　　　　　　　　　B.差异性营销策略

C.集中化营销策略　　　　　　　　　D.低成本营销策略

3.25 在国内高端白酒市场被众多老牌酒业瓜分的情况下，西涌酒业率先选择去开拓一个新的市场，专注于低端平价的白酒市场。西涌酒业主打的"青小白"从诞生之日起，就有明确的定位——满足年轻消费者需求的白酒。根据以上信息，西涌酒业的市场定位策略是（　　）。

A.抢占或填补市场空位策略

B.与竞争者并存和对峙的市场定位策略

C.模仿竞争者的市场定位策略

D.取代竞争者的市场定位策略

3.26 甲公司是一家家用电器生产企业，其生产的蓝光播放机首次投放市场，为了扩大蓝光播放机的销量，甲公司对其首次上市定价采用了低于其他企业价格的策略。甲公司对蓝光播放机首次上市采用的产品上市定价法是（　　）。

A.渗透定价法　　　　　　　　　　　B.满意定价策略

C.心理定价策略　　　　　　　　　　D.撇脂定价法

3.27 喵喵公司在网络商城销售宠物用品。作为一家新创企业，喵喵公司通过研究竞争对手的定价，帮助自己确定相关产品在市场上的价格合理范围。在竞争对手降价时，喵喵公司也会适当调整自己产品的价格，防止顾客流失。在本案例中，喵喵公司的定价策略是（　　）。

A.高定价策略　　　　　　　　　　　B.成导导向定价法

C.低定价策略　　　　　　　　　　　D.竞争价格定价法

3.28 M公司为一家蓝牙音响制造企业，该公司进行生产运营，首先要确定以何种产品来满足市场需求。M公司在产品选择时，下列所需要考虑的因素中，说法错误的是（　　）。

A.考虑当前音响市场的总体状况和发展趋势

B.分析企业目前所掌握的与蓝牙通讯有关的专利

C.测算音响产品开发和生产所需的投资

D.无需考虑不同部门工作目标的差异性

3.29 企业需要通过关注生产运营从而获取产品优势，下列有关影响生产运营竞争力的表述中，不正确的是（　　　）。

A.企业需要按时向客户提交商品，从而提升顾客满意度

B.企业生产过程的质量应以产品质量零缺陷为目标，以保证产品的可靠性

C.企业应当通过降低生产、制造与流通环境的成本，提高企业产品竞争力

D.企业应当坚持大批量生产单一品类的商品，以降低生产的复杂度

3.30 美家公司是一家从事室内装修的企业。美家公司在与业主沟通装修设计方案并签订合同之后，才开始采购必备的材料，调配员工进行装修。美家公司所实施的产能计划属于（　　　）。

A.滞后策略　　　　　　B.匹配策略　　　　　　C.维持策略　　　　　　D.领先策略

3.31 瑞祥公司是一家啤酒制造和销售企业。2016年年初，公司管理层预计今年夏天温度较高，加上今年属于奥运会年，啤酒的销售将比去年有较大增长。因此，瑞祥公司决定加大公司上半年的产量，以应对未来需求的增长，瑞祥公司采用的平衡产能与需求的方法是（　　　）。

A.库存生产式生产　　　　　　　　　　B.资源订单式生产

C.准时生产式生产　　　　　　　　　　D.订单生产式生产

3.32 甲公司是一家中式连锁快餐企业，长期分别从三家粮油公司采购大米、面粉和色拉油等。下列各项中，不属于甲公司货源策略优点的是（　　　）。

A.可利用三家粮油公司之间的竞争压低采购价格

B.有利于促使三家粮油公司提供高质量的产品

C.不会因某家粮油公司的供货问题而严重影响企业经营

D.有利于从三家粮油公司获得更多的知识和技术信息

3.33 米尼公司主要通过线上网店销售家饰礼物、家用香薰等家居用品，其所售卖的各类产品的供应商不尽相同。近年来，米尼公司的香薰成为热卖单品，于是打算与香薰供应商英国TD公司签订长期协议，计划由TD公司负责米尼公司未来5年的香薰供应。同时，英国TD决定以更优惠的价格向米尼公司供货。该策略涉及到的交易策略是（　　　）。

A.市场交易策略　　　　　　　　　　B.短期合作策略

C.功能性联盟策略　　　　　　　　　　D.创新性联盟策略

3.34 晓时公司创立于2018年，自创立之日起就坚定了走特色化、差异化路线的决心。公司凭借精致、创新、健康的家电产品享誉千万家庭，成为创意家电领导品牌。根据以上内容，适合晓时公司选择的人力资源战略是（　　　）。

A.主要从外部招募员工

B.要求员工具有广泛的知识和技巧

C.员工薪酬采用固定薪酬

D.设立企业大学或者组织员工定期培训

3.35 甲公司某年的投资资本回报率为5%，销售增长率为6%；经测算甲公司的加权资本成本为7%，可持续增长率为8%。该年甲公司的业务属于财务战略矩阵中的（   ）。

A.减损型现金短缺 　　　　　　　　B.增值型现金剩余

C.增值型现金短缺 　　　　　　　　D.减损型现金剩余

3.36 国内家电企业宏浩集团在2016年5月宣布，将斥资45亿美元收购发达国家G国工业机器人制造商K公司。K公司是该国市场上领先的专注于工业制造流程数字化的企业，其研发的机器人已经被用来装配轿车和飞机。宏浩集团收购K公司的动机是（   ）。

A.寻求市场 　　　　　　　　　　　B.寻求效率

C.寻求现成资产 　　　　　　　　　D.寻求资源

3.37 甲公司是国内一家电信设备生产企业。2000年公司开始实施国际化经营，对外直接投资首先选择东南亚发展中国家Y国。这一选择基于以下3点考虑：一是开发Y国市场；二是以Y国为基地，向东盟市场进军，降低产品进入东盟的关税；三是以Y国为基地，辐射欧盟地区市场，避开反倾销调查。甲公司这一行为的动因是（   ）。

A.寻求市场 　　　　　　　　　　　B.寻求效率

C.寻求资源 　　　　　　　　　　　D.寻求现成资产

3.38 D公司是一家业务覆盖全球的跨国汽车公司，主要深耕于汽车产业链上的研发环节与售后服务环节。近期，D公司与Y国的一家整车组装公司成立P合资企业，该企业仅需按照D公司提供的技术方案进行简单组装即可交付产品。D公司与其他供应商所形成的分工模式是（   ）。

A.科层型价值链 　　　　　　　　　B.市场型价值链

C.俘获型价值链 　　　　　　　　　D.关联型价值链

3.39 雪燕公司是国内一家滑雪用具生产企业，该企业主要负责为北欧的一线雪具品牌提供代工。为谋求价值链升级，雪燕公司聘请了国外专业技术团队，对现有的生产技术进行了革新，同时提高了生产管理效率并降低了生产成本。雪燕公司的企业升级类型是（   ）。

A.工艺升级 　　　　　　　　　　　B.产品升级

C.功能升级 　　　　　　　　　　　D.价值链升级

3.40 P公司是一家生产经营日化用品的跨国公司，其母公司设立在U国，在其他国家设立了20余个子公司。在该公司的经营过程中，母公司将产品的研发技术和新产品提供给各个子公司，子公司也会把在当地畅销的产品提供给母公司和其他子公司。P公司国际化经营的战略类型属于（   ）。

A.跨国战略 　　　　　　　　　　　B.全球化战略

C.多国本土化战略 　　　　　　　　D.国际战略

3.41 麦多公司是全球大型跨国连锁餐厅。面对全世界各国不同的饮食习惯，标准化餐品的推广效果不尽如人意。麦多公司决定和当地的供应商合作，推出更符合当地偏好的食品。麦多公司采取的国际化经营战略类型是（   ）。

A.全球化战略 　　　　　　　　　　B.跨国战略

C.国际战略 　　　　　　　　　　　D.多国本土化战略

3.42 甲公司是一家玩具制造商，其业务已扩展到国际市场，甲公司在劳动力成本较低的亚洲设立玩具组装工厂，在欧洲设立玩具设计中心，产品销往全球100多个国家和地区。甲公司国际化经营的战略类型属于（　　）。

A.跨国战略 　　　　　　　　　　B.全球化战略

C.多国本土化战略 　　　　　　　D.国际战略

3.43 甲公司是牛肉生产、加工及零售企业。近期甲公司开始考虑将其业务扩展到国际市场，在劳工成本较低的越南设立统一的牛肉加工厂，并在多个国家从事牛肉加工食品零售业务。甲公司管理层采用集权式管理方式，为确保牛肉加工食品的质量，甲公司计划将所有原料牛在日本农场饲养。根据以上内容，适合甲公司选择的国际化经营战略是（　　）。

A.多元化战略 　　　　　　　　　B.全球化战略

C.多国本土化战略 　　　　　　　D.跨国战略

3.44 中国的日化行业为完全放开的充分竞争市场，经过二十多年的发展，日化行业市场容量急剧膨胀。国际日化巨头的销售规模不断扩大，市场占有率不断提升，国内日化品牌压力与日俱增。面对严峻的竞争威胁，家祥公司凭借对中国消费者特殊喜好的了解，开发出了以中药材为原料的系列产品——生姜洗发水、药皂等，这些产品一经推出就获得了大众的喜爱。从战略选择角度看，家祥公司扮演的角色可称为（　　）。

A.防御者 　　　B.躲闪者 　　　C.抗衡者 　　　D.扩张者

3.45 飞翔公司是国内一家奶粉生产企业。近年来，很多具有品牌优势的国外奶粉制造商纷纷涉足中国市场，竞争十分激烈。飞翔公司为了自身的长期发展，与新西兰乳品巨头甲公司结成战略联盟，双方以50%：50%的股权比例合资成立一家新的公司，产品从奶粉扩展到各类奶制品。从战略选择角度看，飞翔公司扮演的角色可称为（　　）。

A.防御者 　　　B.躲闪者 　　　C.抗衡者 　　　D.扩张者

3.46 T公司是墨西哥最大的一家西班牙语肥皂剧生产商。经过调研，管理层认为T公司自己的节目可以在墨西哥以外的西班牙语国家为其带来可观的收入，于是便将节目的出口市场定位于拉美、西班牙、与墨西哥接壤的美国各州以及佛罗里达，并大获成功。之后，T公司又开办了自己的新闻节目，并与其他公司合作，向全球的西班牙语市场输送节目，反响良好。根据以上信息，T公司作为新兴市场本土企业所选择的战略是（　　）。

A."防御者"战略 　　　　　　　B."抗衡者"战略

C."躲闪者"战略 　　　　　　　D."扩张者"战略

二、多项选择题

3.47 下列各项中，属于后向一体化战略适用条件的有（　　）。

A.企业产品价格的稳定对企业非常重要

B.企业现在销售商的销售成本较高或可靠性较差

C.企业所在产业供应商数量较少而需求方竞争者众多

D.企业所在产业的增长潜力较大

3.48 华晶光电是国内排名前列的液晶显示面板生产企业，在国内拥有一条5代线。为了生产更大尺寸的屏幕，华晶光电并购了一家韩国企业H公司。该企业拥有一条6代线，可生产18～37寸屏幕。同时，华晶光电拟将新生产线运用到移动设备屏幕的开发，以吸引用户购买其新产品。华晶光电收购H公司涉及的发展战略的类型有（　　）。

A.横向一体化战略　　　　　　　　B.市场开发战略

C.产品开发战略　　　　　　　　　D.多元化战略

3.49 甲公司是M国的一家电子商务公司。2006年甲公司收购了N国一家从事电子商务业务的乙公司，从而正式进军N国。甲公司收购乙公司涉及的发展战略的类型有（　　）。

A.横向一体化战略　　　　　　　　B.市场开发战略

C.产品开发战略　　　　　　　　　D.相关多元化战略

3.50 肯德基快餐店自1987年进入北京市场以来，不断发展加盟连锁店，占领北京快餐市场。至今，肯德基在中国拥有上千家门店，并在过去几年全面实施本土化策略，在迎合中国人饮食习惯的同时，也持续输出其关注营养均衡的品牌理念，受到了各年龄层消费者的青睐。从密集型战略来看，肯德基快餐店采取的战略类型有（　　）。

A.市场渗透战略　　　　　　　　　B.市场开发战略

C.产品开发战略　　　　　　　　　D.多元化战略

3.51 2014年年初，甲公司经营陷入困境。面对困境，甲公司采取了以下措施：高管减薪，加强广告宣传，委托其他公司生产本公司的产品。这些措施所体现的收缩战略的方式有（　　）。

A.削减成本　　　　　　　　　　　B.调整营销策略

C.分包　　　　　　　　　　　　　D.资产互换

3.52 近年来大数据和云计算的快速发展，使主营传统数据库业务的甲公司受到极大冲击，经营业绩大幅下滑。2019年年初，甲公司裁员1 800人，并重组开发团队和相关资源，大力开拓和发展云计算业务，以改善公司的经营状况。甲公司采用的总体战略类型有（　　）。

A.稳定战略　　　　　　　　　　　B.转向战略

C.市场开发战略　　　　　　　　　D.紧缩与集中战略

3.53 万合公司为一家国内上市的地产企业。2017年，该公司董事长对内发文称，国内房地产市场已见顶，公司需要调整经营策略。公司将进一步加强现金流的控制，与银行重新签订偿还协议，缩小华中地区子公司的规模并出售西北地区的子公司。上述举措包含的收缩战略方式有（　　）。

A.紧缩与集中战略　　　　　　　　B.转向战略

C.失败战略　　　　　　　　　　　D.放弃战略

3.54 甲公司服装事业部的经营持续严重亏损。2014年年初，甲公司决定关闭服装事业部并进行清算。消息一传出，立即引发了职工的抗议。当地政府要求甲公司就职工补偿和重新安置提出方案。甲公司股东则担心其服装生产线专用性程度高难以对外出售。甲公司关闭服装事业部碰到的退出障碍有（　　）。

A.固定资产的专用性程度　　　　　B.退出成本

C.感情障碍　　　　　　　　　　　D.政府和社会约束

3.55　甲公司是吉祥集团控股的一家钢铁厂。几年来由于扩张过快和市场竞争激烈等原因，甲公司陷入不能偿还到期债务的危机。由于钢铁厂的高炉等设备难以转产，所以吉祥集团拟通过甲公司破产的方式退出钢铁行业，并用买断方式终止与甲公司员工的劳动合同，但引起一些职工的抵触。后来在当地政府的协调下，甲公司被某外资企业收购。在上述案例中，吉祥集团面临的退出障碍有（　　　）。

A.退出成本　　　　　　　　　　B.政府与社会约束

C.固定资产的专用性程度　　　　D.感情障碍

3.56　亚强公司的前身是主营五金矿产进出口业务的贸易公司。2014年，公司在"将亚强从贸易型企业向资源型企业转型"的战略目标指引下，对北美N矿业公司发起金额60亿美元的收购。其收购资金中40亿美元由国内银行贷款提供。亚强公司对北美N矿业公司的收购类型包括（　　　）。

A.纵向并购　　　　　　　　　　B.产业资本并购

C.杠杆并购　　　　　　　　　　D.金融资本并购

3.57　经过多次磋商签订协议后，汽车制造商甲公司凭借自有资金2亿元和发行债券融资5亿元，实现了对汽车零部件商乙公司的收购。从并购的类型来看，上述收购属于（　　　）。

A.前向收购　　　　　　　　　　B.杠杆收购

C.友善收购　　　　　　　　　　D.金融资本收购

3.58　从事能源工程建设的百川公司在并购M国一家已上市的同类企业后发现，后者因承建的项目未达到M国政府规定的环保标准而面临巨额赔偿的风险，股价一落千丈，其核心技术人员因对百川公司的管理措施不满而辞职。百川公司为挽救被并购企业的危局做出各种努力，均以失败告终。下列各项中，属于百川公司上述并购失败原因的有（　　　）。

A.并购后不能很好地进行企业整合　　B.决策不当

C.跨国并购面临政治风险　　　　　　D.支付过高的并购费用

3.59　甲公司是一家提供社交媒体服务的互联网公司，乙公司是一家著名的电子商务公司。2015年，甲公司和乙公司签署交换彼此30%股份的战略合作协议。根据协议，双方将在网络支付服务方面进行合作，同时，甲公司将向乙公司提供社交媒体客户端的一级入口位置及其他主要平台的支持。甲公司和乙公司结成的战略联盟的特点有（　　　）。

A.有利于扩大企业的资金实力及长久合作

B.联盟内成员之间的沟通不充分

C.双方具有较好的信任感和责任感

D.企业对联盟的控制能力差

3.60 吉星公司是一家从事家具制造的公司。为了满足更多年轻消费者的需求，吉星公司与国内一家从事软件研发的高新技术企业小度科技通过签订技术交流协议建立合作关系，希望借助小度科技强大的技术能力推出更智能化的家具，为消费者提供更加美好的家居体验。吉星公司和小度科技结成的战略联盟的特点有（　　）。

A.经营灵活性和自主权更高

B.有利于扩大企业的资金实力及长久合作

C.双方具有较好的信任感和责任感

D.企业对联盟的控制能力差

3.61 明乐纺织印染厂原来只是将胚布印染成各种颜色的花布供应给服装厂，现计划与当地的某家服装加工厂联合经营。针对这一计划，下列说法中正确的有（　　）。

A.实施该计划可能涉及投资数额较大且资产专用性较强的资产

B.实施该计划的原因之一可能是明乐纺织印染厂的资金实力雄厚

C.实施该计划所采用的途径有利于降低协调成本

D.实施该计划的风险是明乐纺织印染厂不熟悉服装加工业务

3.62 夏德公司为光伏产品出口企业，其主要市场为欧洲与美国。该公司拟采用战略联盟的方式提高企业竞争力，下列说法符合战略联盟形成动因的有（　　）。

A.与尚普公司共同开发新技术产品以分担研发费用

B.与德国政府合作，通过其补贴政策降低光伏产品在欧洲的销售价格

C.与澳洲某大学光伏研究所合作，有效利用企业的研发中心，共同提升光伏发电效率

D.与意大利光伏生产企业Z公司以价格战的方式在西班牙光伏市场开展竞争

3.63 某企业集团的下列业务单位中，适合选择成本领先战略的有（　　）。

A.甲业务单位，生产顾客需求多样化的产品

B.乙业务单位，生产购买者不太关注品牌的产品

C.丙业务单位，生产消费者转换成本较低的产品

D.丁业务单位，生产目标市场具有较大需求空间或增长潜力的产品

3.64 Y国的F公司是一家专门生产高档运动自行车的企业，其产品在Y国高档运动自行车细分市场上的占有率高达80%以上。下列各项中，属于F公司竞争战略实施条件的有（　　）。

A.购买者群体之间在需求上存在差异

B.目标市场上在市场容量、成长速度等方面具有相对的吸引力

C.产业规模经济显著

D.产品具有较高的价格弹性，市场中存在大量的价格敏感用户

3.65 甲公司是一家享誉世界的家电制造巨头，在其涉足的各项家电业务领域，一直坚持差异化战略，强调原创技术、性能卓越、品质不凡且价格高昂。但甲公司近年连续出现亏损。从差异化战略的风险角度分析，甲公司亏损的原因可能包括（　　）。

A.竞争对手推出了性能更好的差异化产品

B.甲公司形成产品差异化的成本过高

C.随着家电行业的发展和成熟，消费者对产品的差异化需求下降

D.家电行业技术扩散速度加快，竞争对手的模仿能力迅速提高

3.66 下列各项关于"战略钟"中的几种竞争战略的表述中，正确的有（   ）。

A.成本领先战略包括集中成本领先战略

B.低价低值战略是一种很有生命力的战略

C.混合战略包括可能导致企业失败的战略

D.差异化战略包括高值战略和高价高值战略

3.67 近年来，随着汽车销量的上升，洗车行业迅速发展。由于洗车业务不需要复杂的技术和大量的投资，且消费者需要的洗车地点分散，因而洗车公司数量大量增加，洗车行业呈零散状态。根据以上信息，造成洗车产业零散的原因有（   ）。

A.成本的迅速变化

B.进入障碍低

C.技术的不确定性

D.市场需求多样化导致高度产品差异化

3.68 市场细分后，企业应选择一个或几个有利于发挥企业优势、能够达到最佳或满意的经济效益的细分市场作为目标市场。下列关于目标市场选择策略的表述中，正确的有（   ）。

A.无差别营销策略不仅要考虑市场需求的共性，还要考虑其差异

B.差异化营销策略特别适合资源有限的小企业

C.集中化营销策略的缺点是对单一和窄小的目标市场依赖性太大

D.当市场需求类似程度很高时，宜采用无差异营销策略

3.69 企业确定中间商数量有三种可供选择的分销策略：独家分销、选择性分销和密集分销。下列关于这三种分销策略的表述中，正确的有（   ）。

A.独家分销适用于日常消费品的分销

B.选择性分销比独家分销能给消费者购物带来更大的方便

C.相对于密集分销，独家分销更能够对中间商的服务水平保持控制

D.密集分销的渠道管理成本很高

3.70 美家公司是是一家日用品公司。美家公司会定期派出销售代表进驻大型商超进行宣传推广。对于初次购买美家公司产品的消费者，美家公司还会赠送旗下热卖产品的试用装。美家公司采用的促销组合要素有（   ）。

A.广告促销　　　　　B.营业推广　　　　　C.公关宣传　　　　　D.人员推销

3.71 乐融旅行社定期开展会员俱乐部活动。活动期间，该社向参加活动的会员提供免费茶点、风景摄影及旅游知识讲座、旅游新项目推介等，建立了良好的公众形象。在上述活动中，乐融旅行社采用的促销组合要素有（   ）。

A.广告促销　　　　　B.营业推广　　　　　C.公关宣传　　　　　D.人员推销

3.72 在促销时，企业可以选择两个基本的促销策略：推式策略和拉式策略。下列有关这两个促销策略的表述中，正确的有（   ）。

A.推式策略大多面向渠道成员展开

B.推式策略主要通过广告来刺激市场需求

C.拉式策略激励渠道成员购买产品并向最终消费者销售

D.企业可以将推式策略和拉式策略配合起来使用

3.73 生产农用运输车辆的江陵公司将柴油发动机的生产授权给一个供应商。下列各项中，属于该公司货源策略优点的有（　　）。

A.能够取得更多的知识和专门技术　　　B.采购方能够就规模经济进行谈判

C.有利于信息的保密　　　D.有利于获得更高质量的产品

3.74 高效的招募、甄选与录用人才是企业获得持续竞争优势的关键。企业应选择与其竞争战略相匹配的人力资源获取策略。下列有关表述中，正确的有（　　）。

A.成本领先战略下，员工的晋升阶梯狭窄、不宜转换

B.成本领先战略下，技能是甄选员工的重要标准

C.差异化战略下，员工的主要来源是外部

D.集中化战略下，企业会用心理测试的方法来甄选员工

3.75 企业的竞争战略不同，所采取的薪酬策略也会有所差异。下列有关企业竞争战略与薪酬策略的表述中，正确的有（　　）。

A.实施成本领先战略的企业强调对内公平

B.实施差异化战略的企业强调对外公平

C.实施成本领先战略的企业强调集权，通过高层作出决策

D.采用集中化战略的企业有效地将授权与分权统一，针对市场和公司能力采用不同的方式

3.76 甲公司是一家制造和销售洗衣粉的公司。目前洗衣粉产业的产品逐步标准化，技术和质量改进缓慢，洗衣粉市场基本饱和。处于目前发展阶段的甲公司具备的财务特征有（　　）。

A.财务风险高　　　B.股利分配率高

C.资金来源于保留盈余和债务　　　D.股价迅速增长

3.77 甲公司是一家互联网叫车平台公司，目前经营处于培育客户的阶段。该公司通过支付大量的营销费用来培养客户通过互联网叫车的习惯。下列各项中，属于甲公司现阶段经营特征的有（　　）。

A.具有中等的股利分配率

B.经营风险非常高而财务风险非常低

C.主要资金来源是风险资本

D.价格盈余倍数非常高

3.78 甲公司财务数据显示，其资本成本为6%，投资回报率为8%，可持续增长率为9%，销售增长率为15%。经进一步分析，该公司的高速增长将持续较长时间。甲公司为支持其业务增长应采取的措施是（　　）。

A.增加短期借款　　　B.增加长期借款

C.提高可持续增长率　　　D.增加权益资本

3.79 乙公司财务数据显示，其资本成本为8%，投资回报率为7%，可持续增长率为9%，销售增长率为6%。乙公司目前应采取的措施是（　　）。

A.提高投资资本回报率　　　B.降低资本成本

C.增加短期借债　　　D.增加权益资本

3.80 小富公司是一家传统的皮鞋制造企业。近年来，小富公司的产品竞争力逐渐下滑。虽然目前其业务能产生足够的现金流量维持自身发展，但业务的增长反而会降低企业的价值。在上述情况下，小富公司可以选择的财务战略有（　　　）。

A.提高投资资本回报率　　　　　B.降低资本成本

C.出售业务单元　　　　　　　　D.彻底重组

3.81 在以下进入国外市场的模式中，属于非股权安排形式的有（　　　）。

A.合约制造　　　　　　　　　　B.对外证券投资

C.特许经营　　　　　　　　　　D.服务外包

答案与解析

一、单项选择题

3.1 B	3.2 A	3.3 A	3.4 A	3.5 C
3.6 C	3.7 A	3.8 B	3.9 B	3.10 C
3.11 A	3.12 B	3.13 A	3.14 A	3.15 A
3.16 B	3.17 C	3.18 D	3.19 B	3.20 C
3.21 A	3.22 C	3.23 A	3.24 C	3.25 A
3.26 A	3.27 D	3.28 D	3.29 D	3.30 B
3.31 A	3.32 B	3.33 C	3.34 B	3.35 D
3.36 C	3.37 A	3.38 C	3.39 A	3.40 A
3.41 D	3.42 B	3.43 B	3.44 A	3.45 B
3.46 D				

二、多项选择题

3.47 ACD	3.48 AC	3.49 AB	3.50 ABC	3.51 ABC
3.52 BD	3.53 AD	3.54 ABCD	3.55 ACD	3.56 ABC
3.57 BC	3.58 AB	3.59 AC	3.60 AD	3.61 BCD
3.62 ABC	3.63 BC	3.64 AB	3.65 ABCD	3.66 ABD
3.67 BD	3.68 CD	3.69 BCD	3.70 BD	3.71 BCD

3.72	AD	3.73	BCD	3.74	ABD	3.75	CD	3.76	BC
3.77	BCD	3.78	CD	3.79	AB	3.80	ABC	3.81	ACD

一、单项选择题

3.1　〔斯尔解析〕　B　本题考查的知识点是发展战略类型。养殖场、肉类加工企业和肉类连锁超市分别是一条产业链的上游、中游和下游环节。福海公司作为一家肉类加工企业，收购养殖场属于后向一体化，收购连锁超市属于前向一体化，因此选项B正确。不过可能会有考生疑惑，根据多元化战略的定义——企业进入与现有产品和市场不同的领域，多元化战略似乎也是个恰当的选项。但是需要注意的是，一体化可以看作是多元化的特殊情况，当题目中明确表示企业在向上下游领域进行延伸，一体化战略就是最优的选择！

3.2　〔斯尔解析〕　A　本题考查的知识点是发展战略。钢铁公司从事的业务是对钢铁进行制造、加工等，属于钢铁产业链的上游环节，造船厂、钢帘线制造厂都属于钢铁产业链的下游环节。"神大钢铁公司近年来收购了远航造船厂，参股国兴造船厂，与天州钢帘线制造厂签订了合作协议"，均属于向下游开展的战略行动，属于前向一体化战略，因此选项A正确。

3.3　〔斯尔解析〕　A　本题考查的知识点是密集型战略，可以根据"产品–市场战略组合"矩阵进行判断。题干中，舒适牙膏并没有推出创新产品，属于现有产品。该公司也没有把舒适牙膏推向新地区，属于现有市场。舒适公司"通过增加顾客每日的刷牙次数增加顾客购买牙膏的数量"，是为了在现有市场中增加现有产品的市场占有率，因此属于市场渗透战略（现有产品+现有市场），因此选项A正确。

3.4　〔斯尔解析〕　A　本题考查的知识点是发展战略类型。甲公司"为了进入F国市场……并顺利将其产品销往F国各地"表明F公司开发了新市场。而公司生产的产品没有发生变化，属于现有产品。因此甲公司采取的发展战略类型是市场开发战略（现有产品+新市场），因此选项A正确。

3.5　〔斯尔解析〕　C　本题考查的知识点是发展战略类型。"随着国人开始越来越追求健康的生活品质，西悠公司推出了无糖的蓝罐'悠乐多'，受到了广大消费者的喜爱"说明悠哈哈公司为了迎合新的消费趋势开发出了新的产品，属于"老市场+新产品"的产品开发战略，因此选项C正确。

3.6　〔斯尔解析〕　C　本题考查的知识点是多元化战略。选项A属于密集型战略中的市场渗透战略（现有市场+现有产品），需要注意的是，甲公司为了促销改变包装属于市场渗透而非产品开发，不当选；选项B，产品还是原来的小型客车，市场由国内市场扩展到南美市场，属于密集型战略中的市场开发战略（新市场+现有产品），不当选；选项C，丙公司原来生产洗衣粉，面向的是有洗衣需求的市场；现在开始生产销售洗发水，面向的是有洗发需求的市场，属于多元化战略（新产品+新市场），当选；选项D，丁酸奶生产企业新开发出一种凝固型酸奶，并将其推向市场——市场仍然是酸奶市场，属于密集型战略中的产品开发战略（现有市场+新产品），不当选。

3.7 〔斯尔解析〕 **A** 本题考查的是相关多元化战略与非相关多元化战略，有一定综合性。"为进一步扩大业务规模并获取融合优势"，说明该企业打算采用相关多元化战略。相关多元化的相关性可以是产品、生产技术、管理技能、营销渠道、营销技能或用户等方面的类似。企业采用相关多元化战略，有利于企业利用原有产业的产品知识、制造能力、营销渠道、营销技能等优势来获取融合优势。青少年奶粉业务可以与婴幼儿奶粉业务拥有较多相似性（如产品、生产技术、管理技能、营销渠道、营销技能等），鲜奶业务和孕妇装业务显然无法与婴幼儿奶粉获取融合优势。最难判断的是婴儿服装业务，该业务虽然与婴幼儿奶粉业务拥有相似的用户，但却无法在其他方面获取优势，因此选项A正确，选项BCD错误。

3.8 〔斯尔解析〕 **B** 本题考查的知识点是公司的总体战略。公司总体战略包括发展战略、稳定战略和收缩战略。"其确定的公司使命和目标是长期为该市所有企事业单位和个人提供稳定的生产、生活用水供应服务"表明该自来水公司不需要改变自己的宗旨和目标（关键词为"长期"和"稳定"），而只需要集中资源用于原有的经营范围和产品，以增强其竞争优势，故适合采用稳定战略，选项B正确。

3.9 〔斯尔解析〕 **B** 本题考查的知识点是战略收缩类型。放弃战略指的是将企业的一个或几个主要部门转让、出卖或停止经营。F集团"相继出售了旗下几个欧洲高端品牌的业务"，符合放弃战略的内涵，因此选项B正确。需要大家注意的是，在几种战略收缩类型中，只有放弃战略会涉及到企业或子公司产权的变更，因此选项ACD错误。

3.10 〔斯尔解析〕 **C** 本题考查的知识点是并购类型。按照并购方的身份进行分类，如果并购方为非金融企业，则并购属于产业资本并购。产业并购以分享目标企业的产业利润为首要目的，因此选项A错误。如果并购方为金融机构，则并购属于金融资本并购。金融资本并购一般并不以谋求产业利润为首要目的，而是靠购入然后售出企业的所有权来获得投资利润，因此选项C正确。题干中并没有关于资金来源的任何信息，题目也没有要求考生按照并购资金的来源对并购进行分类，因此选项BD错误。

3.11 〔斯尔解析〕 **A** 本题考查的知识点是并购的类型。"最终以自有资金1亿元和发行债券融资3亿元"说明其负债融资的比重相对较多，体现了杠杆并购，选项B不当选。"经过多次友好商定"体现了友善并购，选项D不当选。鑫歌公司是一家从事家具出口贸易的公司（产业链下游），Y公司是从事家具制造的公司（产业链上游），鑫歌公司对Y公司的收购属于纵向并购，选项C不当选。鑫歌公司是一家贸易公司，属于非金融企业，体现了产业资本并购而非金融资本并购，因此选项A当选。

3.12 〔斯尔解析〕 **B** 本题考查的知识点是战略联盟。"国内著名商业零售企业东海公司与主营大数据业务的高胜公司签订战略合作协议"说明两家公司结成的战略联盟是功能性协议，属于契约式战略联盟。相对于股权式战略联盟而言，契约式战略联盟更具有战略联盟的本质特征，选项B正确。选项ACD属于股权式战略联盟的特点。

3.13 〔斯尔解析〕 A 本题考查的知识点是业务单位战略，可以直接排除选项D。根据题干，"家庭主妇对品牌的忠诚度不高，但对价格变动非常敏感"，并且"各类产品与甲公司的产品大同小异"，属于成本领先战略适用的情况，因此选项A正确。

3.14 〔斯尔解析〕 A 本题考查的知识点是战略钟。根据题干，"华美公司生存和发展的唯一途径就是走低价低值路线"。在战略钟模型中，低值低价对应的是集中成本领先战略，因此选项A正确。

3.15 〔斯尔解析〕 A 本题考查的知识点是战略钟。根据题干描述，买多多关注的是价格非常敏感的细分市场，"消费人群大部分是三四线城市以及广大城镇用户"，且产品质量很低，部分商家还出现产品质量问题，这属于典型的低价低值战略，对应的是集中成本领先战略，因此选项A正确。

3.16 〔斯尔解析〕 B 本题考查的知识点是战略钟。根据题干，舒娅公司集中于"追求高品质的年轻一族"，提供高价高值的家居服饰，属于集中差异化战略，因此选项B正确。

3.17 〔斯尔解析〕 C 本题考查的知识点是战略钟。旭悠咖啡店采取的新经营方式"既把价格降低到行业最低水平，也使顾客产生宾至如归的亲切感"，在为顾客提供更高的认可价值的同时，获得成本优势，即为混合战略，因此选项C正确。

3.18 〔斯尔解析〕 D 本题考查的知识点是造成产业零散的原因。选项ABC属于新兴产业共同的结构特征，新兴产业的核心特征就是"不确定性"，因此选项ABC错误。造成产业零散的原因有很多，市场需求的多样性导致高度产品差异化是非常重要的一大原因，因此选项D正确。以餐饮行业为例，客户需求的多样性会导致这个行业内能够容纳下很多企业，没有任何一家餐饮企业能够占有显著的市场份额。

3.19 〔斯尔解析〕 B 本题考查的知识点是零散产业潜在的战略陷阱。根据题干，力元公司的战略目标是建成门店覆盖全国的"快餐帝国"，说明力元公司希望在产业内占据支配地位，即寻求支配地位。"由于扩张过快、缺乏相关资源保障、各地照相馆经营者的激烈竞争，该战略目标未能实现，公司经营也陷入危机"说明零散产业的基本结构决定了寻求支配地位是无效的，因此选项B正确。

3.20 〔斯尔解析〕 C 本题考查的是新兴产业内部结构的共同特征。由于新兴产业中存在技术和战略的不确定性，已立足企业的雇员具有良好的条件去实现其更新的想法，这些新想法在原有企业可能由于转换成本过大而无法实现，这是新兴产业中另立门户企业的产生原因之一，因此选项C正确。

3.21 〔斯尔解析〕 A 本题考查的知识点是蓝海战略。由于"蓝海"的开创是基于价值的创新而不是技术的突破，因此选项A正确、选项B错误。"蓝海"既可以出现在现有产业领域之外，也可以萌生在产业现有的"红海"之中，因此选项C错误。"蓝海"的开创是基于对现有市场现实的重新排序和构建，而不是对未来市场的猜想和预测，所以企业就能够以系统的、可复制的方式去寻求"蓝海"，因此选项D错误。

3.22　斯尔解析　C　本题考查的知识点是实施蓝海战略的路径。"在给顾客提供用餐服务的同时，还免费给顾客提供拖鞋、美甲、拍照打卡等服务"是关注到了顾客更多的情感性诉求，因此选项C正确。

3.23　斯尔解析　A　本题考查的知识点是市场细分的依据。某轮胎制造商为汽车制造商和农用拖拉机制造商分别生产两种安全标准不同的轮胎，是因为不同行业内的用户对轮胎安全性有不同的要求，这是按照用户所处的行业来对市场进行细分的，因此选项A正确。

3.24　斯尔解析　C　本题考查的知识点是目标市场选择策略。集中化营销策略指的是企业选择一个或少数几个性质相似的子市场作为目标市场，试图在较少的子市场上占领较大的市场份额。"梦想公司专门针对中国三胎家庭的出行需求，推出了特大型SUV，这款车型一举成为了爆款"说明梦想公司进行目标市场选择时仅选择了电动汽车的一个子市场，体现的是集中化营销策略，因此选项C正确。

3.25　斯尔解析　A　本题考查的知识点是市场定位策略。在国内白酒市场被众多老牌酒业瓜分的情况下，西涌酒业选择生产销售当前市场上尚没有的低端平价白酒"青小白"，避免了与老牌酒业的直接对抗，属于抢占或填补市场空位策略，因此选项A正确。

3.26　斯尔解析　A　本题考查的知识点是定价策略。"甲公司对其首次上市定价采用了低于其他企业价格的策略"符合渗透定价法的定义，即在新产品投放市场时确定一个非常低的价格，以便抢占销售渠道和消费者群体，从而使竞争者较难进入市场，因此选项A正确。

3.27　斯尔解析　D　本题考查的知识点是定价策略。根据题干，"喵喵公司通过研究竞争对手的定价，帮助自己确定相关产品在市场上的价格合理范围"，"在竞争对手降价时，喵喵公司也会适当调整自己产品的价格，防止顾客流失"，表明喵喵公司是以市场上相互竞争的同类产品作为价格的基本尺度，并随竞争变化调整价格水平，体现的是竞争价格定价法，因此选项D正确。

3.28　斯尔解析　D　本题考查的知识点是生产运营战略中产品（服务）的选择所需考虑的因素，包括（1）市场条件（对应选项A，说法正确，不当选）；（2）企业内部的生产运营条件（对应选项B，说法正确，不当选）；（3）财务条件（对应选项C，说法正确，不当选）；（4）企业各部门工作目标的差异性（对应选项D，说法错误，当选）。

3.29　斯尔解析　D　本题考查的知识点是生产运营战略的竞争重点。影响竞争力的因素主要是TQCF，即交货期（对应选项A）、质量（对应选项B）、成本（对应选项C）、制造柔性。制造柔性是指企业面临市场机遇时在组织和生产方面体现出来的快速而又低成本地适应市场需求，反映了企业生产运作系统对外部环境做出反应的能力。"企业应当坚持大批量生产单一品类的商品，以降低生产的复杂度"不符合"制造柔性"的要求，无法满足市场需求的日益个性化、多元化的趋势，因此选项D错误。

3.30　斯尔解析　B　本题考查的知识点是产能计划类型。"美家公司在与业主沟通装修设计方案并签订合同之后，才开始采购必备的材料，调配员工进行装修"说明美家公司是先接单，再采购，最后生产，属于典型的资源订单式生产，体现的是匹配策略，选项B正确。

3.31 斯尔解析 A 本题考查的知识点是平衡产能和需求的方法。根据题干，"公司管理层预计今年夏天温度较高，加上今年属于奥运会年，啤酒的销售将比去年有较大增长"，说明需求是可预测的，于是企业就加大公司上半年的产量，形成库存，来应对未来需求的增长，这属于库存生产式生产，因此选项A正确。注意：对于大众化的消费品，例如啤酒、手机等，基本都是采用库存生产式生产，这些商品的需求通常较为稳定且可以预测。因此，大家可以尝试通过案例中企业的性质来快速判断。另外，同学们不要忽略的是，这种平衡产能与需求的方法所对应的产能计划类型是领先策略。

3.32 斯尔解析 B 本题考查的知识点是货源策略。"长期分别从三家粮油公司采购大米、面粉和色拉油等"，说明甲公司采取的是多货源少批量策略。多货源少批量策略的优点有：（1）有利于与多个供应商合作从而获得更多的知识和技术（选项D不当选）；（2）企业可以与较多的供应商建立和保持联系，以保证稳定的供应（选项C不当选）；（3）供应商之间的竞争使企业的议价能力增强（选项A不当选）。选项B不属于多货源少批量策略的优点，因此本题应该选择选项B。

3.33 斯尔解析 C 本题考查的知识点是采购战略中的交易策略。"米尼公司的香薰成为热卖单品，于是打算与该香薰供应商英国TD公司签订长期协议，计划由TD公司负责米尼公司未来5年的香薰供应"说明供应品在企业产品的生产经营中起着重要作用，且企业对供应品的需求量比较大。"英国TD决定以更优惠的价格向米尼公司供货"说明供应商拥有较强的生产能力和实现规模经济的能力，能够降低供应品的价格。以上描述均符合功能性联盟策略的适用条件，因此选项C正确。

3.34 斯尔解析 B 本题考查的知识点是与竞争战略相匹配的人力资源战略。晓时公司"自创立之日起就坚定了走特色化、差异化路线的决心""凭借精致、创新、健康的家电产品享誉千万家庭，成为创意家电领导品牌"，说明晓时公司采取的是差异化战略。选项ACD与成本领先战略适配，因此选项ACD错误。选项B与差异化战略适配，因此选项B正确。

3.35 斯尔解析 D 本题考查的知识点是财务战略矩阵。公司的投资资本回报率（5%）小于加权平均资本成本（7%），属于减损型。公司的销售增长率（6%）小于可持续增长率（8%），属于现金剩余。因此选项D正确（减损型+现金剩余）。

3.36 斯尔解析 C 本题考查的知识点是发展中国家企业对外投资的主要动机。根据题干，"国内家电企业宏浩集团……收购发达国家……K公司"，其国际化的路径为"发展中国家→发达国家"。"K公司是该国市场上领先的专注于工业制造流程数字化的企业，其研发的机器人已经被用来装配轿车和飞机"表明宏浩集团收购K公司的主要目的是为获取其先进技术等现成资产，收购动机为寻求现成资产，因此选项C正确。

3.37 斯尔解析 A 本题考查的知识点是发展中国家企业对外投资的主要动机。

根据题干关键词"开发Y国市场""向东盟市场进军""辐射欧盟市场进军"，属于典型的寻求市场，因此选项A正确。

3.38 斯尔解析　C　本题考查的知识点是全球价值链的分工模式。俘获型价值链下，领先企业会寻求一些自身核心能力不强的供应商进行"锁定"。在这种模式中，领先企业要对供应商提供清晰的、已成文的指示，并在必要时提供技术支持。供应商也需要在领先企业明确的调控下，才能生产出满足复杂规格需求的产品。"D公司与Y国的一家整车组装公司成立P合资企业，该企业仅需按照D公司提供的技术方案进行简单组装即可"符合俘获型价值链的概念，因此选项C正确。

3.39 斯尔解析　A　本题考查的知识点是全球价值链中的企业升级的类型。"聘请了国外专业技术团队，对现有的生产技术进行了革新，同时提高了生产管理效率并降低了生产成本"属于通过对生产技术的改进和生产组织管理效率的提升而实现的升级，符合工艺升级的概念，因此选项A正确。

3.40 斯尔解析　A　本题考查的知识点是国际化经营的战略类型。根据题干，"母公司将产品的研发技术和新产品提供给各个子公司，子公司也会把在当地畅销的产品提供给母公司和其他子公司"，说明母子公司之间是紧密的双向关系，这是跨国战略的典型特征，因此选项A正确。

3.41 斯尔解析　D　"麦多公司决定和当地的供应商合作，推出更符合当地偏好的食品"说明麦多公司根据不同国家的不同市场，提供更能满足当地市场需要的产品和服务，体现的是多国本土化战略，选项D正确。

3.42 斯尔解析　B　本题考查的知识点是国际化经营的战略类型。根据题干，"甲公司在劳动力成本较低的亚洲设立玩具组装工厂，在欧洲设立玩具设计中心"，符合全球化战略的定义，即"向全世界的市场推销标准化的产品和服务，并在较有利的国家集中地进行生产经营活动"，因此选项B正确。

3.43 斯尔解析　B　本题考查的知识点是全球化战略。"甲公司……在劳工成本较低的越南设立统一的牛肉加工厂，并在多个国家从事牛肉加工食品零售业务……计划将所有原料牛在日本农场饲养"，符合全球化战略的定义，即"向全世界的市场推销标准化的产品和服务，并在较有利的国家集中地进行生产经营活动"。另外，全球化战略更加集权，强调由母国总部控制，与题干中"甲公司管理层采用集权式管理方式"相符，因此选项B正确。

3.44 斯尔解析　A　本题考查的知识点是本土企业的战略选择。这类题建议考生结合象限法+角色特征进行判断。在运用象限法时，企业是否向海外进行移植是容易判断的。根据题干，家祥公司没有向海外市场进行扩张，因此选项CD错误。"面对严峻的竞争威胁，家祥公司凭借对中国消费者特殊喜好的了解，开发出了以中药材为原料的系列产品——生姜洗发水、药皂等，这些产品一经推出就获得了大众的喜爱"说明该公司利用国内市场的优势进行防卫，属于"防御者"，因此选项A正确。

3.45 斯尔解析　B　本题考查的知识点是本土企业的战略选择。这类题建议考生结合象限法+角色特征进行判断。在运用象限法时，企业是否向海外市场进行移植是容易判断的。根据题干，飞翔公司并没有向海外市场进行扩张，因此选项CD错误。而从飞翔公司的一些战略举措——"与新西兰乳品巨头甲公司结成战略联盟，双方以50%：50%的股权比例合资成立一家新的公司"说明该公司选择与跨国公司建立合资、合作关系来避开竞争。"从奶粉到奶制品"说明飞翔公司正在转向新的业务，可以看出，飞翔公司扮演的角色属于"躲闪者"，因此选项B正确。

3.46　斯尔解析　D　本题考查的知识点是本土企业在面对发达国家企业国际化经营时的战略选择。这类题建议考生结合象限法+角色特征进行判断。在运用象限法时，企业是否向海外进行移植是容易判断的。"T公司又开办了自己的新闻节目，并与其他公司合作，向全球的西班牙语市场输送节目"说明T公司向海外进行移植，因此选项AC错误。根据题干，T公司仅仅是"向全球的西班牙语市场输送节目"，即将本土市场的成功经验推广到若干国外的市场，而不是通过全球竞争发动进攻（选项B错误）。我们称这种情况下的本土企业为"扩张者"，因此选项D正确。

二、多项选择题

3.47　斯尔解析　ACD　本题考查的知识点是后向一体化战略的适用条件。后向一体化战略的适用条件包括：（1）企业现有的供应商供应成本较高或者可靠性较差而难以满足企业对原材料、零件等的需求；（2）供应商数量较少而需求方竞争者众多（选项C正确）；（3）企业所在产业的增长潜力较大（选项D正确）；（4）企业具备后向一体化所需的资金、人力资源等；（5）供应环节的利润率较高；（6）企业产品价格的稳定对企业而言十分关键，后向一体化有利于控制原材料成本，从而确保产品价格的稳定（选项A正确）。选项B是前向一体化战略的适用条件，因此选项B错误。

3.48　斯尔解析　AC　本题考查的知识点是发展战略的战略。横向一体化战略是指企业向产业价值链相同阶段方向扩张的战略。华晶光电和H公司的业务均为液晶面板制造企业，两者具有竞争关系，所以华晶光电收购H公司属于横向一体化战略，选项A正确。"同时华晶光电拟将新生产线运用到移动设备屏幕的开发，以吸引用户购买其新产品"涉及到新产品的开发，以满足市场新的需求，选项C正确。题干并未提及华晶光电收购H公司的目的是进入韩国市场，也未提及进入到不同的领域进行经营，因此选项BD错误。

3.49　斯尔解析　AB　本题考查的知识点是发展战略。横向一体化战略是指企业向产业价值链相同阶段方向扩张的战略。甲公司和乙公司的业务都是电子商务，两者具有竞争关系，所以甲公司收购乙公司属于横向一体化战略，因此选项A正确。甲公司通过收购乙公司，可以将其电子商务业务扩展到N国，属于市场开发战略，因此选项B正确。题干信息并没有涉及新产品的开发，因此选项C错误。题干并没有提到甲公司进入到不同的领域进行经营，说明甲公司并没有实施多元化战略，因此选项D错误。

3.50　斯尔解析　ABC　本题考查的是战略类型的辨析。"自1987年进入北京市场以来，不断发展加盟连锁店，占领北京快餐市场"体现了市场开发战略，选项B正确。"迎合中国人饮食习惯的同时"说明肯德基在满足消费者新的需求（在西餐店里吃中餐），体现了产品开发战略，选项C正确。"持续输出其关注营养均衡的品牌理念，受到了各年龄层消费者的青睐"说明肯德基希望通过市场营销手段增加市场份额，选项A正确。

3.51　**斯尔解析**　**ABC**　本题考查的知识点是收缩战略。高管减薪属于削减成本，因此选项A正确；加强广告宣传属于调整营销策略，因此选项B正确；委托其他公司生产本公司的产品属于分包，因此选项C正确。

3.52　**斯尔解析**　**BD**　本题考查的知识点是总体战略类型。根据题干，"近年来大数据和云计算的快速发展，使主营传统数据库业务的甲公司受到极大冲击，经营业绩大幅下滑"，说明应该考虑收缩战略，因此可以排除选项AC。"甲公司裁员1 800人"体现了紧缩与集中战略（削减成本战略），因此选项D正确。"主营传统数据库业务的甲公司……大力开拓和发展云计算业务，以改善公司的经营状况"体现了转向战略，因此选项B正确。

3.53　**斯尔解析**　**AD**　本题考查的知识点是收缩战略的方式。"加强现金流的控制，与银行重新签订偿还协议，缩小华中地区子公司的规模"属于紧缩与集中战略，选项A正确。"出售西北地区的子公司"属于放弃战略，选项D正确。失败战略属于战略钟体系下的战略选择，选项C错误。

3.54　**斯尔解析**　**ABCD**　本题考查的知识点是退出障碍。甲公司股东担心服装生产线的专用性程度高难以对外出售，体现了固定资产的专用性程度引起的退出障碍，因此选项A正确。甲公司关闭事业部，政府要求就职工补偿和重新安置提出方案，政府要求体现了政府和社会的约束，因此选项D正确。职工补偿和重新安置则体现了退出成本，所以选项B正确；关闭服装事业部的消息一传出，立即引发职工的抗议，体现了感情障碍引起的退出障碍，因此选项C正确。

3.55　**斯尔解析**　**ACD**　本题考查的知识点是退出障碍。"由于钢铁厂的高炉等设备难以转产"说明高炉等设备的专用性程度比较高，所以就造成了高炉等设备难以转产（难以卖给钢铁厂以外的企业），因此选项C正确；用买断方式终止与甲公司员工的劳动合同，说明企业需要按工龄给予员工一定的补偿，这涉及到退出成本，因此选项A正确；"引起一些职工的抵触"属于感情障碍的范畴，因此选项D正确；"在当地政府的协调下，甲公司被某外资企业收购"说明当地政府在帮助甲公司退出，而不是对甲公司进行阻挠，对甲企业设置退出障碍，因此选项B错误。本题中的选项B是考生特别容易错选的选项，这也提醒大家一定要看清楚选项是否符合退出障碍的定义。

3.56　**斯尔解析**　**ABC**　本题考查的知识点是收购类型。收购资金中大部分来自于银行贷款，即为杠杆并购，因此选项C正确；并购方的身份是非金融企业，即为产业资本并购，因此选项B正确、选项D错误；亚强公司由贸易型企业（产业下游）向资源型企业（产业上游）转型，即为纵向并购，因此选项A正确。

3.57　**斯尔解析**　**BC**　本题考查的知识点是并购类型。"经过多次磋商签订协议"体现了友善收购，因此选项C正确；"自有资金2亿元和发行债券融资5亿元"说明收购的主体资金是对外负债，体现了杠杆收购，因此选项B正确；"实现了对汽车零部件商乙公司的收购"体现了后向收购（向上游进军），因此选项A错误；甲公司是一家汽车制造商，属于非金融企业并购方的并购行为，属于产业资本并购，因此选项D错误。

3.58 斯尔解析 **AB** 本题考查的知识点是并购失败的原因。百川公司在并购M国一家已上市的同类企业后发现，后者因承建的项目未达到M国政府规定的环保标准而面临巨额赔偿的风险，属于决策不当，选项B正确。上市企业的核心技术人员因对百川公司的管理措施不满而辞职，属于并购后不能很好地进行企业整合，选项A正确。

3.59 斯尔解析 **AC** 本题考查的知识点是战略联盟的特点。本题的解题技巧是先判断战略联盟的类型，再选择其对应的特点。根据题干，甲公司和乙公司签署交换彼此30%股份的战略合作协议，因此属于股权式战略联盟。股权式战略联盟有利于扩大企业的资金实力，并通过部分"拥有"对方的形式，增强双方的信任感和责任感，因而更利于长久合作，因此选项AC正确。股权式联盟的不足之处是灵活性差。契约式战略联盟具有较好的灵活性，但也有一些先天不足，如企业对联盟的控制能力差、松散的组织缺乏稳定性和长远利益、联盟内成员之间的沟通不充分、组织效率低下等，选项BD属于契约式战略联盟的特点，因此选项BD错误。

3.60 斯尔解析 **AD** 本题考查的知识点是战略联盟的特点。本题的解题技巧是先判断战略联盟的类型，再选择其对应的特点。根据题干，吉星公司和小度公司通过签订技术交流协议建立合作关系，属于契约式战略联盟。契约式联盟的优点是经营灵活性和自主权更高，因此选项A正确。契约式联盟的缺点是企业对联盟的控制能力差，因此选项D正确。选项BC是股权式联盟的特点，因此选项BC错误。

3.61 斯尔解析 **BCD** 本题考查的是一体化战略的类型、适用条件、风险以及发展战略的实施途径，有较强的综合性。纺织印染厂与服装加工厂处于产业链上下游关系，因此该计划对应的战略类型是纵向一体化——前向一体化战略。后向一体化一般涉及投资数额较大且资产专用性较强的资产，选项A错误。实施前向一体化战略的适用条件之一是企业具备前向一体化所需的资金、人力资源，选项B正确。"现计划与当地的某家服装加工厂联合经营"说明该计划对应的实施途径是战略联盟，降低协调成本是战略联盟的动因或优势之一，选项C正确。纵向一体化战略的风险之一是不熟悉新业务领域所带来的风险，选项D正确。

3.62 斯尔解析 **ABC** 本题考查的知识点是战略联盟形成动因。"与尚普公司共同开发新技术产品以分担研发费用"属于共同分担研发费用促进技术创新，选项A正确。"与德国政府合作，通过其补贴政策降低光伏产品在欧洲的销售价格"可以降低市场开发的风险，选项B正确。"有效利用企业的研发中心，共同提升光伏发电效率"属于实现资源互补，选项C正确。"以价格战的方式在西班牙光伏市场开展竞争"说明增加了竞争，不属于战略联盟动因中的"避免或减少竞争"，因此选项D错误。

3.63 斯尔解析 **BC** 本题考查的知识点是成本领先战略的适用条件。成本领先战略主要适用于以下一些情况：（1）市场中存在大量的价格敏感用户；（2）产品难以实现差异化；（3）购买者不太关注品牌，因此选项B正确；（4）消费者的转换成本较低，因此选项C正确。生产顾客需求多样化不适合采用成本领先战略，更适合差异化战略或者集中化战略，因此选项A错误。生产目标市场具有较大需求空间或增长潜力的产品，更适合集中化战略，因此选项D错误。

3.64 💡斯尔解析 **AB** 本题考查的知识点是竞争战略的实施条件。本题的解题技巧是先判断F公司实施的竞争战略类型，再来选择对应的实施条件。F公司是一家专门生产高档运动自行车的企业，说明其采用的是集中化战略，而集中化战略的实施条件包括：（1）购买者群体之间在需求上存在着差异，因此选项A正确。（2）目标市场在市场容量、成长速度、获利能力、竞争强度等方面具有相对的吸引力，因此选项B正确。（3）在目标市场上，没有其他竞争对手采用类似的战略；（4）企业资源和能力有限，难以在整个产业实现成本领先或差异化，只能选定个别细分市场。选项CD是成本领先战略的实施条件，因此选项CD错误。

3.65 💡斯尔解析 **ABCD** 本题考查的知识点是差异化战略的风险。采取差异化战略的风险有：（1）企业形成产品差别化的成本过高，而大多购买者不愿意为具有差异化的产品支付过高的价格，通常会导致企业亏损，因此选项B正确；（2）市场需求发生变化，购买者需要的产品差异化程度下降，使企业失去竞争优势，因此选项C正确；（3）竞争对手的模仿和进攻使已建立的差异缩小甚至转向。当竞争对手的模仿加快（模仿）甚至已经推出了性能更好的差异化产品，对甲公司进行了赶超（进攻），都可能使得甲公司亏损，因此选项AD正确。

3.66 💡斯尔解析 **ABD** 本题考查的知识点是战略钟。鲍曼提出的"战略钟"指出，有效竞争战略分为三大类五种：成本领先战略包括低价低值战略（集中成本领先战略）和低价战略（成本领先战略），因此选项A正确。低值低价战略是一种很有生命力的战略，因此选项B正确。差异化战略包括高值战略（差异化战略）和高值高价战略（集中差异化战略），因此选项D正确。混合战略是指成本领先+差异化战略，而非导致企业失败的战略，因此选项C错误。

3.67 💡斯尔解析 **BD** 本题考查的知识点是造成产业零散的原因。造成企业零散的原因有：（1）进入障碍低或存在退出障碍；（2）市场需求多样化导致高度产品差异化；（3）不存在规模经济或难以达到经济规模。根据题干，"洗车业务不需要复杂的技术和大量的投资"，符合原因（1），因此选项B正确；"消费者需要的洗车地点分散，因而洗车公司数量大量增加"，符合原因（2），选项D正确。需要注意的是，市场需求多样化包含了地点的分散化。选项AC是新兴产业的特征，所答非所问，因此选项AC错误。

3.68 💡斯尔解析 **CD** 本题考查的知识点是目标市场选择策略。无差别营销策略指的是企业把整个市场作为自己的目标市场，只考虑市场需求的共性，而不考虑其差异，因此选项A错误；差异化营销策略需要根据不同细分市场的需求特点，分别设计生产不同的产品，制定不同的营销组合策略，要求企业具有较高的经营管理水平，所以不适合资源有限的小企业，因此选项B错误；集中化营销策略的缺点是对单一和窄小的目标市场依赖性太大，因此选项C正确；企业在选择目标市场选择策略时，需要考虑一系列因素，如市场相似性。当市场需求类似程度很高时，宜采用无差异营销策略，因此选项D正确。

3.69 💡斯尔解析 **BCD** 本题考查的知识点是分销策略。独家分销适用于技术含量较高，需要售后服务的专门产品的分销，密集分销更适用于日常消费品的分销，因此选项A错误；独家分销是指生产企业在某一地区仅通过一家中间商推销其产品，选择性分销指生产企业在某一地区仅通过几家精心挑选的、最适合的中间商推销产品，选择性分销比独家分销能给消费者带来更大的方便，因此选项B正确；密集分销指生产企业以尽可能多的中间商销售企业的产品和服务，不容易对中间商的服务水平保持控制，因此选项C正确；密集分销的中间商销售企业众多，渠道管理成本很高，因此选项D正确。

3.70 斯尔解析 **BD** 本题考查的知识点是促销策略。"美家公司会定期派出销售代表进驻大型商超进行宣传推广"采用的是人员推销的手段，选项D正确。"美家公司还会赠送旗下热卖产品的试用装"采用的是营业推广的手段，选项B正确。

3.71 斯尔解析 **BCD** 本题考查的知识点是促销策略。乐融旅行社"向参加活动的会员提供免费茶点、风景摄影"采用的是非媒体促销的手段，选项B正确。风景摄影及旅游知识讲座、旅游新项目推介等属于人员推销，选项D正确。"建立了良好的公众形象"，属于公关宣传，选项C正确。

3.72 斯尔解析 **AD** 本题考查的知识点是促销策略。推式策略大多面向渠道成员展开，激励他们购买产品并向最终消费者销售，因此选项A正确；拉式策略主要是通过广告来刺激消费者的需求，因此选项B错误；推式策略激励渠道成员购买产品并向最终消费者销售，而拉式策略是直接指向最终消费者，因此选项C错误；企业可以将推式策略和拉式策略配合起来使用，即推拉结合策略，因此选项D正确。

3.73 斯尔解析 **BCD** 本题考查的知识点是货源策略。"生产农用运输车辆的江陵公司将柴油发动机的生产授权给一个供应商"属于少数或单一货源的策略，选项A属于多货源少批量策略的优点，因此选项A错误；选项BCD属于少数或单一货源策略的优点，因此选项BCD正确。

3.74 斯尔解析 **ABD** 本题考查的知识点是与竞争战略相匹配的人力资源获取策略。成本领先战略下，员工的晋升阶梯狭窄，不宜转换，因此选项A正确；成本领先战略下，对应的员工甄选标准强调技能，因此选项B正确；差异化战略下，内部人员对企业文化比较熟悉，对企业目标有认同感，更能够有效地开展工作，其员工来源更多是内部而非外部，因此选项C错误；集中化战略下，企业会通过心理测试的方法来甄选员工，因此选项D正确。

3.75 斯尔解析 **CD** 本题考查的知识点是企业竞争战略与薪酬策略。实施成本领先战略的企业强调对外公平，而实施差异化战略和集中化战略的企业强调对内公平，因此选项AB错误。采用不同竞争战略的企业的薪酬决策过程也截然不同，实施成本领先战略的企业强调集权，通过高层作出决策，因此选项C正确。采用集中化战略的企业有效地将授权与分权统一，针对市场和公司能力采用不同的方式，因此选项D正确。

3.76 斯尔解析 **BC** 本题考查的知识点是产品生命周期不同发展阶段的公司的财务特征。"洗衣粉产业的产品逐步标准化，技术和质量改进缓慢，洗衣粉市场基本饱和"说明洗衣粉产业处于成熟期，处于成熟期的企业财务风险中等，股利分配率高，资金来源于保留盈余和债务，而股价是比较稳定的，因此选项BC正确。选项A属于处于衰退期企业的财务特征，因此选项A错误。选项D属于导入期企业的财务特征，因此选项D错误。

3.77 斯尔解析 BCD 本题考查的知识点是企业在产品生命周期不同发展阶段的经营特征。根据题干，甲公司目前经营处于培育客户的阶段，可以判断该公司正处于导入期，选项BCD为导入期企业的经营特征。导入期适宜采取不分配或少分配利润的股利分配战略，因此选项A错误。

3.78 斯尔解析 CD 本题考查的知识点是财务战略矩阵。甲公司的投资回报率（8%）大于资本成本（6%），销售增长率（15%）高于可持续增长率（9%），所以甲公司的业务属于增值型现金短缺业务。长期性高速增长的资金问题有两种解决途径，一是提高可持续增长率，二是增加权益资本，因此选项CD正确。由于甲公司的高速增长将持续较长时间，因此不能用短期借款来解决，选项A错误。需要注意的是，本题选项B存在一定争议，按照教材说法，如果高速增长持续较长时间，不能用短期周转借款来解决，但教材并未说明能不能通过长期借款来解决。而根据官方公布的答案，选项B错误，即认为任何的借款方式（无论短期还是长期）均不能解决高速增长下的现金短缺问题。

3.79 斯尔解析 AB 本题考查的知识点是财务战略矩阵。乙公司的投资回报率（7%）小于资本成本（8%），销售增长率（6%）低于可持续增长率（9%），所以乙公司的业务属于减损型现金剩余业务。对于减损型现金剩余业务，核心是要解决减损的问题，也就是要使得资本回报率>投资成本，乙公司可以提高投资资本回报率或降低资本成本，因此选项AB正确。乙公司处于现金剩余状态，不需要通过借债或权益的方式增加资金，因此选项CD错误。

3.80 斯尔解析 ABC 本题考查的知识点是财务战略矩阵。"虽然目前其业务能产生足够的现金流量维持自身发展，但业务的增长反而会降低企业的价值"说明小富公司的业务属于减损型现金剩余业务。其所对应的财务象限的特征是：投资资本回报率小于加权平均资本成本，销售增长率小于可持续增长率。对于该象限的业务，可以选择的财务战略包括提高投资资本回报率、降低资本成本、出售业务单元，因此选项ABC正确。彻底重组是应对减损型现金短缺业务的财务战略，因此选项D错误。

3.81 斯尔解析 ACD 本题考查的知识点是进入国外市场的模式。非股权形式主要包括：合约制造（选项A正确）、服务外包（选项D正确）、订单农业、特许经营（选项C正确）、许可经营、管理合约及其他类型的合约关系。选项B属于对外股权投资的一种形式，因此选项B错误。

第四章 战略实施

一、单项选择题

4.1 贝乐玩具公司成立十年来，生产和经营规模逐步扩大，玩具产品的品种不断增加。为了提高工作效率并实现规模经济，该公司应采用的组织结构是（   ）。

A.M型组织结构

B.事业部制组织结构

C.创业型组织结构

D.职能制组织结构

4.2 华胜公司是生产经营手机业务的跨国公司，其组织按照两维结构设计，一维是按照职能专业化原则设立区域组织，它们为业务单位提供支持、服务和监管；另一维是按照业务专业化原则设立四大业务运营中心，它们对应客户需求来组建管理团队并确定相应的经营目标和考核制度。华胜公司采取的组织结构是（   ）。

A.事业部结构

B.战略业务单位结构

C.矩阵制组织结构

D.职能结构

4.3 某大型玩具生产厂家经营多种玩具产品，为了更好地经营和管理各产品的生产，企业以产品为基础设立若干产品部，后来企业的规模进一步扩大。企业总部又分别成立了营销部、财务部、人力资源部、生产部等职能部门，并由各职能部门委派人员到各产品部工作，该企业的组织结构类型为（   ）。

A.职能制组织结构

B.事业部制组织结构

C.矩阵制组织结构

D.H型结构

4.4 某控股公司拥有多家各自独立经营的子公司，这些子公司可以自主做出决策。该公司的横向分工结构应为（   ）。

A.M型组织结构

B.H型结构

C.矩阵制组织结构

D.战略业务单位组织结构

4.5 甲公司为软件开发公司，总部设在北京。其主要客户为乙移动通信公司（以下简称"乙公司"），甲公司主要为乙公司实现预期通信功能和业务管理功能提供应用软件开发服务。乙公司以各省或大型城市为业务管理单位，各业务管理单位需求差异较大，软件功能经常升级。甲公司与乙公司保持了多年的良好合作关系。甲公司所处的软件开发行业的突出特点是知识更新快，同时也导致经验丰富、素质高的软件工程师流动性较大，为此甲公司按乙公司的业务管理单位，对各项目进行管理和考核。根据上述情况，适合甲公司选择的最佳组织结构类型是（   ）。

A.职能制组织结构

B.事业部制组织结构

C.战略业务单位组织结构

D.矩阵制组织结构

4.6 祥源公司是一家VR（虚拟现实）设备制造公司，其主要客户为碧庭房地产开发有限公司，两方保持了多年的良好合作关系。碧庭公司应用祥源公司的VR设备帮助客户进行远程看房，客户无须"东奔西走"，仅在售楼处一地就可轻松"看到"想要参观的样板间。碧庭公司以各大型城市为业务管理单位，且各城市需求差异较大，设备功能需要经常升级。由于VR技术更新较快，经验丰富、素质高的工程师流动性较大，为此祥源公司以碧庭公司的各大城市为单位，对各项目进行管理和考核。根据上述情况，下列关于祥源公司所采取的组织结构类型的特点，错误的是（　　）。

A.项目经理有更高的产品战略参与度，激发了成功动力

B.双重权力导致多重定位，使职能专家不只关注自身的业务范围

C.时间和财务成本增加，导致制定决策的时间过长

D.有利于减轻企业总部工作量

4.7　在最简单的组织结构中，适宜采用的组织协调机制是（　　）。

A.共同价值观　　　　　　　　　　　B.直接指挥，直接控制

C.相互适应，自行调整　　　　　　　D.标准化体系结构

4.8　风华公司的主营业务是生产、销售体育运动器材。从去年起，该公司在保留原有业务的同时寻找新的市场机会，开发出适合个人使用的运动健康补测仪并尝试性投放市场，该仪器可随时把使用者在运动中的有关生物指数显示并记录下来，从而帮助使用者了解自己的健康状况并选择适当的运动方式，风华公司适宜采取的组织战略类型是（　　）。

A.开拓型战略组织　　　　　　　　　B.防御型战略组织

C.反应型战略组织　　　　　　　　　D.分析型战略组织

4.9　冠兔公司是一家生产经营糖果的企业。冠兔公司推出的"小白兔"奶糖深受各地消费者的喜爱。近年来，冠兔公司在保持传统糖果业务的同时，进军化妆品市场寻求新的突破，"小白兔"奶糖口味的护唇膏和护手霜一经发售便成为市场爆款。冠兔公司所采取的组织的战略类型属于（　　）。

A.防御型战略组织　　　　　　　　　B.开拓型战略组织

C.反应型战略组织　　　　　　　　　D.分析型战略组织

4.10　志铭公司是一家小型咨询公司，有20多名员工。员工既负责从市场上承揽咨询项目，又根据自己的特长和爱好选择并完成咨询任务。公司为员工顺利开展工作提供必要的条件和服务。志铭公司企业文化的类型属于（　　）。

A.人员导向型　　　B.权力导向型　　　C.任务导向型　　　　D.角色导向型

4.11　瑞恩公司是一家新创企业。该公司尚未建立其严明的规章制度，员工在业务处理过程中遇到任何问题，都需要向企业创始人进行请示。瑞恩公司的企业文化类型是（　　）。

A.权力导向型　　　B.角色导向型　　　C.任务导向型　　　　D.人员导向型

4.12　J国的S公司是一家全球500强企业，依靠严格的规章制度进行精细化管理，内部等级分明，决策权主要集中在上层，资历在员工晋升中发挥了重要作用。S公司的企业文化类型属于（　　）。

A.任务导向型　　　B.人员导向型　　　C.角色导向型　　　　D.权力导向型

4.13　家电制造商东岳公司于2015年并购了一家同类企业，在保留被并购企业原有组织的同时实行了新的绩效考核制度，结果遭到被并购企业大多数员工反对。本案例中，东岳公司在处理被并购企业战略稳定性与文化适应性关系时正确的做法是（　　）。

A.加强协调作用　　　　　　　　　　B.以企业使命为基础

C.重新制定战略　　　　　　　　　　D.根据文化的要求进行管理

4.14 2020年，小王在市区黄金位置开了一家咖啡店，由于经营有方，小店开业不到一个月就创造了销售佳绩。正在小王准备大干一场时，社会上一场流行性疾病袭来，小店经营陷入困境。小王采取各种措施试图挽救失败后，不得不关闭了咖啡店，根据战略失效理论，小王创业没达到预期目标属于（   ）。

A.前期失效　　　　　B.正常失效　　　　　C.偶然失效　　　　　D.晚期失效

4.15 在以下关于战略控制与预算控制的表述中，正确的是（   ）。

A.战略控制的期限通常在一年以内

B.预算控制通常在预算期结束后采取纠正行为

C.预算控制采用定性与定量结合的办法

D.战略控制的重点是企业内部

4.16 下列关于企业增量预算的说法中，正确的是（   ）。

A.预算编制工作量较少，容易操作

B.考虑了经营条件和情况的变化

C.有利于增强员工的成本效益意识

D.鼓励管理层和部门经理根据变化进行创新

4.17 甲公司是国内一家大型农业生产资料集团，近年来致力于推进横向一体化和纵向一体化战略，以保持国内规模优势。甲公司对其各子公司实行预算管理，并通常使用增量预算方式进行战略控制，子公司预算需要经甲公司预算管理委员会批准后执行。2009年9月，甲公司在化肥市场低迷时期，收购了乙化肥厂。甲公司收购乙化肥厂后更换了其总经理和财务总监，并计划全面改变乙化肥厂的经营策略。2009年11月，甲公司启动2010年度预算编审工作，此时甲公司应要求乙化肥厂编制（   ）。

A.增量预算　　　　　B.零基预算　　　　　C.动态预算　　　　　D.静态预算

4.18 尽管受到了疫情的冲击，但宙斯百货的业绩不降反增。宙斯百货逆势发展的主要原因是源自其制定的新零售战略方针。通过数字化布局，宙斯百货将线下消费者加入线上会员系统，通过线上线下的完美融合，宙斯百货得以突破时空的局限，实现O2O全渠道运营，开辟出线上的第二条增长曲线。在本案例中，最能体现数字化技术对宙斯百货经营模式影响的是（   ）。

A.互联网思维的影响　　　　　　　　B.多元化经营的影响

C.差异化经营的影响　　　　　　　　D.消费者参与的影响

4.19 数字化转型升级是企业谋求高质量发展，提升自身竞争力的必经之路。然而在实际转型过程中，还存在着许多阻碍企业进行数字化转型的因素。对于一个具有多事业部的企业而言，每个事业部都有各自的数据，事业部之间的数据往往都各自存储，难以进行信息共享。这一困难反映的是（   ）。

A.网络安全问题　　　　　　　　　　B.数据容量问题

C."数据孤岛"问题　　　　　　　　D.核心数字技术问题

二、多项选择题

4.20 大众火锅店规定10万元以下的开支，每个分店的店长就可以做主。普通的一线员工，拥有免单权，而且可以根据客人的需求赠送水果盘。根据组织纵向分工结构集权与分权理论，大众火锅店这种组织方式的优点有（　　）。

A.降低管理成本　　　　　　　　　　B.提高企业对市场的反应能力

C.易于协调各职能间的决策　　　　　D.能够对普通员工产生激励效应

4.21 信达银行每年都依据实际业绩编制预算。2016年底信达银行在某地开设了一家分行，该分行2017年预算编制类型的优点有（　　）。

A.有利于根据实际需要合理分配资金

B.有利于避免因资金分配规则改变而引起各部门之间产生冲突

C.比较容易对预算进行协调

D.增加预算的科学性和透明度

4.22 富友公司实行全面预算管理，每年年底都在深入分析每个部分的需求和成本的基础上，根据未来的需求编制预算。富友公司编制预算采用的方法的优点有（　　）。

A.编制工作量小，容易操作

B.有利于调动各个部门和员工参与预算编制的积极性

C.鼓励企业管理层和部门经理根据环境变化进行创新

D.为各个部门的经营活动提供了一个相对稳定的基础

4.23 利邦公司为国内知名家装建材生产企业。下列企业设定的业绩衡量指标中，符合ESG理念的有（　　）。

A.木材资源损耗率　　　　　　　　　B.员工职业道德培训评分

C.客户收货时长　　　　　　　　　　D.建材成品破损率

4.24 顺通公司是一家快递公司，2016年，顺通公司开始使用平衡计分卡衡量公司业绩，并选取了销售增长率、顾客满意度、员工流动率、经济增加值等指标作为业绩衡量指标。上述指标涵盖的角度有（　　）。

A.创新与学习角度　　　　　　　　　B.顾客角度

C.内部流程角度　　　　　　　　　　D.财务角度

4.25 数字化技术的发展对企业经营产生了深刻的影响。下列各项关于数字化技术发展历程的表述中，正确的有（　　）。

A.数字化的基本功能是开发信息资源

B.信息化是数字化的高级阶段，是数字化的广泛深入应用

C.智能化的本质特征在于智能的协同发展和应用

D.智能化是数字化技术发展的必然趋势

4.26 佳星百货借助数字化技术进行全面升级。佳星百货开通了线上销售渠道，并通过建立数字化库存管理体系，极大地提升了发货效率。同时，佳星百货还会根据顾客在线下门店的购买行为、线上商城的搜索和浏览记录，识别顾客的个性化需求，从而提供不同的商品推荐和服务。在本案例中，佳星百货运用数字化技术实现管理变革的主要方面有（　　）。

A.业务数字化管理　　　　　　　　　B.生产数字化管理

C.财务数字化管理　　　　　　　　　D.营销数字化管理

答案与解析

一、单项选择题

4.1 D	4.2 C	4.3 C	4.4 B	4.5 D
4.6 D	4.7 C	4.8 D	4.9 D	4.10 A
4.11 A	4.12 C	4.13 D	4.14 C	4.15 B
4.16 A	4.17 B	4.18 B	4.19 C	

二、多项选择题

4.20 ABD	4.21 AD	4.22 BC	4.23 ABD	4.24 ABD
4.25 CD	4.26 AD			

一、单项选择题

4.1 斯尔解析 D 本题考查的知识点是横向分工结构。本题最重要的关键词是"为了提高工作效率并实现规模经济"，应当采用的是职能制结构，因此选项D正确。注意，虽然贝乐公司玩具产品的品种不断增加，但这依然属于玩具产品大类，题目中并没有表明会产生新的产品线，因此不应选择选项AB。

4.2 斯尔解析 C 本题考查的知识点是横向分工结构。华胜公司按照两个维度设计组织结构，"一维是按照职能专业化原则设立区域组织"（职能维度），"另一维是按照业务专业化原则设立四大业务运营中心"（产品/项目维度），而矩阵制组织结构的典型特征就是联系了职能和产品/项目（业务）。因此选项C正确。

4.3 斯尔解析 C 本题考查的知识点是横向分工结构。矩阵制组织结构是为了处理非常复杂项目中的控制问题而设计的，这种结构在职能和产品或项目之间起到了联系的作用。该玩具生产厂商"以产品为基础设立若干产品部"（产品/项目维度），"又分别成立了营销部、财务部、人力资源部、生产部等职能部门"（职能维度），符合矩阵制组织结构的特征，因此选项C正确。

4.4 斯尔解析 B 本题考查的知识点是横向分工结构。在H型结构下，作为控股企业，其下属子公司具有独立的法人资格，且通常不受控股企业的控制，这些子公司可自主经营，因此选项B正确。

4.5 斯尔解析 D 本题考查的知识点是横向分工结构。矩阵制组织结构是为了处理非常复杂项目中的控制问题而设计的，这种结构在职能和产品或项目之间起到了联系的作用。根据题干，甲公司主要为乙公司提供服务，且乙公司"各业务管理单位需求差异较大，软件功能经常升级"，说明甲公司需要处理复杂的问题。同时，"甲公司按乙公司的业务管理单位，对各项目进行管理和考核"，关键词"项目"，可判断为矩阵制组织结构，因此选项D正确。

4.6 　斯尔解析　D　本题考查的知识点是组织结构类型的特点。祥源公司"以各大型城市为业务管理单位，且各城市需求差异较大，设备功能需要经常升级。由于VR技术更新较快，经验丰富、素质高的工程师流动性较大，为此祥源公司以碧庭公司的各大城市为单位，对各项目进行管理和考核"，说明祥源公司存在处理非常复杂的项目控制问题。祥源公司采用的是矩阵制组织结构。选项AB是矩阵式结构的优点，正确。选项C是矩阵式结构的缺点，正确。选项D是M型结构的优点，错误。因此选项D当选。

4.7 　斯尔解析　C　本题考查的知识点是横向分工结构的基本协调机制。相互适应，自行调整是一种自我控制方式，组织成员直接通过非正式的、平等的沟通达到协调，相互之间不存在指挥与被指挥的关系，也没有来自外部的干预。这种机制适合于最简单的组织结构，因此选项C正确。

4.8 　斯尔解析　D　本题考查的知识点是组织的战略类型判断。根据题干，"该公司在保留原有业务的同时寻找新的市场机会，开发出适合个人使用的运动健康补测仪并尝试性投放市场"，属于典型的分析型战略组织，分析型战略组织的特点是在寻求新的产品和市场机会的同时，保持传统的产品和市场，因此选项D正确。开拓型组织只强调寻求和开发产品与市场机会，而该公司还"保留原有业务"，因此选项A错误。防御型组织只强调创造一个稳定的经营领域，而风华公司"同时寻找新的市场机会"，因此选项B错误。反应型组织在对其外部环境的反应上采取一种动荡不定的调整模式，题干中并没有相关的信息体现这一特征，因此选项C错误。

4.9 　斯尔解析　D　本题考查的知识点是组织的战略类型判断。"冠兔公司在保持传统糖果业务的同时，进军化妆品市场寻求新的突破"说明冠兔公司既保持传统的产品和市场，又在寻求新的产品和市场机会，属于分析型战略组织，选项D正确。

4.10 　斯尔解析　A　本题考查的知识点是企业文化的类型。"志铭公司是一家小型咨询公司……员工既负责从市场上承揽咨询项目，又根据自己的特长和爱好选择并完成咨询任务"体现的企业文化类型是人员导向型，因此选项A正确。人员导向型的企业存在的目的主要是为其成员的需要服务，企业是其员工的下属，企业的生存也依赖于员工。这一文化常见于俱乐部、协会、专业团体和小型咨询公司。

4.11 　斯尔解析　A　本题考查的知识点是企业文化的类型。"公司尚未建立其严明的规章制度"说明该公司不是角色导向型，选项B错误。"员工在业务处理过程中遇到任何问题，都需要向企业创始人进行请示"说明创始人在该企业内具有中心权力，体现的是权力导向型，选项A正确。

4.12 　斯尔解析　C　本题考查的知识点是企业文化的类型。根据关键词，"依靠严格的规章制度""决策权集中在上层"，属于角色导向型，因此选项C正确。这类文化一般是围绕着限定的工作规章和程序建立起来的，理性和逻辑是这一文化的中心，分歧由规章和制度来解决，稳定和体面几乎被看成与能力同等重要。但是，这类企业的权力仍在上层，这类结构十分强调等级和地位，权力和特权是限定的，大家必须遵守。

4.13 斯尔解析 D 本题考查的知识点是战略稳定性与文化适应性。"在保留被并购企业原有组织的同时实施新的绩效考核制度"，体现了组织要素变化少；"结果遭到被并购企业大多数员工反对"，体现了变化与文化的潜在的一致性小。因此该根据文化的要求进行管理，选项D正确。

4.14 斯尔解析 C 本题考查的知识点是战略失效的类型。在战略实施过程中，偶然会因为一些意想不到的因素导致战略失效，这就是偶然失效。"社会上一场流行性疾病袭来，小店经营陷入困境"属于意想不到的因素导致战略失效，因此选项C正确。

4.15 斯尔解析 B 本题考查的知识点是战略控制与预算控制的区别。战略控制期间比较长，从几年到十几年以上，预算控制的期限通常在一年以内，选项A错误。预算控制通常在预算期结束后采取纠正行为，选项B正确。预算控制采用定量方法，战略控制采用定性与定量结合的办法，选项C错误。战略控制的重点是内部和外部，预算控制的重点是企业内部，选项D错误。

4.16 斯尔解析 A 本题考查的知识点是增量预算，需要考生掌握增量预算的优点和缺点。增量预算的编制工作量较少，相对容易操作，选项A正确。增量预算没有考虑经营条件和经营情况的变化，选项B错误。增量预算鼓励各部门用光预算以保证下一年的预算不减少，不利于增加员工的成本效益意识，选项C错误。增量预算容易使企业管理层和部门经理产生维持现状的保守观念，不利于企业创新，选项D错误。

4.17 斯尔解析 B 本题考查的知识点是预算编制的方式。这里需要注意的是，"甲公司对其各子公司实行预算管理，并通常使用增量预算方式进行战略控制"，并不意味着乙公司被甲公司收购后，甲公司就一定要求乙公司使用增量预算方式。解题的关键还是应该看编制预算的时候有没有基于以前期间的预算。"2009年9月，甲公司在化肥市场低迷时期，收购了乙化肥厂。甲公司收购乙化肥厂后更换了其总经理和财务总监，并计划全面改变乙化肥厂的经营策略"说明乙化肥厂在2009年11月编制2010年度预算时，没有之前的预算基础可以利用，应当编制零基预算，因此选项B正确。

4.18 斯尔解析 B 本题考查的知识点是数字化技术对企业经营模式的影响。宙斯百货打破线下店铺传统经营模式的时空限制，加速线上线下O2O全渠道布局"线上线下的完美融合……实现O2O全渠道运营"，这最能体现的是数字化技术对宙斯百货多元化经营的影响，选项B正确。需要同学们注意的是，"线上线下""O2O模式"这些关键词虽然在一定程度上也体现了互联网思维，但是选项A并不是最佳选项。另外，虽然题目中提到了消费者，但是并没有提到消费者对于企业产品、服务改进的影响，选项D错误。选项C是干扰选项，不属于数字化技术对经营模式的影响，选项C错误。

4.19 斯尔解析 C 本题考查的知识点是公司数字化战略转型面临的困难。"事业部之间的数据往往都各自存储，难以进行信息共享"体现了部门间数据相互独立、隔离，无法实现数据共享，由此产生的是"数据孤岛"问题，选项C正确。

二、多项选择题

4.20 斯尔解析　ABD　本题考查的知识点是纵向分工结构。"大众火锅店规定10万元以下的开支，每个分店的店长就可以做主。普通的一线员工，拥有免单权，而且可以根据客人的需求赠送水果盘"表明企业将权力分配并不是集中的，而是分散的，属于分权型组织结构。选项C为集权型组织结构的优点，选项ABD为分权型组织结构的优点，因此选项ABD正确。

4.21 斯尔解析　AD　本题考查的知识点是预算编制类型的优点。"信达银行每年都依据实际业绩编制预算"，说明信达银行采用的是增量预算。"2016年底信达银行在某地开设了一家分行"，该分行在2017年编制预算的时候，没有基于以前期间的预算，因此该分行2017年预算编制类型是零基预算。选项AD属于零基预算的优点，选项BC属于增量预算的优点。本题要求选择该分行2017年预算编制类型的优点，选项BC是零基预算的优点，因此选项AD正确。

4.22 斯尔解析　BC　本题考查的知识点是预算编制类型的优点。富友公司"每年年底都在深入分析每个部分的需求和成本的基础上，根据未来的需求编制预算"说明富友公司编制预算采用的方法为零基预算。选项AD是增量预算的优点，选项BC是零基预算的优点，因此选项BC正确。

4.23 斯尔解析　ABD　本题考查的知识点是ESG衡量指标。ESG企业业绩衡量指标主要涉及三个方面：第一，环境方面。第二，社会方面。第三，治理方面。木材资源损耗率反映了环境方面，选项A正确。员工职业道德培训评分反映了治理方面，选项B正确。建材成品破损率反映了社会方面（产品质量），选项D正确。客户收货时长反映的是企业流程效率，不符合ESG理念，选项C错误。

4.24 斯尔解析　ABD　本题考查的知识点是平衡计分卡。销售增长率和经济增加值属于财务角度，选项D正确。顾客满意度属于顾客角度，选项B正确。员工流动率属于创新与学习角度，选项A正确。

4.25 斯尔解析　CD　本题考查的知识点是数字化技术的发展历程。数字化技术的发展会经历信息化、数字化和智能化三个阶段。信息化的基本功能是开发信息资源，而数字化的基本功能是信息形式的统一化、信息表达的准确化、信息利用的高效化（选项A错误）；数字化是信息化的高级阶段，是信息化的广泛深入运用（选项B错误）；智能化的本质特征在于智能的协同发展和应用（选项C正确）。智能化是信息化、数字化的最终目标，也是发展的必然趋势（选项D正确）。选项AB混淆了信息化、数字化的概念和基本特征，选项CD是关于智能化的正确表述，因此选项CD正确。

4.26 斯尔解析　AD　本题考查的知识点是运用数字化技术实现管理变革的主要方面。在本案例中，佳星百货借助数字化技术实现了管理变革，主要体现在两方面：（1）"通过建立数字化库存管理体系，极大地提升了发货效率"体现了业务数字化管理，选项A正确；（2）"根据顾客在线下门店的购买行为、线上商城的搜索和浏览行为"体现了佳星百货通过数字化技术对海量客户信息进行挖掘和利用，实现精准营销，属于营销数字化管理，选项D正确。在本案例的描述中，并没有涉及生产数字化管理和财务数字化管理相关的表述，选项BC错误。

第五章　公司治理

一、单项选择题

5.1　三杉公司近年来效益不佳，连续多年没有分红。然而，2017～2019年，包括董事长在内的公司高管合计从公司领走3 023万元薪酬，该金额已超出同期净利润水平。三杉公司存在的公司治理问题属于（　　）。

A.代理型公司治理问题

B.剥夺型公司治理问题

C.隧道挖掘问题

D.企业与其他利益相关者之间的关系问题

5.2　佳宝公司是一家上市公司，最近连续两年亏损，经营陷入困境。经审计发现，佳宝公司的重大决策权一直被控股股东控制，控股股东把佳宝公司当作"提款机"，占用佳宝公司的资金累计高达10亿元。佳宝公司存在的公司治理问题属于（　　）。

A.代理型公司治理问题

B."内部人控制"问题

C.剥夺型公司治理问题

D.企业与其他利益相关者之间的关系问题

5.3　博格集团作为上市公司博格科技的大股东，涉嫌通过注册商标，以合法外衣侵占上市公司资产，并在长达八年的时间中，对上级监管部门的整改要求消极怠工，损害中小股东利益，这体现了三大公司治理问题中的（　　）。

A."内部人控制"问题

B."隧道挖掘"问题

C.企业与其他利益相关者之间的关系问题

D.外部治理

5.4　建安集团是一家上市公司，公开信息显示该公司2016年实现净利润3.8亿元。当年该公司股价波动区间为12～22元，市盈率波动区间为6～11倍，公司以每股5元的价格向控股股东定向增发1 000万股。从掠夺性财务活动角度分析，建安集团的上述定向增发行为属于（　　）。

A.内幕交易　　　　　　　　　　B.超额股利

C.掠夺性资本运作　　　　　　　D.掠夺性融资

5.5　甲公司在2017年完成发行上市后的首次定增，以每股1元的价格向两名控股股东发行5 000万股。当时该公司股价为每股5元。甲公司披露的2017年报显示，当年有净利润12亿元，市盈率为28倍。从终极股东对于中小股东的"隧道挖掘"问题角度看，甲公司的上述作法属于掠夺性财务活动中的（　　）。

A.掠夺性融资　　　　　　　　　B.内幕交易

C.直接占用资源　　　　　　　　D.超额股利

5.6 审计委员会作为公司治理的主要参与方，其职责不包括（　　　）。

A.对内部审计人员及其工作进行考核

B.检查、监督公司存在或潜在的各种风险

C.检查公司会计政策、财务状况和财务报告程序

D.制定公司长期发展战略

5.7 森然公司是一家互联网公司，截至目前累积共发布了5款APP。2019年度中期报告显示，森然公司APP产品的月活跃用户数增长速度不及预期。报告公告后，森然公司股价应声大跌。从外部治理的角度来看，这最能体现（　　　）对公司的监控和约束。

A.资本市场　　　　　B.经理人市场　　　　　C.产品市场　　　　　D.期权市场

5.8 2019年3月15日，中央电视台3.15晚会爆出"虾扯蛋"品牌辣条虽然在包装上醒目地印着虾和蛋，但其实"虾扯蛋"辣条里既没有虾，也没有蛋。除了面粉，就是各种调味用的添加剂。根据报道，生产现场膨化机前的地面上堆满了被烤糊的面团，传送辣条的机器上沾满了油污。这最能体现公司治理基础设施中的（　　　）。

A.公司信息披露制度　　　　　　　　B.中介机构

C.政府监管　　　　　　　　　　　　D.媒体、专业人士的舆论监督

二、多项选择题

5.9 当前，在国内上市公司中，终极股东对中小股东的"隧道挖掘"问题有多种表现形式，其中包括（　　　）。

A.过高的在职消费　　　　　　　　　B.产品购销的关联交易

C.以对大股东有利的形式转移定价　　D.扩股发行稀释其他股东利益

5.10 各国公司治理结构都有履行监督职能的机构或人员，不同模式下，其股东会、董事会、监事会、经理层的设置和功能有所不同。下列说法中正确的有（　　　）。

A.单层董事会制下，董事会既有监督职能又有决策职能

B.双层董事会制下，监事会的权力在董事会之上

C.复合结构制下，董事会仅有执行职能，没有决策职能

D.我国采用的公司治理模式类似于复合结构制

5.11 国有企业是中国特色社会主义的重要物质基础和政治基础，是党执政兴国的重要支柱和依靠力量。为加强公司党建工作，根据《中国共产党国有企业基层组织工作条例（试行）》，下列说法中错误的有（　　　）。

A.国有企业党员人数为20人，应当设立党委

B.重大经营管理事项应当先由董事会决定，再提交党委（党组）讨论

C.国有企业党委由工会选举产生

D.符合条件的党委（党组）班子成员可以通过法定程序进入董事会、监事会、经理层

5.12 清源公司是一家塑料加工企业。2021年一季度，清源公司披露了其2020年的年度报告。专业投资人S发现清源公司的毛利率显著高于同行业可比公司，于是在网络上发表文章对清源公司的财务数据提出了质疑，引发公众热议。这体现了公司治理基础设施中的（　　　）。

  A.中介机构   B.法律法规

  C.舆论监管   D.公司信息披露制度

5.13 近日，泰信基金又爆出"老鼠仓"行为，基金从业人员利用内幕信息非法获利。该行为令投资者对公司失去信心，并触发了各大机构投资者的内控"警戒线"，启动强制赎回机制。该类行为引起了证监会的高度重视，目前正同会计师事务所、公安司法机关密切配合，严打"老鼠仓"，对涉案人员做出处罚，对涉案公司责令整改。根据以上信息，下列说法中错误的有（　　　）。

  A.机构投资者通过"用手投票"的方式对公司施加影响

  B.该公司从业人员的行为反映了公司治理中存在的"隧道挖掘"问题

  C.证监会作为监管机构，是公司重要的外部治理机制

  D.证监会、会计师事务所与公安司法机关的密切配合体现了公司治理基础设施的作用

答案与解析

一、单项选择题

5.1	A	5.2	C	5.3	B	5.4	D	5.5	A

5.6	D	5.7	A	5.8	D

二、多项选择题

5.9	BCD	5.10	ABD	5.11	ABC	5.12	CD	5.13	ABC

一、单项选择题

5.1 斯尔解析　A　本题考查的知识点是公司治理问题的类型。判断公司存在的公司治理问题的类型的关键就是看谁在犯坏。本题中"三杉公司近年来效益不佳，连续多年没有分红。然而，2017~2019年，包括董事长在内的公司高管合计从公司领走3 023万元薪酬"表明是"董事长在内的公司高管"在犯坏。"董事长在内的公司高管"属于内部人，是受股东委托代为管理公司的代理人，他们犯坏属于内部人控制问题，即代理型公司治理问题，因此选项A正确。

5.2 斯尔解析　C　本题考查的知识点是公司治理问题的类型。判断公司存在的公司治理问题的类型的关键就是看谁在犯坏。"佳宝公司的重大决策权一直被控股股东控制，控股股东把佳宝公司当作提款机"表明是佳宝公司的控股股东在犯坏，属于剥夺型公司治理问题，因此选项C正确。

5.3 斯尔解析　B　本题考查的知识点是公司治理问题的类型。判断公司存在的公司治理问题的类型的关键就是看谁在犯坏。"博格集团作为上市公司博格科技的大股东……损害中小股东利益"表明是博格科技的大股东在犯坏，属于剥夺型公司治理问题，因此选项B正确。

5.4 斯尔解析　D　本题考查的知识点是掠夺性财务活动。掠夺性财务活动包括掠夺性融资、内幕交易、掠夺性资本运作以及超额股利。"当年该公司股价波动区间为12～22元……公司以每股5元的价格向控股股东定向增发1 000万股"表明建安公司向终极股东低价定向增发股票，属于掠夺性融资，选项D正确。

5.5 斯尔解析　A　本题考查的知识点是掠夺性财务活动。掠夺性财务活动包括掠夺性融资、内幕交易、掠夺性资本运作以及超额股利。甲公司的做法属于向终极股东低价定向增发，属于掠夺性融资，因此选项A正确。

5.6 斯尔解析　D　本题考查的知识点是审计委员会的职责。审计委员会的主要职责有：（1）检查公司会计政策、财务状况和财务报告程序（选项C）；（2）与公司外部审计机构进行交流；（3）对内部审计人员及其工作进行考核（选项A）；（4）对公司的内部控制进行考核；（5）检查、监督公司存在或潜在的各种风险（选项B）；（6）检查公司遵守法律、法规的情况。选项D属于战略决策委员会的职责。本题要求选出不属于审计委员会职责的选项，因此选项D当选。

5.7 　斯尔解析　A　本题考查的知识点是公司外部治理机制。外部治理机制有三种类型，一是产品市场对公司的监控和约束；二是资本市场对公司的监控和约束；三是资本市场对公司的监控和约束。"报告公告后，森然公司股价应声大跌"体现的是资本市场对公司的监控和约束，因此选项A正确。

5.8 　斯尔解析　D　本题考查的知识点是公司治理基础设施。公司治理基础设施主要包括公司信息披露制度、评价公司财务信息和治理水平的信用中介机构、保护投资者利益的法律法规、政府监管以及媒体和专业人士的舆论监督等。中央电视台属于媒体，中央电视台曝光"虾扯蛋"品牌的虚假宣传行为，属于媒体、专业人士的舆论监督，因此选项D正确。

二、多项选择题

5.9 　斯尔解析　BCD　本题考查的知识点是终极股东对中小股东的"隧道挖掘"问题的表现类型。解题的关键在于判断终极股东可以通过哪些方式来犯坏，从而侵害中小股东的利益。终极股东"隧道挖掘"，包括直接占用资源、关联性交易和掠夺性财务活动三类。选项BC属于关联性交易，选项D属于掠夺性财务活动。因此选项BCD正确。选项A属于"内部人控制"问题的表现，选项A错误。

5.10 　斯尔解析　ABD　本题考查的知识点是公司内部治理结构的不同模式。复合结构制下，董事会具有决策职能，但由于董事会大多由执行董事构成，同时具有执行职能，选项C错误。

5.11 　斯尔解析　ABC　本题考查的知识点是公司内部治理结构中国有企业各级党委（党组）。国有企业党员人数为100人以上的，应当设立党的基层委员会（简称党委），但若党员人数不足50人、确因工作需要的，经上级党组织批准，可以设立党委，而非"应当"设立党委，选项A说法错误，当选。国有企业党委（党组）应当发挥领导作用，把方向、管大局、保落实，重大经营管理事项必须经党委（党组）研究讨论后，再由董事会或者经理层做出决定，选项B说法错误，当选。国有企业党委由党员大会或者党员代表大会选举产生，选项C说法错误，当选。国有企业坚持和完善"双向进入、交叉任职"领导体制，符合条件的党委（党组）班子成员可以通过法定程序进入董事会、监事会、经理层，董事会、监事会、经理层成员中符合条件的党员可以依照有关规定和程序进入党委（党组），选项D说法正确，不当选。

5.12 　斯尔解析　CD　本题考查的知识点是公司治理基础设施。"2021年一季度，清源公司披露了其2020年的年度报告"体现的是公司信息披露制度，选项D正确。"专业投资人S发现清源公司的毛利率显著高于同行业可比公司，于是在网络上发表文章对清源公司的财务数据提出了质疑，引发公众热议"体现的是公众的舆论监督，选项C正确。

5.13 　斯尔解析　ABC　本题考查的知识点是公司治理问题及其应对机制。机构投资者"启动强制赎回机制"，是在通过"用脚投票"的方式对公司施加影响，因此选项A表述错误，当选；"隧道挖掘"是终极股东剥夺其他中小股东利益的行为，题干中的"基金从业人员"并不是终极股东，因此选项B表述错误，当选；证监会作为政府监管，属于公司治理基础设施，不是外部治理机制，因此选项C表述错误，当选；证监会、会计师事务所、公安司法机关分别是基础设施中的政府监管（行政监管）、中介机构、政府监管（法律监管），因此选项D表述正确，不当选。本题有三个易错点需提醒各位：一是要注意"用手投票"和"用脚投票"的区别。二是要注意"隧道挖掘"必须是终极股东在犯坏，终极股东可以通过内幕交易来犯坏。但并不是随便一个人进行内幕交易都叫做隧道挖掘问题。三是要注意外部治理机制和公司治理基础设施的区别。

第六章 风险与风险管理

使用斯尔教育 APP
扫码看解析做好题

一、单项选择题

6.1 亚洲R国H公司推出了一个名为"东大机器人"的项目，该项目的目标是通过R国顶级学府J大学的入学考试。2013年以来，"东大机器人"每年都参加J大学的入学考试，但连续3年的得分均低于J大学的录取分数线。H公司于2016年11月正式宣布因项目过于复杂而最终放弃该项目。根据上述描述，H公司研发"东大机器人"项目面临的风险是（　　）。

    A.战略风险　　　　　B.市场风险　　　　　C.技术风险　　　　　D.政治风险

6.2 甲公司与乙公司签订合作协议，乙公司负责项目开发，将甲公司所产生的工业余热转化成居民住宅和公共类建筑供暖服务，甲公司负责技术支持。在项目实际开发过程中，甲公司技术转化进度延后，但由于乙公司未能事先做好预案并施加有效控制，导致整体进度推迟。对于乙公司而言，该风险属于（　　）。

    A.市场风险　　　　　B.运营风险　　　　　C.技术风险　　　　　D.财务风险

6.3 惠通公司开发出一种用于少儿英语学习的智能机器人，该产品投放市场不久，便被其他公司仿制。从技术活动过程所处的不同阶段考察，惠通公司面临的技术风险属于（　　）。

    A.技术设计风险　　　　　　　　　　B.技术选择风险

    C.技术研发风险　　　　　　　　　　D.技术应用风险

6.4 有关研究机构证实，从事中成药生产的上市公司天康公司的主打产品含有对人体健康有害的成分，该研究结果被媒体披露后，天康公司的股价大跌，购买其产品的部分消费者和经销商纷纷要求退货，致使其经营陷入危机。上述案例中，天康公司面临的风险属于（　　）。

    A.运营风险　　　　　B.市场风险　　　　　C.战略风险　　　　　D.财务风险

6.5 企业信息安全管理中发生失误导致的风险属于（　　）。

    A.市场风险　　　　　B.运营风险　　　　　C.技术风险　　　　　D.财务风险

6.6 我国某纺织生产企业甲公司向欧洲H国出口"双羊"牌高档羊绒被，其英文商标名为"Goats"。该产品虽然质量上乘，但在H国一直销路不佳。甲公司进行详细调查后发现，在H国，"Goats"除了有山羊的意思以外，还有其他的贬义，一些消费者因此产生不好的联想，影响了产品的销售。这个案例表明，企业跨国营销可能面临（　　）。

    A.市场风险　　　　　B.政治风险　　　　　C.文化风险　　　　　D.技术风险

6.7 甲公司以公开招标方式采购一批设备，乙公司以最低价中标。在签订正式采购合同前，乙公司发现钢材等原材料价格突然暴涨，如果继续以中标价格签订合同，公司将蒙受重大损失。乙公司与甲公司商议能否提高合同价格，遭到甲公司拒绝。于是乙公司放弃了该项目，甲公司则根据约定没收了乙公司的投标保证金。在上述案例中，甲公司采购设备时面临的风险是（　　）。

A.市场风险　　　　B.运营风险　　　　C.技术风险　　　　D.政治风险

6.8　甲公司曾是一家世界著名的照相机生产企业，近年来，面对各类新型照相设备的兴起，该公司业务转型迟缓。目前出现巨额亏损，濒临破产。甲公司遭遇的风险属于（　　）。

A.财务风险　　　　B.技术风险　　　　C.运营风险　　　　D.战略风险

6.9　思达集团原是一家房地产企业。2016年，思达集团以银行贷款为主要资金来源，开始大举并购一些发达国家的酒店和娱乐、体育健身等方面的业务。最近，思达集团由于收购规模过大，资金出现短缺。同时银行收紧了银根，不再向思达集团发放贷款。因此，思达集团被迫终止了收购活动，并为弥补资金漏洞出售了一些已购的业务。根据《企业内部控制应用指引第2号——发展战略》，思达集团在制定和实施发展战略方面存在的主要风险是（　　）。

A.发展战略实施不到位

B.发展战略过于激进，脱离企业实际能力或偏离主业

C.发展战略因主观原因频繁变动

D.缺乏明确的发展战略

6.10　根据《企业内部控制应用指引第12号——担保业务》，担保业务需关注的主要风险不包括（　　）。

A.对担保申请人的资信状况调查不深，审批不严或越权审批，可能导致企业担保决策失误或遭受欺诈

B.对被担保人出现财务困难或经营陷入困境等状况监控不力，应对措施不当，可能导致企业承担法律责任

C.担保过程中存在舞弊行为，可能导致经办审批等相关人员涉案或企业利益受损

D.业务外包监控不严、服务质量低劣，可能导致企业难以发挥业务外包的优势

6.11　永泽公司是一家餐饮公司。2010年，一场传染病的流行使餐饮业进入"寒冬"，该公司在进行风险评估后认为，这场传染病的流行将使消费者的健康饮食意识大大增强，于是组织员工迅速开发并推出系列健康菜品。使公司营业额逆势上升。永泽公司上述做法所体现的风险管理特征是（　　）。

A.专业性　　　　B.战略性　　　　C.系统性　　　　D.二重性

6.12　下列各项关于企业全面风险管理的说法中，错误的是（　　）。

A.全面风险管理既管理纯粹风险也管理机会风险

B.全面风险管理主要由财务会计和内部审计等部门负责

C.全面风险管理的焦点在所有利益相关者的共同利益最大化上

D.全面风险管理主动将风险管理作为价值中心

6.13　防范战略风险对于一个企业的生存与发展而言至关重要。下列各项中，不属于企业分析战略风险应收集的信息的是（　　）。

A.科技进步、技术创新的有关内容

B.制造成本和管理费用、财务费用、营业费用

C.与主要竞争对手相比，该企业的实力与差距

D.企业主要客户、供应商及竞争对手的有关情况

6.14 下列各项关于风险管理解决方案的表述中，错误的是（ ）。

A.风险管理解决方案中的外部解决方案一般指外包

B.风险管理解决方案应有风险解决的具体目标和风险管理工具等方面的内容

C.落实风险管理解决方案必须认识到风险管理是企业价值创造的根本源泉

D.风险管理解决方案中的内部解决方案一般指风险管理策略

6.15 M国某地区位于地震频发地带，那里的居民具有较强的防震意识，住房普遍采用木质结构，抗震性能优越。不少家庭加装了地震时会自动关闭煤气的仪器，以防犯地震带来的相关灾害。根据上述信息，该地区居民采取的风险管理策略工具是（ ）。

A.风险控制 B.风险转移 C.风险规避 D.风险转换

6.16 每年夏季是台风"光临"我国华南沿海地区的高发季节。有专家指出，在玻璃上贴"米"字，可以在一定程度上抵御台风对窗户的冲击，起到防护效果。这是因为玻璃中间部分较为脆弱，在玻璃窗贴上交叉的胶带，可以增加玻璃的韧度，降低玻璃震动的频率，不但可以对抗较大的风压，还可以防止玻璃破裂时四溅伤人。根据以上信息，"米"字法所采用的风险管理策略工具是（ ）。

A.风险控制 B.风险转移 C.风险规避 D.风险转换

6.17 R国W公司于2002年发行了名为Pioneer的巨灾债券。该债券能够同时为北美飓风、欧洲风暴以及美国加利福尼亚和日本地震提供救灾资金保障。这种具有金融衍生品特性的债券，属于风险管理策略工具中的（ ）。

A.风险补偿 B.风险转换 C.风险转移 D.风险对冲

6.18 甲公司是一家生产遮阳用品的企业。2013年，公司在保留原有业务的同时，进入雨具生产业务，从风险管理策略的角度看，甲公司采取的策略是（ ）。

A.风险规避 B.风险转换 C.风险对冲 D.风险承担

6.19 立高公司是一家生产雪糕的企业。2018年，公司将业务延伸到速冻食品领域。速冻食品秋冬需求旺盛，而雪糕在秋冬季的需求则天然会少于夏季，这两类业务能够形成相对的淡旺季互补。从风险管理策略的角度看，立高公司采取的策略是（ ）。

A.风险补偿 B.风险转换 C.风险转移 D.风险对冲

6.20 中科公司是国内一家著名的印刷机制造商。面对G国先进印刷机在中国的市场占有率迅速提高，中科公司将业务转型为给G国印刷机的用户提供零配件和维修保养服务，取得比业务转型前更高的收益率。从风险管理策略角度看，中科公司采取的策略是（ ）。

A.风险规避 B.风险转换 C.风险转移 D.风险补偿

6.21 下列各项中，属于企业一般不应把风险承担作为风险管理策略的情况是（ ）。

A.企业管理层及全体员工都未辨识出风险

B.企业从成本效益考虑认为选择风险承担是最适宜的方案

C.企业缺乏能力对已经辨识出的风险进行有效管理与控制

D.企业面临影响企业目标实现的重大风险

6.22 甲公司在实施全面风险管理过程中，注重加强法制教育，增强董事、监事、经理及其他高级管理人员和员工的法制观念，严格依法决策、依法办事、依法监督。甲公司的上述作法所涉及的内部控制要素是（　　　）。

A.控制环境　　　　B.风险评估　　　　C.监控　　　　D.控制活动

6.23 根据我国《企业内部控制基本规范》，反舞弊机制属于内部控制要素中的（　　　）。

A.风险评估　　　　B.控制活动　　　　C.内部监督　　　　D.信息与沟通

6.24 凌云公司近年来不断加强企业内部控制体系建设，在董事会下设立了审计委员会。审计委员会负责审查企业内部控制，监督内部控制的实施和内部控制自我评价情况，协调内部控制审计及其他相关事宜。根据COSO《内部控制框架》，凌云公司的上述做法属于内部控制要素的（　　　）。

A.风险评估　　　　B.控制活动　　　　C.监控　　　　D.控制环境

6.25 众城银行是一家股份制商业银行。自成立以来，该银行坚持将职业道德修养和专业胜任能力作为选拔和聘用员工的重要标准，切实加强员工培训和继续教育，不断提升员工素质，保证了该银行规范高效运营。根据我国《企业内部控制基本规范》，众城银行的上述做法涉及的内部控制要素是（　　　）。

A.控制环境　　　　B.控制活动　　　　C.风险评估　　　　D.信息与沟通

6.26 随着全面风险管理意识的加强，甲公司的股东要求管理层建立重大风险预警机制，明确风险预警标准，对可能发生的重大风险条件，制定应急方案，明确相关责任人和处理流程、程序和政策，确保重大风险事件得到及时、稳妥的处理。甲公司股东的要求所针对的内部控制要素是（　　　）。

A.控制活动　　　　B.内部监督　　　　C.信息与沟通　　　　D.风险评估

6.27 下列各项中，属于控制活动要素的是（　　　）。

A.企业实施全面预算管理制度

B.企业制定内部控制缺陷认定标准

C.企业根据设立的控制目标，及时进行风险评估

D.董事会下设立审计委员会

6.28 宏远海运公司为加强对风险损失事件的管理，与甲银行签订协议，规定在一定期间内，如果宏远海运公司由于台风等自然灾害遭受重大损失，可从甲银行取得贷款，并为此按约定的期间向甲银行缴纳权力费。宏远海运公司管理损失事件的方法称为（　　　）。

A.专业自保　　　　B.应急资本　　　　C.风险资本　　　　D.损失融资

6.29 2019年，盛奇公司与当地甲银行签订了一份协议，约定在未来10年内，如果盛奇公司因自然灾害的发生对其经营产生冲击而引发财务危机时，盛奇公司有权从甲银行取得300万贷款以应对风险。盛奇公司采用的上述损失事件管理办法的是（　　　）。

A.应急资本　　　　B.专业自保　　　　C.远期合约　　　　D.期权

6.30 宏远海运公司为了加强对损失事件的管理成立了一家附属机构，这家附属机构的职责是用母公司提供的资金建立损失储蓄金，并为母公司提供保险。宏远海运公司管理损失事件的方法属于（　　　）。

A.损失融资　　　　B.风险资本　　　　C.保险　　　　D.专业自保

6.31 下列各项关于金融衍生产品的说法中，正确的是（　　）。

A.远期合约通常在交易所内交易　　　　B.期货价格不是通过公开竞价达成的

C.欧式期权只能在到期日执行　　　　　D.远期合约是标准化合约

6.32 甲公司是一家食品加工企业，需要在3个月后采购一批大豆。目前大豆的市场价格是4 000元/吨。甲公司管理层预计3个月后大豆的市场价格将超过4 600元/吨，但因目前甲公司的仓储能力有限，现在购入大豆将不能正常存储。甲公司计划通过衍生工具交易抵消大豆市场价格上涨的风险，下列方案中，甲公司可以采取的是（　　）。

A.卖出3个月后到期的执行价格为4 500元/吨的看涨期权

B.卖出3个月后到期的执行价格为4 500元/吨的看跌期权

C.买入3个月后到期的执行价格为4 500元/吨的看涨期权

D.买入3个月后到期的执行价格为4 500元/吨的看跌期权

6.33 Z公司为了应对原油市场的价格波动，平稳该公司的采购价格，拟采用金融衍生品对冲油价上涨的风险。原油现价每桶70美元，而公司判断原油市场在半年后会涨至每桶80美元。以下有效满足公司风险对冲的做法是（　　）。

A.公司签订一份远期合约，约定在半年后以75美元每桶的价格卖出100万桶

B.公司签订一份期货合约，约定在半年后以77美元每桶的价格购买100万桶

C.公司买入一份看涨期权，约定在半年后以81美元每桶的价格购买100万桶

D.公司买入一份看跌期权，约定在半年后以66美元每桶的价格卖出100万桶

6.34 H公司为一家社交软件公司，该公司在分析主系统漏洞可能造成的信息泄露风险。该公司发现，当主系统产生漏洞后（概率为0.1%），二级防护系统失效的概率为3%，三级系统失效概率为1.5%。三级系统失效后可能造成信息泄露的概率为10%。由此公司分析得出可能出现信息泄露的频率并进一步调整相关系统的设计与运营。H公司采取的风险管理技术与方法是（　　）。

A.事件树分析法　　　B.敏感性分析法　　　C.决策树分析法　　　D.情景分析法

6.35 甲公司是一家计划向移动互联网领域转型的大型传统媒体企业。为了更好地了解企业转型中存在的风险因素，甲公司聘请了20位相关领域的专家，根据甲公司面临的内外部环境，针对六个方面的风险因素，反复征询每个专家的意见，直到每一个专家不再改变自己的意见、达成共识为止。该公司采取的这种风险管理方法是（　　）。

A.德尔菲法　　　　　B.情景分析法　　　　C.因素分析法　　　　D.头脑风暴法

6.36 甲公司在实施风险管理过程中，对由人为操作和自然因素引起的各种风险对企业影响的大小和发生的可能性进行分析，为确定企业风险的优先次序提供分析框架。该公司采取的上述风险管理方法属于（　　）。

A.决策树法　　　　　　　　　　　B.马尔科夫分析法

C.流程图分析法　　　　　　　　　D.风险评估系图法

6.37 奥博公司是一家精密仪器制造企业。在新厂房正式投产之前，专业技术人员对生产的每一个环节都进行了研究论证，从中排查潜在的风险，避免可能的损失。该公司采取的上述风险管理方法属于（　　）。

A.风险评估系图法　　　　　　　　B.流程图分析法

C.马尔科夫分析法　　　　　　　　D.德尔菲法

6.38 甲公司是一家白酒生产企业，为了进一步提高产品质量，甲公司通过图表形式将白酒生产按顺序划分为多个模块，并对各个模块逐一进行详细调查，识别出每个模块各种潜在的风险因素或风险事件，从而使公司决策者获得清晰直观的印象，根据上述信息，下列各项中，对甲公司采取的风险管理办法描述错误的是（ ）。

A.该方法的使用效果依赖于专业人员的水平

B.该方法的优点是简单明了、易于操作

C.该方法可以对企业生产或经营中的风险及其成因进行定性分析

D.该方法适用于组织规模较小、流程较简单的业务风险分析

6.39 甲公司是一家大型商场。开业以来，公司积累了丰富的销售数据。公司战略部门每年都会对这些数据进行收集整理，据此推算出未来年度企业的销售风险。根据上述信息，甲公司采用的风险管理方法是（ ）。

A.后推法　　　　　　B.前推法　　　　　　C.逆推法　　　　　　D.正推法

6.40 通达路桥公司拟在某省兴建一座大桥。这项工程将面临诸多不确定因素，如工程总投资、银行贷款、过桥费收入等。公司为了预算这项工程所产生的效益并防范可能发生的风险，组织相关人员分析了上述每一个因素的变化对该项目内部收益的影响。通达路桥公司所采用的风险管理方法是（ ）。

A.敏感性分析法　　　　　　　　　　B.马尔科夫分析法

C.风险评估分析　　　　　　　　　　D.情景分析法

6.41 甲公司拟新建一个化工项目。经过可行性研究，该项目预计净现值为420万元，内部收益率为13%。甲公司进一步分析初始投资、建设期及寿命期的变动对该项目预计净现值的影响及影响程度。甲公司采取的风险管理技术与方法是（ ）。

A.事件树分析法　　　B.敏感性分析法　　　C.决策树分析法　　　D.情景分析法

6.42 为了适应市场需求，甲公司决定投资扩大手机生产规模。市场预测表明：该产品销路好的概率为0.6，销路差的概率为0.4。据此，公司计算出多个备选方案，并根据在产品销路不确定情况下净现值的期望值，选择出最优方案。根据上述信息，甲公司采用的风险管理技术与方法是（ ）。

A.流程图分析法　　　　　　　　　　B.事件树分析法

C.敏感性分析法　　　　　　　　　　D.决策树分析法

6.43 今年以来，受国内外各种不确定性因素的影响，房地产行业的发展进入了一个新阶段。甲房地产公司从定性和定量的角度，按照很好、较好、一般、较差4种不同的假设条件，预测了本公司本年度将面临的各种不确定因素以及由此给公司带来的各种不同后果。甲房地产公司采用的风险管理技术与方法是（ ）。

A.敏感性分析法　　　　　　　　　　B.条件预测法

C.情景分析法　　　　　　　　　　　D.统计推论法

二、多项选择题

6.44 关于现代市场经济中人们对风险观念的理解，下列表述中正确的有（ ）。

A.可以由人的主观判断来决定选择不同的风险

B.风险是一系列可能发生的结果而不是最有可能的结果

C.风险总是与机遇并存

D.风险与企业战略相关

6.45 温中国际工程技术有限公司主要从事海外工程建设。在项目招标过程中，与外国业主之间的习俗差异常常导致谈判不顺。此外，近期大宗商品与材料价格的大起大落直接增加了相关行业的产业链及供应链不确定性，进而影响国际工程项目的开发与执行情况，以及公司主营业务收益的稳定性。上述案例中，温中国际公司面临的风险属于（　　　）。

A.法律风险与合规风险　　　　B.社会文化风险

C.技术风险　　　　　　　　　D.市场风险

6.46 甲公司是一家光伏发电企业。受技术、经济等多种因素影响。光伏发电投资成本居高不下，而同一区域的风力发电企业成本较低，给甲公司的生存和发展带来威胁。更糟糕的是，公司在新建光伏电站时，因不了解当地的实际情况，选址不当，造成运输成本过高。甲公司面临的风险有（　　　）。

A.政治风险　　　　B.市场风险　　　　C.财务风险　　　　D.运营风险

6.47 甲公司是一家从事手机研发和制造的高科技企业。2015年，甲公司将手机的制造外包给乙公司。此后，市场上发生多起甲公司的手机电池爆炸，给用户造成人身和财产损失的事故。甲公司详细调查后发现，乙公司提供的手机电池质量不合格，存在很大的安全隐患，甲公司将手机的制造外包给乙公司后面临的风险有（　　　）。

A.法律风险　　　　B.技术风险　　　　C.运营风险　　　　D.战略风险

6.48 下列选项中，根据《企业内部控制应用指引第14号——财务报告》编制，对外提供和分析利用财务报告需关注的主要风险有（　　　）。

A.编制财务报告违反会计法律法规和国家统一的会计准则制度，可能导致企业承担法律责任和声誉受损

B.提供虚假财务报告，误导财务报告使用者，造成决策失误，干扰市场秩序

C.不能编制和提供真实可靠的财务报告，会阻碍企业与股东之间可靠的信息沟通

D.不能有效利用财务报告，难以及时发现企业经营管理中存在的问题，可能导致企业财务和经营风险失控

6.49 下列各项中，根据《企业内部控制应用指引第15号——全面预算》，实行全面预算管理需要关注的主要风险有（　　　）。

A.不编制预算或预算不健全，可能导致企业经营缺乏约束或盲目经营

B.预算目标不合理、编制不科学，可能导致企业资源浪费或发展战略难以实现

C.企业未实施全面预算管理制度，可能导致预算编制、审定不规范

D.预算缺乏刚性、执行不力、考核不严，可能导致预算管理流于形式

6.50 下列各项关于企业合同管理内部控制的表述中，正确的是（　　　）。

A.未与银行签订应急资本合同，可能导致企业经济利益受损

B.未订立合同、未经授权对外订立合同可能导致企业合法权益受到侵害

C.合同未全面履行或监控不当，可能导致企业经济利益受损

D.合同纠纷处理不当，可能损害企业利益、信誉和形象

6.51　思达公司是一家研发、制造和销售智能手环的上市公司。由于没有掌握信息技术，思达公司只能长期从外部购买芯片。由于智能手环需求变化较大，芯片又属于技术性强且变化很快的零部件，思达公司以定向集中方式而非招标方式进行采购，导致对市场变化适应性不强，采购物资质次价高、存货积压或短缺、存货价值贬损等问题，甚至出现内外勾结的舞弊现象。根据《企业内部控制应用指引第7号——采购业务》，思达集团存在的主要风险是（　　　）。

A.采购计划安排不合理、市场变化趋势预测不准确、造成库存短缺或积压，可能导致企业生产停滞或资源浪费

B.供应商选择不当、采购方式不合理、招投标或定价机制不科学、授权审批不规范、可能导致采购物资质次价高、出现舞弊或遭受欺诈

C.存货积压或短缺，可能导致流动资金占用过量、存货价值贬损或生产中断

D.无形资产缺乏核心技术、权属不清、技术落后、存在重大技术安全隐患，可能导致企业法律纠纷、缺乏可持续发展能力

6.52　根据《企业内部控制应用指引第4号——社会责任》，企业在履行社会责任方面需要关注的主要风险有（　　　）。

A.缺乏诚实守信的经营理念，可能导致舞弊事件的发生

B.促进就业和员工权益保护不够，可能导致员工积极性受挫

C.安全生产措施不到位，责任不落实，可能导致安全事故的发生

D.产品质量低劣，侵害消费者利益，可能导致企业巨额赔偿、形象受损

6.53　根据《企业内部控制应用指引第3号——人力资源》，人力资源管理需关注的主要风险有（　　　）。

A.人力资源缺乏或过剩、结构不合理，可能导致企业发展战略难以实现

B.人力资源激励约束制度不合理、关键岗位人员管理不完善，可能导致人才流失

C.人力资源退出机制不当，可能导致法律诉讼或企业声誉受损

D.未实施有利于企业可持续发展的人力资源政策，可能导致企业发展战略难以实现

6.54　下列各项关于企业全面风险管理的表述中，正确的有（　　　）。

A.企业全面风险管理是增进企业价值的过程

B.企业全面风险管理旨在把风险控制在风险容量以内

C.企业全面风险管理的参与者由管理层和全体员工组成

D.企业全面风险管理是实现结果的一种方式

6.55　宝胜公司是一家全球性的手机生产企业。近年来公司在高速发展的同时，面临的风险也与日俱增。为了更好地分析面临的市场风险，宝胜公司应该至少收集与该公司相关的重要信息有（　　　）。

A.全球汇率变动状况

B.全球手机价值链生产供应状况

C.各国手机的价格及供需变化

D.各国对手机及其零部件进出口的政策导向

6.56 分析企业运营风险，企业应至少收集与该企业、本行业相关的信息，其中包括（   ）。

A.新市场开发、市场营销策略

B.企业风险管理的现状和能力

C.潜在竞争者、竞争者及其主要产品、替代品情况

D.期货等衍生产品业务曾发生或易发生失误的流程和环节

6.57 下列各项关于风险评估的表述中，正确的有（   ）。

A.风险评估包括风险辨识、风险分析和风险评价三个步骤

B.风险定性评估时应统一制定各风险的度量单位和度量模型

C.企业应当定期或不定期对新风险或原有风险的变化进行重新评估

D.风险评估应当将定性方法和定量方法相结合

6.58 下列各项中，属于《企业内部控制基本规范》对内部环境要素要求的有（   ）。

A.企业应当建立举报投诉制度和举报人保护制度

B.企业应当建立重大风险预警机制和突发事件应急处理机制

C.企业应当制定和实施有利于企业可持续发展的人力资源政策

D.企业应当加强内部审计工作

6.59 星云公司制造手机所需要的部分零部件由奇象公司提供。星云公司为了防范和应对采购过程中可能出现的风险，与奇象公司签订了严格而规范的合同，其中一项规定是：如果由于外界不可抗力因素造成奇象公司不能按时供货并给星云公司带来损失，只要损失额超过一定数量，那么超过的部分由奇象公司予以赔偿。在上述案例中，星云公司采取的风险管理工具有（   ）。

A.风险规避　　　　　B.风险转移　　　　　C.风险补偿　　　　　D.风险承担

6.60 下列风险度量方法中，建立在概率基础上的方法有（   ）。

A.在险值法　　　　　　　　　　　B.层次分析法

C.期望值法　　　　　　　　　　　D.最大可能损失法

6.61 下列关于风险管理组织职能体系的表述中，错误的是（   ）。

A.风险管理委员会批准或决定全面风险管理的重大事项

B.董事会就全面风险管理工作的有效性对股东大会负责

C.内部审计部门应当对监事会负责

D.风险管理职能部门组织协调全面风险管理日常工作

6.62 甲公司是一家非上市大型企业，为了提前实施《企业内部控制基本规范》，正在考虑设立审计委员会。下列各项关于甲公司设立审计委员会的具体方案内容中，正确的有（   ）。

A.在董事会下设立审计委员会

B.审计委员会的主要活动之一是核查对外报告规定的遵守情况

C.确保充分有效的内部控制是审计委员会的义务，其中包括负责监督内部审计部门的工作

D.审计委员会应当每两年对其权限及有效性进行复核，并就必要的人员变更向董事会报告

6.63 为确保全面风险管理的实施效果，A银行积极加强员工在办理贷款业务中涉及到的审批与授权流程培训。同时，A银行组织基层员工统一对相关业务的风险进行识别、汇总与分析。A银行的上述做法所涉及的内部控制要素有（　　）。

A.控制环境　　　　　　B.风险评估　　　　　　C.监控　　　　　　　D.控制活动

6.64 下列各项中，属于控制活动的有（　　）。

A.不相容职务分离控制　　　　　　　　　　B.运营分析控制

C.授权审批控制　　　　　　　　　　　　　D.会计系统控制

6.65 下列各项中，属于内部控制要素中的控制活动，在风险管理框架下的公司治理中的体现有（　　）。

A.独立董事的独立性

B.董事长对经理的决策授权与监督

C.董事、监事、经理的考核激励控制

D.董事会聘请独立第三方对经理履行职责情况的检查

6.66 下列关于风险管理信息系统功能的表述中，正确的有（　　）。

A.能够对各种风险进行计量和定量分析

B.实时反映风险矩阵和排序频谱、重大风险和重要业务流程的监控状态

C.对超过风险预警上限的重大风险实施信息预警

D.实现风险相关信息与企业外部利益相关者的共享

答案与解析

一、单项选择题

6.1 C	6.2 B	6.3 D	6.4 A	6.5 B
6.6 C	6.7 A	6.8 D	6.9 B	6.10 D
6.11 D	6.12 B	6.13 B	6.14 D	6.15 A
6.16 A	6.17 C	6.18 C	6.19 D	6.20 D
6.21 D	6.22 A	6.23 D	6.24 D	6.25 A
6.26 A	6.27 A	6.28 B	6.29 A	6.30 D
6.31 C	6.32 C	6.33 B	6.34 A	6.35 A
6.36 D	6.37 B	6.38 C	6.39 B	6.40 A
6.41 B	6.42 D	6.43 C		

二、多项选择题

6.44 ABCD	6.45 BD	6.46 BD	6.47 AC	6.48 ABD
6.49 ABD	6.50 BCD	6.51 AB	6.52 BCD	6.53 ABC
6.54 ABD	6.55 ABC	6.56 ABD	6.57 ACD	6.58 CD
6.59 BD	6.60 AC	6.61 AC	6.62 ABC	6.63 AB
6.64 ABCD	6.65 BC	6.66 ABC		

一、单项选择题

6.1 【斯尔解析】 C 本题考查的知识点是风险种类的判断。解题的关键是分析H公司为何会放弃该项目。根据题干，"H公司于2016年11月正式宣布因项目过于复杂而最终放弃该项目"，作为一个技术性较高的"机器人"项目，其"项目过于复杂"更多体现为"技术复杂性"，符合技术风险的定义，选项C正确。需要提醒大家的是，战略风险是由于内外部环境的复杂性和变动性等而导致企业整体性损失和战略目标无法实现，而非由于某一个单独项目的复杂性导致的，因此选项A错误。

6.2　斯尔解析　B　本题考查的是风险种类的判断。"甲公司技术转化进度延后，但由于乙公司未能事先做好预案并施加有效控制，导致整体进度推迟"说明乙公司由于内外部环境的复杂性和变动性（甲公司技术转化进度延后）以及主体对环境的认知能力和适应能力的有限性（未做预案、未施加控制），导致企业无法实现相应目标（进度延迟），属于典型的"能力有限"，符合运营风险的定义，选项B正确。另外，本题也可以对应运营风险中的"因企业内、外部人员的道德风险或业务控制系统失灵导致的风险"，从而锁定选项B。

6.3　斯尔解析　D　本题考查的知识点是风险种类的判断。技术应用风险指的是，由于技术成果在产品化、产业化的过程中由一系列不确定性所带来的负面影响或效应。"该产品投放市场不久，便被其他公司仿制"，"被其他公司仿制"这一风险是发生在产品投放市场之后，即发生在产品化、产业化阶段，因此选项D正确。

6.4　斯尔解析　A　本题考查的知识点是风险种类的判断。"天康公司的主打产品含有对人体健康有害的成分"表明天康公司在质量、安全、环保、信息安全等管理中发生失误导致的风险，属于运营风险，因此选项A正确。

6.5　斯尔解析　B　本题考查的知识点是风险种类的判断。质量、安全、环保、信息安全等管理中发生失误导致的风险，属于运营风险，因此选项B正确。

6.6　斯尔解析　C　本题考查的知识点是风险种类的判断。"在H国，'Goats'除了有山羊的意思以外，还有其他的贬义，一些消费者因此产生不好的联想"，这主要体现了跨国经营活动引发的文化风险，因此选项C正确。

6.7　斯尔解析　A　本题考查的知识点是风险种类的判断。根据题干，甲公司所采购的钢材等原材料价格突然暴涨，且乙公司因商议提高合同价格无效而放弃了该项目，分别符合市场风险中"能源、原材料、配件等物资供应的充足性、稳定性和价格变化带来的风险"以及"主要客户、主要供应商的信用风险"的描述，因此选项A正确。

6.8　斯尔解析　D　本题考查的知识点是风险种类的判断。面对各类新型照相设备的兴起，该公司业务转型迟缓，导致"出现巨额亏损，濒临破产"，这体现了战略风险的含义，即由于内外部环境的复杂性和变动性以及主体对环境的认知能力和适应能力的有限性，而导致企业整体性损失和战略目标无法实现的可能性及损失，因此选项D正确。

6.9　斯尔解析　B　本题考查的知识点是《企业内部控制应用指引第2号——发展战略》。思达集团由于收购规模过大，资金出现短缺，体现了发展过于激进，脱离企业的实际能力，且思达集团作为一家房地产企业大举并购酒店和娱乐、体育健身等方面的业务，是偏离主业的表现，因此选项B正确。

6.10　斯尔解析　D　本题考查的知识点是《企业内部控制应用指引第12号——担保业务》。选项ABC都是担保业务需关注的主要风险。选项D是《企业内部控制应用指引第13号——业务外包》需关注的风险，因此选项D当选。

6.11 斯尔解析　D　本题考查的知识点是风险管理的特征。传染病的流行是风险，而永泽公司将风险转化为增进企业价值的机会，体现了风险管理二重性的特征，因此选项D正确。

6.12 斯尔解析　B　本题考查的知识点是企业全面风险管理的特征以及新旧理念的对比。选项A体现了风险管理的二重性，表述正确。选项B传统风险管理主要由财务会计和内部审计等部门负责，而全面风险管理是在高层的参与下，每个成员都承担与自己行为相关的风险管理责任，表述错误。选项CD均为全面风险管理的特点，分别对比的是"注意焦点"和"态度"，表述正确。

6.13 斯尔解析　B　本题考查的知识点是风险管理基本流程的第一步——收集风险管理初始信息。选项ACD都属于企业分析战略风险应收集的信息。选项B是企业分析财务风险应收集的信息，不属于企业分析战略风险应收集的信息，因此选项B当选。

6.14 斯尔解析　D　本题考查的知识点是风险管理基本流程的第四步——风险管理解决方案。风险管理解决方案中的内部解决方案一般指风险管理体系的运转，而非风险管理策略，风险管理策略只是风险管理体系的一个构成要素，因此选项D错误，D当选。

6.15 斯尔解析　A　本题考查的知识点是风险管理策略工具。住房普遍采用木质结构，抗震性能优越。加装地震时会自动关闭煤气的仪器。属于控制风险事件发生的动因、环境、条件等，来达到减轻风险事件发生时的损失或降低风险事件发生的概率的目的，体现的是风险控制，因此选项A正确。

6.16 斯尔解析　A　本题考查的知识点是风险管理策略工具。贴"米"字可以"一定程度上抵御台风对窗户的冲击，起到防护效果"，"对抗较大的风压，还可以防止玻璃破裂时四溅伤人"，属于控制风险事件发生的动因、环境、条件等，来达到减轻风险事件发生时的损失或降低风险事件发生的概率的目的，体现的是风险控制。

6.17 斯尔解析　C　本题考查的知识点是风险管理策略工具。巨灾债券是典型的风险证券化（教材中举例），因此可直接选出正确选项C。具体而言，巨灾债券（catastrophe bonds）是通过发行收益与指定的巨灾损失相连结的债券，将保险公司部分巨灾风险转移给债券投资者。在资本市场上，需要通过专门中间机构来确保巨灾发生时保险公司可以得到及时的补偿，以及保障债券投资者获得与巨灾损失相连结的投资收益。

6.18 斯尔解析　C　本题考查的知识点是风险管理策略工具。风险对冲的举例：（1）资产组合使用；（2）多种外币结算的使用；（3）战略上的多种经营；（4）衍生产品套期保值；（5）不同行业经济周期风险的自然对冲。"公司在保留原有业务的同时，进入雨具生产业务"，采用的是战略上的多种经营，属于风险对冲，选项C正确。

6.19 斯尔解析　D　本题考查的知识点是风险管理策略工具。立高公司"将业务延伸到速冻食品领域"，其采取的策略是战略上的多种经营。"速冻食品秋冬需求旺盛，而雪糕在秋冬季的需求则天然会少于夏季，这两类业务能够形成相对的淡旺季互补"，体现了风险对冲的风险管理策略，因此选项D正确。

6.20 💡斯尔解析 **A** 本题考查的知识点是风险管理策略工具。"中科公司将业务转型为给G国印刷机的用户提供零配件和维修保养服务"说明中科公司退出印刷机制造业，以避免激烈竞争，体现了风险规避，选项A正确。可能会有不少同学疑惑，本题为何不选"风险转换"呢？按照题干表述，该公司进行了"战略调整"，符合教材所述的风险转换的手段，错在哪儿了呢？首先，这个思路没问题，但不是最佳选项。风险转换策略的关键是总风险不变，从原有的风险A，经过转换后，变为风险B，从应试角度出发，当题干中既表述了风险A又表述了风险B时，风险转换才是最佳选项。回归本题，题干并未说明中科公司在退出之后增加了其他风险，因此同学们也不要自己延伸。切记千万别犯这种"自动联想"的错误，这是战略客观题最易落入的"坑"。

6.21 💡斯尔解析 **D** 本题考查的知识点是风险承担策略的适用情况。第一，对未能辨识出的风险，企业只能采用风险承担（选项A）。第二，对于辨识出的风险，企业也可能由于以下几种原因采用风险承担：（1）缺乏能力进行主动管理，对这部分风险只能承担（选项B）；（2）没有其他备选方案；（3）从成本效益考虑，这一方案是最适宜的方案（选项C）。第三，对于企业的重大风险，即影响到企业目标实现的风险，企业一般不应采用风险承担（选项D）。所以选项D当选。

6.22 💡斯尔解析 **A** 本题考查的知识点是内部控制要素。根据《企业内部控制基本规范》关于内部环境要素的要求：企业应当加强法制教育，增强董事、监事、经理及其他高级管理人员和员工的法制观念，严格依法决策、依法办事、依法监督，建立健全法律顾问制度和重大法律纠纷案件备案制度，因此选项A正确。

6.23 💡斯尔解析 **D** 本题考查的知识点是内部控制要素。根据《企业内部控制基本规范》关于信息与沟通要素的要求中：企业应当建立反舞弊机制，坚持惩防并举、重在预防的原则，明确反舞弊工作的重点领域、关键环节和有关机构在反舞弊工作中的职责权限，规范舞弊案件的举报、调查、处理、报告和补救程序，因此选项D正确。

6.24 💡斯尔解析 **D** 本题考查的知识点是内部控制要素。企业应当在董事会下设立审计委员会，审计委员会负责审查企业内部控制，监督内部控制的有效实施和内部控制的自我评价情况，协调内部控制审计及其他相关事宜等，属于控制环境的范畴，因此选项D正确。

6.25 💡斯尔解析 **A** 本题考查的知识点是内部控制要素。根据《企业内部控制基本规范》关于内部环境要素的要求：企业应当将职业道德修养和专业胜任能力作为选拔和聘用员工的重要标准，切实加强员工培训和继续教育，不断提升员工素质，因此选项A正确。

6.26 💡斯尔解析 **A** 本题考查的知识点是内部控制要素。控制活动中，企业应当建立重大风险预警机制和突发事件应急处理机制。根据关键词"重大风险预警机制"，可直接定位选项A。

6.27 💡斯尔解析 **A** 本题考查的知识点是内部控制要素。选项A属于控制活动要素，选项B属于内部监督要素，选项C属于风险评估要素，选项D属于内部环境要素，因此选项A正确。

6.28 💡斯尔解析 **B** 本题考查的知识点是风险理财措施。应急资本是一个金融合约，规定在某一时间段内、某个特定事件发生的情况下（"如果宏远海运公司由于台风等自然灾害遭受重大损失"），公司有权从应急资本提供方处募集股本或贷款（"可从甲银行取得贷款"），并为此按时间向资本提供方缴纳权力费（"按约定的期间向甲银行缴纳权力费"），因此选项B正确。

6.29　斯尔解析　A　本题考查的知识点是风险理财措施。应急资本是一个金融合约，规定在某一时间段内、某个特定事件发生的情况下（"在未来10年内，如果盛奇公司因自然灾害的发生对其经营产生冲击而引发财务危机时"），公司有权从应急资本提供方处募集股本或贷款（"盛奇公司有权从甲银行取得300万贷款以应对风险"），属于应急资本，因此选项A正确。

6.30　斯尔解析　D　本题考查的知识点是风险理财措施。专业自保公司又称专属保险公司，是非保险公司的附属机构，为母公司提供保险，并由其母公司筹集保险费，建立损失储备金。根据题干，"附属机构的职责是用母公司提供的资金建立损失储蓄金，并为母公司提供保险"，属于典型的专业自保，因此选项D正确。

6.31　斯尔解析　C　本题考查的知识点是金融衍生产品。远期合约为场外交易，选项A错误；期货价格通过公开竞价达成，选项B错误；期货合约是标准化合约，选项D错误；欧式期权只能在到期日执行，选项C正确。

6.32　斯尔解析　C　本题考查的知识点是金融衍生产品。企业需要在3个月后采购一批大豆，并且由于价格要上涨，应买入看涨期权，因此选项C正确。注意：利用期权来套期保值，在当前时点一定是"买入"（为了获得权利），区分的只是买看涨还是买看跌。

6.33　斯尔解析　B　本题考查的是套期保值。"Z公司为了应对原油市场的价格波动，平稳该公司的采购价格"，说明该公司需要购买原油。选项AD为卖出原油，与公司需求不符，因此选项AD不正确。选项C的行权价格高于半年后的现货价格，该公司不会行权，因此选项C错误。

6.34　斯尔解析　A　本题考查的是风险管理技术与方法的类型辨析。事件树（ETA）是一种表示初始事件发生之后互斥性后果的图解技术。它按事件发展的时间顺序由初始事件开始推论可能的后果，从而进行危险源的辨识。题干中"主系统产生漏洞"为这一初始事件，且后续事件之间为互斥关系，符合事件树的含义，因此选项A正确。

6.35　斯尔解析　A　本题考查的知识点是风险管理方法。"甲公司聘请了20位相关领域的专家，根据甲公司面临的内外部环境，针对六个方面的风险因素，反复征询每个专家的意见，直到每一个专家不再改变自己的意见、达成共识为止"，符合德尔菲法的定义，因此选项A正确。

6.36　斯尔解析　D　本题考查的知识点是风险管理方法。用以评估风险影响的常见的定性方法是制作风险评估系图。风险评估系图识别某一风险是否会对企业产生重大影响，并将此结论与风险发生的可能性联系起来，为确定企业风险的优先次序提供分析框架，因此选项D正确。

6.37　斯尔解析　B　本题考查的知识点是风险管理方法。流程图分析法是对流程的每一阶段、每一环节逐一进行调查分析，从中发现潜在风险，找出导致风险发生的因素。题干中"专业技术人员对生产的每一个环节都进行了研究论证，从中排查潜在的风险"，体现的是流程图分析法，因此选项B正确。

6.38　斯尔解析　D　本题考查的知识点是风险管理方法。"按顺序划分为多个模块，并对各个模块逐一进行详细调查，识别出每个模块各种潜在的风险因素或风险事件，从而使公司决策者获得清晰直观的印象"，体现的是流程图分析法。该方法的主要优点是清晰明了，易于操作（选项B正确），且组织规模越大，流程越复杂，流程图分析法就越能体现出优越性（选项D错误）。通过业务流程分析，可以更好地发现风险点，从而为防范风险提供支持。局限性主要是该方法的使用效果依赖于专业人员的水平（选项A正确）。另外，该方法可以对企业生产或经营中的风险及其成因进行定性分析（选项C正确），这是流程图法的适用范围。

6.39　斯尔解析　B　本题考查的知识点是风险管理方法。前推就是根据历史的经验和数据推断出未来时间发生的概率及其后果。本题根据积累的销售数据，推算出未来年度企业的销售风险，属于前推法，因此选项B正确。

6.40　斯尔解析　A　本题考查的知识点是风险管理方法。自变量是某个/某些因素："工程总投资、银行贷款、过桥费收入"，因变量是结果："该项目内部收益"，"分析了上述每一个因素的变化对该项目内部收益的影响"，属于敏感性分析法，因此选项A正确。

6.41　斯尔解析　B　本题考查的知识点是风险管理方法。自变量是某个/某些因素："初始投资，建设期及寿命期的变动"，因变量是结果："对该项目预计净现值的影响及影响程度"，"分析初始投资，建设期及寿命期的变动对该项目预计净现值的影响及影响程度"属于敏感性分析法，选项B正确。

6.42　斯尔解析　D　本题考查的知识点是风险管理方法。决策树开始于初始事项或是最初决策，之后对可能发生的事件及可能做出的决策的各种路径和结果进行建模。根据题干，初始决策是"甲公司决定投资扩大手机生产规模"，之后"公司计算出多个备选方案，并根据在产品销路不确定情况下净现值的期望值，选择出最优方案"，体现的是决策树法，因此选项D正确。

6.43　斯尔解析　C　本题考查的知识点是风险管理方法。自变量是某些情景："很好、较好、一般、较差"，因变量是后果及其可能性："本公司本年度将面临的各种不确定因素以及由此给公司带来的各种不同后果"，且是"从定性和定量的角度"，属于情景分析法，因此选项C正确。

二、多项选择题

6.44　斯尔解析　ABCD　本题考查的知识点是风险的概念。选项A，体现了风险的客观性和主观性并存，正确；选项B，风险对应的是不确定性，即一系列可能发生的结果，而不是最有可能的结果，正确；选项C，这是现代市场经济下风险定义的核心，正确；选项D，由于企业风险是影响企业实现战略目标的各种因素和事项，公司经营中战略目标不同，企业面临的风险也就不同，正确。

6.45　斯尔解析　BD　本题考查的知识点是风险的种类。"与外国业主之间的习俗差异"体现的是该公司跨国经营活动引发的文化风险，属于社会文化风险，选项B正确。"大宗商品与材料价格的大起大落直接增加了相关行业的产业链及供应链不确定性"体现的是原材料等物资供应的充足性、稳定性和价格的变化带来的风险，属于市场风险，选项D正确。

6.46 斯尔解析 **BD** 本题考查的知识点是风险的种类。"光伏发电投资成本居高不下，而同一区域的风力发电企业成本较低"，这属于"潜在进入者、竞争者与替代品的竞争带来的风险"，属于外部风险中的市场风险，选项B正确；"因不了解当地的实际情况，选址不当，造成运输成本过高"，属于企业管理层决策上的失误，属于内部风险中的运营风险，选项D正确。

6.47 斯尔解析 **AC** 本题考查的知识点是风险的种类。市场上发生多起甲公司的手机电池爆炸，给用户造成人身和财产损失的事故，可能会引发一些法律风险，如法律诉讼等，因此选项A正确；甲公司详细调查后发现，乙公司提供的手机电池质量不合格，存在很大的安全隐患属于运营风险中的质量、安全、环保、信息安全等管理发生失误导致的风险，因此选项C正确。

6.48 斯尔解析 **ABD** 本题考查的知识点是《企业内部控制应用指引第14号——财务报告》。依据《企业内部控制应用指引第14号——财务报告》，编制、对外提供和分析利用财务报告需关注的主要风险包括：（1）编制财务报告违反会计法律法规和国家统一的会计准则制度，可能导致企业承担法律责任和声誉受损（选项A）。（2）提供虚假财务报告，误导财务报告使用者，造成决策失误，干扰市场秩序（选项B）。（3）不能有效利用财务报告，难以及时发现企业经营管理中存在的问题，可能导致企业财务和经营风险失控（选项D）。选项C不属于《企业内部控制应用指引第14号——财务报告》。

6.49 斯尔解析 **ABD** 本题考查的知识点是《企业内部控制应用指引第15号——全面预算》。依据《企业内部控制应用指引第15号——全面预算》，实行全面预算管理需关注的主要风险包括：（1）不编制预算或预算不健全，可能导致企业经营缺乏约束或盲目经营（选项A）。（2）预算目标不合理、编制不科学，可能导致企业资源浪费或发展战略难以实现（选项B）。（3）预算缺乏刚性、执行不力、考核不严，可能导致预算管理流于形式（选项D）。选项C不属于《企业内部控制应用指引第15号——全面预算》所规定的内容。

6.50 斯尔解析 **BCD** 本题考查的知识点是《企业内部控制应用指引第16号——合同管理》。依据《企业内部控制应用指引第16号——合同管理》，合同管理需关注的主要风险包括：（1）未订立合同、未经授权对外订立合同、合同对方主体资格未达要求、合同内容存在重大疏漏和欺诈，可能导致企业合法权益受到侵害（选项B）。（2）合同未全面履行或监控不当，可能导致企业诉讼失败、经济利益受损（选项C）。（3）合同纠纷处理不当，可能损害企业利益、信誉和形象（选项D）。选项A不属于《企业内部控制应用指引第16号——合同管理》所规定的内容。

6.51 斯尔解析 **AB** 本题考查的知识点是《企业内部控制应用指引第7号——采购业务》。"由于智能手环需求变化较大，芯片又属于技术性强且变化很快的零部件，思达公司以定向集中方式而非招标方式进行采购，导致……存货积压或短缺……"，选项A正确。"思达公司以定向集中方式而非招标方式进行采购，导致……采购物资质次价高……甚至出现内外勾结的舞弊现象"，选项B正确。注意，选项CD（"由于没有掌握信息技术，思达公司只能长期从外部购买芯片"）虽然均符合题干描述，但并非属于《企业内部控制应用指引第7号——采购业务》，而是《企业内部控制应用指引第8号——资产管理》，切勿张冠李戴。

6.52 〔斯尔解析〕 **BCD** 本题考查的知识点是《企业内部控制应用指引第4号——社会责任》。企业履行社会责任方面需关注的主要风险有：（1）安全生产措施不到位，责任不落实，可能导致企业发生安全事故（选项C正确）。（2）产品质量低劣，侵害消费者利益，可能导致企业巨额赔偿、形象受损，甚至破产（选项D正确）。（3）环境保护投入不足，资源耗费大，造成环境污染或资源枯竭，可能导致企业巨额赔偿、缺乏发展后劲，甚至停业。（4）促进就业和员工权益保护不够，可能导致员工积极性受挫，影响企业发展和社会稳定（选项B正确）。选项A属于企业文化需关注的主要风险，选项A错误。

6.53 〔斯尔解析〕 **ABC** 本题考查的知识点是《企业内部控制应用指引第3号——人力资源》。依据《企业内部控制应用指引第3号——人力资源》，人力资源管理需关注的主要风险包括：（1）人力资源缺乏或过剩、结构不合理、开发机制不健全，可能导致企业发展战略难以实现（选项A）。（2）人力资源激励约束制度不合理、关键岗位人员管理不完善，可能导致人才流失、经营效率低下或关键技术、商业秘密和国家机密泄露（选项B）。（3）人力资源退出机制不当，可能导致法律诉讼或企业声誉受损（选项C）。选项D与内部控制的控制环境要求相关，因此选项D错误。

6.54 〔斯尔解析〕 **ABD** 本题考查的知识点是全面风险管理特征中的"全员化"。所谓全员化，指的是企业全面风险管理是一个由企业治理层、管理层和所有员工参与的，对企业所有风险进行管理，旨在把风险控制在风险容量以内，增进企业价值的过程。因此选项C错误、选项ABD正确。

6.55 〔斯尔解析〕 **ABC** 本题考查的知识点是风险管理基本流程的第一步——收集风险管理初始信息。分析市场风险，企业应广泛收集国内外企业忽视市场风险、缺乏应对措施导致企业蒙受损失的案例，并至少收集与本企业相关的以下重要信息：（1）产品或服务的价格及供需变化（选项C）；（2）能源、原材料、配件等物资供应的充足性、稳定性和价格变化（选项B）；（3）主要客户、主要供应商的信用情况；（4）税收政策和利率、汇率、股票价格指数的变化（选项A）；（5）潜在竞争者、竞争者及其主要产品、替代品情况。

6.56 〔斯尔解析〕 **ABD** 本题考查的知识点是风险管理基本流程的第一步——收集风险管理初始信息。选项C为分析市场风险应收集的信息。另外，提醒同学们注意选项B是分析运营风险所需收集的信息，这一条容易忽视和遗漏，别忘记！

6.57 〔斯尔解析〕 **ACD** 本题考查的知识点是风险管理基本流程的第二步——风险评估。选项A，风险评估包括风险辨识、风险分析、风险评价三个步骤，正确。选项B，进行风险定量评估时，应统一制定各风险的度量单位和风险度量模型，定性评估则不涉及"度量单位和模型"，因此选项B错误。选项C，企业应对风险管理信息实行动态管理，定期或不定期实施风险辨识、分析、评价，以便对新的风险和原有风险的变化重新评估，正确。选项D，进行风险辨识、分析、评价，应将定性与定量方法相结合，正确。

6.58 〔斯尔解析〕 **CD** 本题考查的知识点是内部环境要素。选项A关键词"举报投诉制度、举报人保护制度"，属于信息与沟通要素的要求。选项B关键词"重大风险预警机制和突发事件应急处理机制"，属于控制活动要素的要求。选项C关键词"人力资源政策"、选项D关键词"内部审计"，属于控制环境的要求，因此选项CD正确。

6.59 斯尔解析   BD   本题考查的知识点是风险管理工具。这道题考查的是对各种风险应对策略本质特征的深刻理解。超出的损失由交易对手来承担，这是典型的风险转移策略的特征。对于未超出损失额的部分，需要企业自己承担，这属于风险承担策略。因此选项BD正确。

6.60 斯尔解析   AC   本题考查的知识点是风险度量方法。在险值法和期望值法是在已知概率的条件下计算出来的，因此选项AC正确。选项B属于直观方法，因此选项B错误。而最大可能损失是无法判断发生概率或无须判断概率的时候，使用最大可能损失作为风险的度量，因此选项D错误。

6.61 斯尔解析   AC   本题考查的知识点是风险管理组织职能体系。董事会批准或决定全面风险管理的重大事项，选项A表述错误。董事会就全面风险管理工作的有效性对股东大会负责，选项B表述正确。内部审计部门对审计委员会负责，选项C表述错误。风险管理职能部门组织协调全面风险管理日常工作，选项D表述正确。本题要求选出表述错误的选项，因此选项AC当选。

6.62 斯尔解析   ABC   本题考查的知识点是审计委员会。选项ABC都是关于审计委员会的正确表述。审计委员会应每年对其权限及有效性进行复核，而不是每两年，因此选项D错误。

6.63 斯尔解析   AB   本题考查的是内部控制要素类型的辨析。"积极加强员工在办理贷款业务中涉及到的审批与授权流程培训"属于控制环境，选项A正确；"对相关业务的风险进行识别、汇总与分析"，属于风险评估，选项B正确；请注意，"积极加强……培训"本质上是为提升员工专业胜任能力所开展的培训活动，而非实际的风险控制活动，因此选项D错误。

6.64 斯尔解析   ABCD   本题考查的知识点是内部控制要素中的控制活动。根据《企业内部控制基本规范》关于控制活动要素的要求，控制措施一般包括：不相容职务分离控制（选项A）、授权审批控制(选项C)、会计系统控制（选项D）、财产保护控制、预算控制、运营分析控制（选项B）和绩效考评控制等，因此选项ABCD正确。

6.65 斯尔解析   BC   本题考查的知识点是内部控制要素中的控制活动。选项A属于内部控制要素中的控制环境在风险管理框架下的公司治理的体现，选项D属于内部控制要素中的监督在风险管理框架下的公司治理的体现，选项BC是在内部控制要素中控制活动在风险管理框架下的公司治理的体现，因此选项BC正确。

6.66 斯尔解析   ABC   本题考查的知识点是风险管理信息系统。风险管理信息系统应能够进行对各种风险的计量和定量分析、定量测试（选项A正确）；能够实时反映风险矩阵和排序频谱、重大风险和重要业务流程的监控状态（选项B正确）；能够对超过风险预警上限的重大风险实施信息报警（选项C正确）；能够满足风险管理内部信息报告制度和企业对外信息披露管理制度的要求。风险管理信息系统应实现信息在各职能部门、业务单位之间的集成与共享（选项D错误），既能满足单项业务风险管理的要求，也能满足企业整体和跨职能部门、业务单位的风险管理综合要求。

第七章　简答题

【主观题答题技巧】

各位同学，如果你是第一次接触CPA战略的简答题和综合题，你可能会产生很多的疑虑和担忧——

"案例文字这么多，题目读起来都困难！"

"我怎么能在这么短的时间内写出那么长的答案来呢？"

…………

别担心，我们给你答题模板和解题大招！

只需要练习几道题，你就会发现，战略简答题和综合题的形式是非常固定的，都是先提供案例素材，然后要求考生在此基础上回答几个相关的小问题。

对于每一个小问题，万能的答题模板就是"先搭骨架再塞肉"，所谓的"搭骨架"就是要求考生根据提问回答相关的知识点，而"塞肉"就是需要从案例原文中摘抄句子来阐述对应的知识点，这一步只需要复制粘贴就可以完成了。这个答题模板其实非常简单，但是大家想要用好还得多下功夫、勤加练习。

首先，没有"骨架"（知识点）的答案是立不住的，而要想"搭对骨架"，就必须熟练背诵记忆相关的知识点。

其次，要想"塞准肉"，还要考查大家对于知识点的理解能力和对案例的分析能力。

除了要答得对之外，还要答得快，因此希望大家在练习的时候多注意下时间的把控：每道简答题尽量控制在8~13分钟，每道综合题尽量控制在40分钟左右。推荐大家采用以下步骤进行解题：

步骤1：速读案例，了解基本信息。第一遍简单看一看这个案例，了解一些基本信息，比如这个企业是做什么的？案例大概说了什么事？对案例有一个大概印象就可以了。不需要一字一句地读下来！如果一上来就一字一句地读，读到最后我们也不可能记住所有信息，只能留下一些大概的印象，所以没必要这么做。

步骤2：看题默写，搭一个简易的"骨架"。你不需要去管案例，只需要根据问题把背好的知识点一股脑地倒出来就行了。需要注意的是，后续你还需要根据案例信息进行知识点的删减，因此你只需简略地写一些关键词，能帮助你后续回忆知识点就可以了。

步骤3：重回案例，仔仔细细来"找肉"。这一步就需要大家重新回到案例，带着问题和知识点仔仔细细地在案例原文中搜寻对应的文字，并把这些句子复制下来，粘贴到对应知识点的后面就可以了。这一步是最麻烦的一步，如果案例比较长的话，可能需要大家在案例素材和第二步形成的简易答案中来回地穿梭。

步骤4：整理最终答案，搭一个扎实的"骨架"。对于有对应句子说明的知识点，保留并完善。对于案例中并没有体现的知识点，也就是找不到对应句子来阐述的知识点，删除即可。通过最后一步的整理，就形成了一个"有骨有肉"的、非常饱满的答案了。

战略主观题的答题技巧就分享到这里。战略主观题其实没有想象中那么难，只要大家在备考阶段有充足的准备和练习，就可以拿下战略的主观题！

第一模块 · 专题训练

【专题1】战略创新管理

7.1 在汽车产业电动化、智能化、网联化、共享化融合变革之际，被称为"造车新势力"之一的家家智能汽车公司于2015年正式成立，家家公司的董事长兼创始人王向认为，汽车制造业已经进入2.0数字时代，其特征是电机驱动+智能互联；而汽车3.0时代是人工智能时代，其特征是无人驾驶+出行空间。为了赢得2.0时代，并参与3.0时代的竞争，家家公司开始全面布局：通过三轮融资获得资金，拥有了自己的制造基地，与国内最大的出租车网约平台合作切入共享出行领域，积极投资产业链（包括投资孵化自动驾驶系统供应商MJ公司、专注自动驾驶中央控制器的ZX公司以及研发生产激光雷达的LH公司等）。

王向认为，未来企业竞争的关键要素是具备快速成长能力的公司组织。他把60%的时间用于组织管理，以是否具备创新能力与价值观而非是否来自成功大企业为标准选拔人才；帮助团队中每一个人成就心中的事业追求，去挑战自己和团队成长的极限。

家家公司的第一款产品SEV面向国内外共享汽车使用群体，续航里程将超过100公里。但是，两年筹备之后，由于低速车的合法性以及海外分时租赁市场实际容量的局限，这个雄心勃勃的计划还是夭折了。面对挫折，王向立即将公司产品开发重心转移到大中型SUV的"家家智造ONE"。为了实现"没有里程焦虑"，"家家智造ONE"采用全新的形式——增程式电动。王向认为，相对于U国TL等电动车采用的充电桩/换电站等方式，中国消费者更需要从产品本身去解决问题产品。2018年10月18日晚，备受汽车及科技界人士瞩目的家家公司新车——"家家智造ONE"于B市正式发布。这场发布会没有明星大腕捧场助阵，全程由王向一人直接以大量数据对比和充满硬核知识的"干货"完成了自我演绎，让消费者在各类新产品中有了清晰的比较。王向表示，"家家智造ONE"定价不会高于40万元，而增程式电动技术显著难于纯电动车，因而"家家智造ONE"的性价比具有优势。

2018年12月，家家公司以6.5亿元收购LF股份公司所持有的C市LF汽车公司100%股权，被业界称为家家"完美避开进入门槛"，取得了新能源汽车生产资质，以实现王向掌控并引领新能源汽车市场的梦想。而此举对于LF股份公司而言是其战略重组的一部分，将经营不善的C市LF汽车公司剥离出去，以应对流动资金不足的困境。家家公司与LF股份还签署了为期3年的框架合作协议。双方将通过资源互补、技术互补等方式，在新能源技术开发、车联网、人车交互及数据共享等领域形成技术联盟。

要求：

（1）简要分析家家公司战略创新的主要类型。

（2）简要分析家家公司战略创新赖以实现的关键情境及其主要表现。

【专题2】宏观环境分析（PEST）

7.2　为缓解中小企业融资难的问题，2007年银监会提出大力发展新型农村金融机构——村镇银行，提高对县域、乡村的金融服务水平，出台法规放宽村镇银行的准入条件，并给予一定的税收优惠，以促进农村金融业的发展。

在此背景下，2011年3月甲省君盛村镇银行成立。君盛村镇银行的主要客户为甲省小微企业和农户。成立之初，君盛银行面临不少困难：第一，君盛经营以存贷款业务为主，中间业务很少。当地人均收入低、诚信度不高、保险和信贷担保发展滞后等因素制约了君盛业务的发展。第二，村镇银行作为新生事物，品牌认可度、社会公信度和信誉度都还不高。第三，适合村镇银行特点的业务终端机和ATM机等设备供应严重不足，村镇银行的支付清算系统因为技术原因不能纳入同城支付结算系统、征信系统。第四，国有银行享受的一些优惠政策没有给予村镇银行。

为了在农村金融市场上谋求发展，君盛银行采取了一系列措施。首先，根据业务和风险特征，针对小型企业、微型企业、农户个人三类不同客户设计了不同特点的贷款产品，利率明显比民间借贷低，抵押品制度灵活，认可将其他银行禁止抵押的集体土地、机器等作为抵押品，而且按抵押品的全部价值发放贷款（其他银行按6折抵押品价值发放贷款），降低了客户的贷款成本。其次，君盛银行加大媒体宣传力度，客户代表经常深入一线，上门服务，发展新客户和维系老客户。此外，为了解决服务网点少的问题，君盛银行在甲省很多县陆续增设分支机构，并同国有银行的县支行加强业务来往，共享渠道和客户资源，扩大小微企业贷款和农户贷款。

要求：

运用PEST分析方法，简要分析君盛银行面临的宏观环境。

【专题3】产业五种竞争力（波特五力模型）

7.3　建安公司是D省一家食品进出口集团公司旗下的子公司，主营业务是生产和出口A地区生猪。

A地区生猪市场有如下特点：

（1）市场需求量大、市场容量比较稳定。猪肉是居民肉类消费的最主要来源，占日常肉类消费的60%以上。由于A地区传统消费习惯的长期存在，其他肉类对猪肉的替代性不大。A地区的农副产品不能自给自足，市场需求基本由大陆地区供给。

（2）国家对内地出口A地区生猪实行配额管理及审批制度。现通过审批的企业近400家。但是目前看来，配额管理政策有全面放开的趋势。

（3）产品价格高于内地市场价，但质量要求也较高。由于供A地区生猪业务不仅是经济行为，还是一项政治任务，因此，当大陆生猪供应量减少、内地猪肉价格急剧上升时，A地区生猪供应量和价格不会迅速做出相应的调整。但是在市场力量的作用下，随着时间的推移，A地区的生猪价格将缓慢升至合理价位。

（4）市场竞争激烈。由于A地区市场具有很大的特殊性，进入障碍很高，退出却非常容易，因此，各出口企业始终把质量和安全作为核心竞争力，努力把政策性的盈利模式变为市场性的盈利模式，从而在市场中立足。此外，近年来，一些国际金融巨头在中国大肆收购专业养猪场，因而潜在进入者的威胁也不容忽视。

（5）原材料市场还处于买方市场。供A地区生猪企业主要原材料包括饲料、兽药、种猪。从目前国内情况来看，主要原材料产业均是竞争比较激烈的产业，供应商数量较多。

要求：

简述产业五种竞争力的基本概念，并对A地区生猪市场进行五种竞争力分析。

【专题4】战略群组分析

7.4 　2004年，春城白药开始尝试进军日化行业。而此时日化行业的竞争已经异常激烈。B公司、L公司、D公司、H公司等国际巨头们凭借其规模经济、品牌、技术、渠道和服务等优势，基本上占领了C国日化行业的高端市场，占据了C国牙膏市场60%以上的份额；清雅公司、蓝天公司等本土日化企业由于普遍存在产品特色不突出、品牌记忆度弱等问题，加上自身实力不足，因而多是在区域市场的中低端市场生存。整个产业的销售额达到前所未有的规模，且市场基本饱和。谁想要扩大市场份额，都会遇到竞争对手的顽强抵抗，已有相当数量的本土日化企业退出市场。价格竞争开始成为市场竞争的主要手段，定位在高端市场的国际巨头们也面临着发展的瓶颈，市场份额、增长速度、盈利能力都面临着新的考验，它们的产品价格开始向下移动。

春城白药进入日化行业先从牙膏市场开始，春城白药没有重蹈本土企业的中低端路线，而是反其道而行之。通过市场调研，春城白药了解到广大消费者对口腔健康日益重视，而当时市场上的牙膏产品大多专注于美白、防蛀等基础功能，具有更多口腔保健功能的药物牙膏还是市场"空白点"。于是，春城白药创出了一个独特的、有助于综合解决消费者口腔健康问题的药物牙膏——春城白药牙膏，并以此树立起高价值、高价格、高端的"三高"形象。

春城白药进入牙膏市场短短几年表现突出，不仅打破本土品牌低端化的现状，还提升了整个牙膏行业价格体系。从2010年开始，随着春城白药推出功能化的高端产品，国际巨头们也纷纷凭借自身竞争优势推出功能化的高端产品抢占市场。B公司推出抗过敏牙膏；L公司推出全优七效系列牙膏；D公司推出去渍牙膏；H公司推出专效抗敏牙膏。这些功能性很强的口腔保健牙膏定价都与春城白药牙膏不相上下，这些功能化的高端牙膏产品出现后，消费者的需求得到进一步满足，整个市场呈现出"销售额增长大于销售量增长"的新特点。

要求：

（1）运用"解决口腔健康问题功能程度"和"价格水平"两个战略特征，各分为"高""低"两个档次，对2010年以前的B公司、L公司、D公司、H公司、清雅公司、蓝天公司、春城白药进行战略群组划分；

（2）根据战略群组分析的作用，分析：①定位在高端市场的国际巨头们的产品价格开始向下移动的依据；②春城白药在日化行业中战略群组定位的依据；③B公司、L公司、D公司、H公司相继推出功能化高端牙膏的依据。

7.5 　"咖啡"是世界三大饮品之一，与可可、茶同为流行于世界的主要饮品，并广受现代年轻人喜爱。目前，X饮料公司计划在2年内进入咖啡市场，于是对当前较为热门的咖啡品牌开展了调研分析，有关情况如下：

（1）星咖啡：全球知名品牌，连续多年的行业老大，在中国拥有门店数最多，地位在短时间内难以被撼动。但也有不少人表示星咖啡的价位属于咖啡中的"奢侈品"，仅一杯中杯型的咖啡，就要30元以上。

（2）小蓝咖啡：咖啡外送的先行者，也是肯花大价钱开展品牌营销的代表。从单价上看，小蓝与星咖啡相差无几，但为了抢占市场，小蓝咖啡给予顾客不少补贴，比如买一送二等，这样一来，顾客实际支付的价钱相较于星咖啡而言还是略低一些。

（3）连咖啡：2015年8月创立的独立咖啡品牌，以微信公众号为入口开展咖啡外送服务，价格适中，主张以"咖啡+社交"的发展模式来增加知名度，加强客户黏性，当前客群以大学生为主。

（4）偷时咖啡：2016年创立，目前服务范围主要集中在上海及周边地区。从模式和价格上看，偷时与连咖啡有许多相似之处，不过偷时App主要连接的是大量物美价廉的精品咖啡店，"让更多爱咖啡的人体验更具特色的各类咖啡馆"，这是偷时的初衷。

（5）湃客咖啡：依托于全家便利店而家喻户晓的咖啡品牌，其销量已经是全家前三名的产品品类，而且一杯咖啡的均价甚至低于10元。由于便利店地域分布广泛，湃客咖啡极大地满足了高节奏工作与生活对于便捷性的要求。

通过调研发现，咖啡市场的竞争格局在近些年正在发生一些微妙的变化。首先，由于外卖业务的门槛仍然较低，市场上开始涌现一大批外卖咖啡，竞争更为激烈。另外，为了争夺更大的份额，有些品牌开始与"资本"联合，并通过"烧钱"的方式补贴消费者，但并非所有的玩家都玩得起。与此同时，不少品牌开始注重咖啡的社区化经营，通过线上与线下的连接，让更多人了解咖啡文化。调研报告还指出，我国的咖啡市场仍存在较多的发展空间，比如已经在欧美国家普及的咖啡自动售卖机，便利高效、产品标准、经营灵活；再比如逐渐在一线城市兴起的"精品咖啡"店，专门服务那些不在乎品牌和价格，只在乎高品质的顾客。

要求：

（1）运用"品牌知名度"和"价格水平"两个战略特征，按照"品牌知名度"分为"高""低"两个档次，"价格水平"分为"高""中""低"三个档次，对案例中的咖啡品牌进行战略群组划分。

（2）简要分析调研报告的发现如何体现战略群组分析的思想。

【专题5】钻石模型

7.6 据专家预测，到2020年中国葡萄酒消费量将进入世界前三位，全球葡萄酒过剩时代结束，即将步入短缺时代。

葡萄酒界流传着"七分原料，三分工艺"的说法，意即决定葡萄酒品质最重要的因素是葡萄产地。G省的葡萄种植基地、葡萄酒生产企业主要集中在西北黄金产业带上。适宜的纬度、最佳光热水土资源组合，加之大幅度的昼夜温差、适宜有效的气温和干燥少雨的气候，使G省成为国内生产葡萄酒原料的最佳区域之一。

G省葡萄酒产业发展具有深厚的文化底蕴。"葡萄美酒夜光杯，欲饮琵琶马上催"等一系列脍炙人口的赞美葡萄酒的诗歌经久不衰。从历史资料中不难看出，自汉朝以来的2 000多年，西北黄金产业带的葡萄酒，一直闻名遐迩，享誉盛赞。

然而，G省葡萄酒企业在国内市场的竞争地位却不尽人意。2011年国内四大葡萄酒知名品牌占据国内市场份额60%左右，而G省最具竞争力的高华品牌只在华南和西北地区占有很低的市场份额，省内另外几家企业的葡萄酒基本未进入省外市场。2011年G省葡萄酒企业年销量仅占全国销量的1.1%。

以下三个方面因素在一定程度上影响了G省葡萄酒企业的竞争力。其一，相对于国内东部产区而言，G省产区交通条件欠发达，因此葡萄酒产品在外运过程中成本较高。其二，随着市场的发展，包装对于葡萄酒来说不仅是保护商品、方便流通的手段，更成为一种差异化、准确定位目标市场的营销方式。而G省与葡萄酒产业相关的包装印刷业发展缓慢，企业产品包装品的制作和商标的印刷主要依靠南方地区的企业提供。其三，G省绝大多数葡萄酒生产企业规模小且分散，产品销售网覆盖地区有限，彼此之间的竞争不够充分。

近年来，为了进一步完善本地葡萄酒企业发展环境，G省酒类商品管理局实施了"抱团走出去，择优引进来"的策略，通过开展品牌宣传、招商引资等多种手段，努力提升G省葡萄酒在国内市场的知名度。

要求：

依据钻石模型四要素，简要分析G省葡萄酒产业发展的优势与劣势；

【专题6】企业能力分析

7.7　　海浪水泥公司成立于1997年，主要从事水泥及其熟料的生产和销售，2002年2月成功上市。

海浪水泥总部坐落于A省。A省是全国水泥生产主要原材料石灰石储量第二大的省份，且石灰石质量较高。海浪水泥凭借先天条件坐拥原材料成本和质量优势。

水泥产品体积大、单位重量价值低，而且其资源点和消费点的空间不匹配，这些是造成水泥行业运输成本居高不下的主要原因。海浪水泥利用自身位居长江附近的地理位置优势，积极推行其他水泥企业难以复制的"T型"战略布局：在拥有丰富石灰石资源的区域建立大规模生产的熟料基地，利用长江的低成本水运物流，在长江沿岸拥有大容量水泥消费的城市群建立粉磨厂，形成"竖端"熟料基地+长江水运、"横端"粉磨厂深入江、浙、沪等地市场的"T型"生产和物流格局，改变了之前通过"中小规模水泥工厂+公路运输+工地"的生产物流模式，解决了长江沿岸城市石灰石短缺与当地水泥消耗量大之间的矛盾。

海浪水泥不断完善"T型"战略布局，率先在国内新型干法水泥生产线低投资、国产化的研发方面取得突破性进展，这标志着中国水泥制造业的技术水平跨入世界先进行列，确保公司为市场提供规模可观的低价高质产品；公司在沿江、沿海建造了多个万吨级装卸水泥和熟料的专用码头，着力建设或租赁中转库等水路上岸通道；集团设立了物流公司和物流调试中心；公司强化对终端销售市场的开拓，推行中心城市一体化销售模式，在各区域市场建立贸易平台；公司物流实现了工业化和信息化的深度融合，以GPS和GIS为核心的物流调度信息系统实现了一体化、可视化的管理。通过"T型"战略的实施，海浪水泥进一步巩固了其"资源—生产—物流—市场"的产业链优势。

2018年海浪水泥年报显示：公司营业收入同比大幅增长70.50%，净利润同步增长88.05%，净利润增长幅度超过营业收入增长幅度。

要求：

（1）从企业资源角度简要分析海浪水泥的竞争优势；分析海浪水泥资源"不可模仿性"的主要形式。

（2）简要分析海浪水泥企业能力。

【专题7】发展战略的类型

7.8 　　2010年，规模位列国内钢铁行业第13位的SZ钢铁公司已连续3年盈利能力低于6%。究其原因，SZ钢铁公司长期采用的"集中式"战略（即生产组织仅局限于钢铁冶炼流程）已不能适应近年来国内外钢铁产业企业竞争转换为产业链竞争态势之需要。

　　一方面，世界钢铁企业通过对原料企业的整合使得钢铁原料矿石、煤粉等资源处于被垄断地位，进口铁矿石价格连年暴涨，带动国内铁矿石价格不断攀升，导致SZ钢铁公司原料供应受制于人。另一方面，钢铁市场的需求虽然依旧十分旺盛，但下游客户面临的选择越来越多，对用料的要求也越来越高。SZ钢铁公司固守于钢铁冶炼阶段，对客户需求的变化缺乏敏感性，导致公司结构性产能过剩。

　　目前钢铁产业链中上游原料的销售利润率可以达到15%，而下游产品的销售利润率可以达到7%~10%。SZ钢铁公司在以往的经营过程中，与上下游企业业务联系密切，因而可以在现有人才和技术不需要做大的投入和调整的前提下，实现纵向一体化的整合。

　　SZ钢铁公司纵向一体化战略的实施正在从以下两个方面展开：

　　（1）前向整合。与Q公司等石油公司签订集研发、生产、销售为一体的合作协议，待条件成熟，进行合资生产；收购Y造船厂；参股G造船厂；与D窗帘线制造厂签订合作协议。

　　（2）后向整合。SZ钢铁公司开始着手在远东地区建立铁矿资源生产企业，确保公司铁矿资源的长期稳定供应；与L煤炭集团建立长期合作协议，解决煤炭资源供应问题。

　　要求：

　　（1）请结合案例，简要分析SZ钢铁公司实施纵向一体化战略的动因（或优势）。

　　（2）请结合案例，简要分析SZ钢铁公司实施纵向一体化战略的适用条件。

7.9 　　资料一

　　思达公司前身是C国J省一家冷气设备生产企业。1985年开始生产当时国内市场处于一片空白的家用空调和大型柜式空调，企业获得了迅猛发展。到1994年，思达公司已成为C国最大空调生产基地。

　　1994年，思达公司积累了大量的资金，急需找到新的投资渠道。为了最大限度地利用市场机会和公司在家电行业的优势地位，思达公司陆续上马了电冰箱、洗衣机、电视机、电脑等产品项目，希望利用公司的品牌优势，为企业获取更多的利润。

　　然而，1994年后，思达公司领导层不再看好家电行业，认为家电行业已经面临行业生命周期的衰退期，因此，公司必须开拓新的领域，建立新的经济增长点。

　　资料二

　　1995年年初，思达公司开始向机动车领域发展。到1995年底，思达公司投资1.5亿元兴建了年产100万辆摩托车的生产线，投资2.5亿元兴建了年产100万台摩托车发动机的生产线。思达公司生产的摩托车凭借先进的技术和新颖的外观，1997年上半年就实现了6万台的销量，销售收入近10亿元。但好景不长，由于思达公司的摩托车单台车的售价较高，其主要消费对象是大中城市中收入较高的人群，而主要的大中城市都于1997年前后相继实行了"禁摩令"，封闭了思达摩托车的消费市场。2005年思达公司不得不将摩托车业务低价转让给其他公司。

1997年，思达公司斥资7.2亿元收购了C国国内一家汽车厂，上马中型卡车项目，成为首家非汽车企业入驻汽车行业的企业。但是，思达公司在汽车制造方面缺乏高素质的管理人员，对相关业务流程的监管及持续改进能力不足，同时没有对汽车市场需求与行业发展状况进行深入的调研和分析，其生产经营的中型卡车的承重量都在15吨以下，与市场需求脱节较大，且零部件都需要外购，尤其是动力配置须向竞争对手采购，企业的发展受到竞争对手的制约。2013年思达公司不得不将中型卡车业务出售。

从1998年开始，C国加大对新能源行业的政策支持，思达公司领导层认为这一领域发展潜力巨大、前景广阔。1999年思达公司对高能动力镍氢电池项目进行了立项。2002年，思达公司召开了"高能动力镍氢电池及应用发布会"，标志着这个跨度更大的新能源行业成为思达公司的又一个主营领域。至2013年，思达公司是C国仅有的掌握镍氢电池自主专利技术的厂家，技术优势明显，但C国整个镍氢电池市场规模还不大，企业从新能源产业上的获利不足以支撑整个企业的发展。

2009年思达公司现任领导人力排众议，坚持成立思达房地产开发有限公司，宣布进入房地产行业，希望高回报率的房地产业能给企业发展带来新的转机。然而，之后不久C国政府对房地产行业进行了宏观调控，房地产业已进入了一个"寒冬期"，资金链紧张，房地产销售面积大降。而作为一个没有房地产开发经验的行业"新手"，要想在宏观政策收紧的情况下，从众多经验丰富、实力雄厚、拥有良好品牌的房地产企业中夺取市场份额无疑难度极大。2010年思达公司房地产业务损失近千万元。

资料三

在C国，空调等家电产品的市场需求巨大，行业发展前景十分广阔。在这样的背景下，思达公司将大量人力、财力、物力转向与主业完全不相关的领域，对其主业发展带来了极大的负面影响，原有的核心能力基本丧失殆尽。

思达公司家电业几大业务的经营状况如下：

（1）空调器业务。思达公司曾经是C国最大的空调生产基地、世界空调器生产企业七强之一，由于思达公司的领导层未充分利用企业资源对空调业务扩大投资，公司生产的空调逐渐失去了市场优势，其市场份额逐年下降，已沦为C国内空调器三类品牌。

（2）洗衣机业务。思达公司的洗衣机业务只在投产的第一年实现盈亏平衡，其余年份都是亏损，思达公司试图通过调整产品结构、不断推出新产品来打开市场局面，但效果一直不理想，洗衣机业务的经营状况未得到根本扭转。

（3）电冰箱业务。思达品牌电冰箱的发展不尽如人意。2003年思达公司将电冰箱业务全部出售给另一家公司。

要求：

简要分析思达公司实施多元化战略的类型、动机与风险。

【专题8】收缩战略

7.10 1991年，以电脑软件开发为主营业务的JR公司注册成立。公司发展很快，1993年成为国内第二大民营高科技企业。

1994年，JR公司领导层发现，计算机市场发展日新月异，如果继续仅从事电脑软件开发，扛不过猖獗的盗版活动，于是把一部分注意力转向了国内正在起步且市场潜力很大的保健品市场，希望利用公司的品牌优势，最大限度地利用市场机会。公司保健品项目开始起步。

1995年，JR公司将开发的12种保健品一起推向市场，投放1亿资金展开广告攻势，JR公司的保健品受到市场的广泛关注。但是评估结果表明，广告攻势虽然提高了公司知名度和关注度，而广告效果几乎为零，因为公司根本不知道消费者需要什么，光靠无的放矢的广告攻势不可能收到刺激消费者购买欲望的效果。此外，公司内部管理混乱，各项规章制度形同虚设，沟通激励机制不健全，欺上瞒下成风，1996年公司保健品销售额为5.6亿元，但烂账却有3亿多元。资金在各个环节被无情地吞噬。

1996年，JR公司在1994年年初动土兴建的"JR大厦"资金告急，由于预算与实际出入太大，公司领导层决定将用于保健品业务的全部资金调往JR大厦，保健品业务因资金"抽血"过量，再加上管理不善，迅速盛极而衰。1997年年初，JR大厦未按期完工，各方债主纷纷上门，JR公司现金流彻底断裂，负债2.5亿元，陷入破产危机。

公司陷入破产危机，痛定思痛，决心从保健品市场寻找出路，JR公司领导层总结过去市场调研不足的教训，与保健品300位潜在消费者进行了深入的交流，调研了解保健品市场营销中可能遇到的各种问题。之后，选择距离两个大城市较近、而投入广告成本低得多的一个县级市作为公司东山再起的根据地；同时，通过前期调研，发现老年消费者对公司产品有需求，但希望儿女们提供，于是将广告的创意定位在"向爹妈送礼"，这一广告历时十年经久不衰，累积带来了100多亿元的销售额。

针对过去公司内部管理混乱导致的问题，公司领导层从两个方面进行整改。

首先是严格落实各项管理制度，打造过硬的管理团队。历经破产危机的JR公司锻造队伍执行力的第一步，就是从管理好现金流开始。为了实现"让企业永远保持充沛的现金流"，做保健品业务时，总部把货卖给各地的经销商，且坚持全部先款后货，而促销、市场维护等工作主要由JR公司各地分公司负责。分公司经理坚决不能碰货款。同时，公司还通过制度安排，形成若一个分公司经理没有按总部制度办事，其他分公司经理都要受到牵连的利害关系，这样再也没有人敢拿公司的制度当儿戏。公司还建立了内部稽查队，长期进行市场稽查，一旦发现分公司弄虚作假或隐瞒问题，就会对分公司进行处罚。省级分公司也有稽查队稽查市级市场，市级稽查队又查县级市场。正是这种安排，让JR公司的营销团队在各终端非常强势，摆脱了一般保健品企业对于经销商的严重依赖。10年来JR公司保健品销售额100多亿元，但坏账金额仍是0。

其次是建立完善的沟通激励机制。公司陷入破产危机后，调集全国分公司精英到偏僻地区闭关，分析失败原因，研究下一步变革方向。进而通过召开员工大会的方式将变革的思想传达给公司全体员工。公司召开表彰大会，对在保健品销售战役第一阶段做出重大贡献的一批"销售功臣"予以重奖，同时倡导"有奖必有罚，奖罚必配套"的企业文化。公司内部良好的沟通和激励造就了团队的超强凝聚力，不论是在公司强盛时还是在面临破产危机时，总是有一支管理团队不离不弃。

就这样，不到三年时间，JR公司又重新站立起来。2000年，保健品业务为公司创造了13亿元的销售奇迹，并建立了全国拥有200多个销售点的庞大销售网络，规模超过JR公司之前的鼎盛时期。

要求：

（1）简要分析JR公司二次实施收缩战略的原因；

（2）简要分析JR公司二次实施收缩战略所采用的方式。

【专题9】并购战略

7.11　　汇鑫公司是C国最大的肉类加工企业，在屠宰和肉制品加工领域的市场地位和管理能力均居于国内第一位。

S公司是世界第一大猪肉生产商，是发达国家U国排名第一的猪肉制品供应商和出口商，拥有U国十几个领先品牌。但是近年来由于企业内部管理存在诸多问题，公司经营一直处于举步维艰的境地。汇鑫公司和S公司在2002年开始业务上的接触。S公司拥有国际一流的品牌、技术、渠道、以及规模和市场地位，都令汇鑫公司极为感兴趣。此外，S公司拥有两座绿色猪肉生产基地，如果汇鑫公司并购S公司，有助于开拓和巩固C国国内市场。

为慎重起见，汇鑫公司聘请了在跨国并购方面有着丰富经验的国际知名会计师事务所和律师事务所担任财务顾问和法律顾问，对S公司的经营、财务、法律进行全面的调查。

汇鑫公司于2013年5月29日发表声明与S公司达成收购要约。根据U国股市信息估算，S公司当时的市价约为36亿美元，而汇鑫公司收购所有股东股票的价款为47亿美元，溢价31%。

考虑到未来资产协同效应价值及共同分享国内外巨大的市场等因素，会计师事务所专家认为，汇鑫公司溢价收购S公司100%的控股股权，收购价格属于正常范围。

汇鑫公司收购S公司，采用了杠杆融资的模式。参与此次银团贷款的银行包括8家信誉很高的中外资银行。采用这种模式可以使银行分散一些风险，但高额利息支付使汇鑫公司短期内财务压力增加，对企业未来现金流量的需求会很大。

汇鑫公司曾发表声明，一是承诺收购后不裁员不关厂；二是S公司的原管理团队和职工队伍将继续保留原位；三是S公司的经营管理方式不变。汇鑫公司期望通过这些政策措施防止技术人员及客户流失，降低在管理、文化、经营方面的整合风险。

但是，也有专家指出，汇鑫公司在收购协议中承诺不裁员不关厂，而随着整合的进行，后期汇鑫公司若要裁员会面临重大阻力，会造成企业人力成本居高不下。

要求：

（1）简要分析汇鑫公司并购S公司的类型与动机；

（2）简要分析汇鑫公司并购S公司所面临的主要风险以及汇鑫公司规避风险所采取的措施。

【专题10】战略联盟

7.12　　2001年，正值中国印刷产业技术改造的高潮，尤其是印后设备的技术改造正在如火如荼地进行。越来越多的印刷厂家开始关注印后设备。整合优化产业链成为当时中国印刷机制造企业提升竞争优势的重要战略举措。

B集团公司是中国印刷机制造业的龙头老大，多年来积累了品牌、营销网络、规模、人力资源、技术及资金等方面的优势。为了适应市场竞争的需要以及赶上国家技术改造的高潮，决定对其业务进行拓展和整合。B公司一直从事中间环节印刷机的制造，没有涉及印后（折页装订、模切、包装等）设备制造。面对印后设备技术改造高潮的市场机遇与挑战，B公司决定进入印后设备领域，确立做印刷行业的系统供应商、提高企业的综合竞争能力的发展战略。

日本T公司创立于1966年，公司在印后设备领域拥有优秀的专业技术人员和各类最先进的加工设备，已跻身于世界装订机械行业的前沿。T公司6年前就在中国的F市设立了工厂，但是由于种种原因印后设备的销售非常困难，始终未能打开中国市场。T公司迫切希望能改变在中国举步维艰的困境。

B公司在一次展销会与T公司开始交往。B公司的真诚、诚信以及双赢的理念深深打动了T公司。于是2001年9月底，T公司管理层来到B公司就双方的合作展开了正式的谈判。

双方在谈判之前先进行思想沟通，就合作的理念、价值观等方面达成一致，随后双方对具体的合作方式进行了进一步的探讨。由于T公司已经在中国独资建立工厂，与B公司采用合资等股权参与的方式合作已经不具有可能性，所以双方经过协商之后签署了以OEM方式合作的意向书。

2001年11月，B公司和T公司就OEM的具体合作事宜进行谈判。谈判的主要内容包括：

（1）取消T公司的商标，用B公司的商标。

（2）降低价格。

（3）把T公司的销售渠道仅限制在国内两省。

（4）确定B公司的分成比例。

谈判的过程异常艰苦，由于要取消T公司的商标以及降低其产品的价格，T公司在感情上很难割舍也难以接受，导致谈判陷入僵局。B公司坚持"真诚、双赢"的原则，为推动谈判的顺利进展最终做出了一些让步。

2002年1月，B公司和T公司召开隆重的新闻发布会。并且在全国各大报纸上刊登了B公司和T公司开展OEM合作的事项。新闻发布会获得了巨大的成功，取得了良好的宣传效果。

此后，B公司根据自己的品牌优势和较强的销售网络迅速制定了销售策略，成立销售公司，招聘相关的销售人员和技术人员开展产品的销售和售后服务。

B公司和T公司双方为了增加彼此的信任和更有效地合作，通过探索建立起了正常的沟通和交流机制，合作中出现的问题采取磨合和沟通的方式解决。B公司严格遵守双方的承诺，拒绝了欧洲优秀印后设备制造商的合作邀请以及日本其他印后设备制造企业的合作愿望。B公司的诚信深深打动了日本T公司，双方建立在诚信和双赢基础上的合作很成功。

要求：

简要分析B公司与T公司结成战略联盟的类型、动因以及管控举措。

【专题11】差异化战略

7.13 1992年，以家电研发、生产和销售为主业的信达公司确立了"技术立企"的发展战略。公司董事长程静说过："那些只引进不研发，落伍了再引进的企业，没有追求，必死无疑"。信达公司拒绝参与彩电行业价格战，每年将销售收入的5%投入研发。公司实行奖金与开发成果挂钩的制度，将技术开发人员工资涨到一线工人的3倍。几十年来，在信达公司彩电业务的发展过程中，经历了4个关键的转折点。

（1）2005年研发成功"中国芯"，中国首块拥有自主知识产权并产业化的数字视频处理芯片信芯在信达诞生，彻底打破了国外芯片的垄断地位。2013年国内首款网络多媒体电视SOC主芯片研制成功并实现量产，2015年发布VP画质引擎芯片，使信达公司正式比肩行业巨头，成为中国拥有自主高端画质芯片的电视机企业。

（2）建成中国电视行业第一条液晶模组线，彻底扭转了中国液晶模组几乎全部依赖外企的状况，率先完成了平板电视上游产业链的突破。

（3）UL电视与激光电视并行，其中，"UL显示技术"是信达公司10年来对电视行业上游垄断发起的第3次突围战，凭借历时7年研发的激光电视提前锁定主动权，在全球大屏幕电视市场赢得了一席之地。

（4）转型布局智能电视。2017年，信达公司推出的V5智能系统由简单的单向人机交互向更简洁的触控交互、智能交互发展，主动感知用户需求，实现智能化推荐。

信达公司以强大的研发实力为后盾，以优秀的销售团队为支撑，产品销售额与营销收入实现稳步增长。根据有关部门提供的信息，2018年，信达公司电视机的营销收入位居全球品牌第三位，国内品牌第一位。

2005年，信达公司加大了国际化步伐。与一些企业采取"OEM"方式开发国际市场不同，信达公司国际化经营一开始就选择了打造自主品牌的道路。2007年以来，信达自主品牌产品在海外收入同比增长21.3%。其中，信达冰箱在南非市场占据第一的位置，信达冰箱、信达电视在澳洲市场占有率第一，信达品牌产品在美国及欧洲市场呈现两位数高速增长态势，在日本市场也是本土品牌之外市场份额最大的品牌。

2015年，信达在美洲收购XP公司在墨西哥电视工厂及其电视业务。2017年11月，信达收购DZ公司的电视业务，进一步巩固信达电视业务在全球的领先地位。目前，信达公司在海外建有18个公司实施本土化经营，覆盖欧洲、美洲、非洲、澳洲及东南亚等地市场；建有3个生产基地实施区域化生产，产品远销130多个国家和地区；在全球设立了12个研发机构，面向全球引进高端人才。

要求：

简要分析信达公司所实施的竞争战略类型，并从资源和能力角度，分析信达公司实施这一竞争战略的条件。

[专题12] 零散产业的战略选择

7.14　随着"互联网+"的日益普及，原来单一的线下摄影行业发生着深刻的变化。情趣影像馆顺势创建了"实体店+微店"摄影新模式，在需求多样、竞争激烈的摄影行业中开辟了一片新天地。

面对市场上各具特色的影像馆，情趣影像馆聚焦于儿童摄影。"亲亲我的宝贝，给他温馨的童年回忆"这一宣传口号展示着公司清晰的产品定位。

不同于传统影像馆，情趣影像馆注重个性与时尚。利用免费拍照吸引大量顾客进店体验；拍照时无须摄影师指点，宝宝、家长可以随心随性，一边玩一边拍；影像后期制作附加各种如梦如幻虚拟现实的场景，给孩子一个无限想象的空间。情趣影像馆实现了线上线下完美互动，用户可以在情趣手机微店在线预约、选择样片、定制礼品、在线支付，再到线下实体店体验。新颖便捷的经营模式为顾客增添了更多的附加价值。

情趣影像馆以连锁经营或特许经营的方式不断增加实体店的数量，以满足顾客就近体验的需求，获得规模经济效应。为了吸引更多的加盟者，情趣影像馆对加盟店提供保姆式的帮扶和一系列优惠措施,如专利支持、整店输出、品牌支持、技术支持和设备支持等。

要求:

简要分析情趣影像馆在零散产业——摄影业中选择和实施的三种基本竞争战略。

【专题13】新兴产业中的竞争战略

7.15　2008年,旭辉公司决定上马国内第一款新能源汽车。此举在同行眼中无异于一种"逆风而上"的冒险行为。

其一,对传统汽车企业而言,研发新能源汽车是一个全新的挑战。新能源汽车的驱动原理与传统燃油车有着本质性的区别,技术的不确定性以及业务创新对技术和人才储备的要求都是对企业严峻的考验。

其二,新能源汽车的运营模式、行业规范和服务体系等方面也无法仿照传统燃油汽车,存在诸多不确定性。

其三,新能源汽车供应链处于初建期,企业原材料、零部件及其他供给不足;分销渠道、充电设备、维修保养、保险业务等服务很不完善。

其四,传统汽车企业的竞争与消费者的等待观望。2014年下半年,政府推出一系列扶持新能源产业的政策,而此前传统汽车企业大都采取深耕传统燃油汽车的策略以降低被新能源汽车的替代风险。消费者普遍认为新能源汽车技术尚不成熟、服务设施尚不完善、价格过高且伴随规模经济与经验曲线的形成肯定会大幅度降价,第二代或第三代产品将迅速取代现有产品,因而采取等待观望的态度。在这种情况下,企业市场营销的中心活动只能是选择顾客对象并诱导初始购买行为。

旭辉公司以一往无前的勇气和高瞻远瞩的眼力,坚守十年时间,实现了对新能源汽车领域核心技术的掌控与完整的产业链布局,也迎来了新能源汽车销量在国内外的全面爆发。到目前为止,旭辉汽车公司是全球唯一一家同时掌握新能源汽车电池、电机、电控及充电配套设施、整车制造等核心技术以及拥有成熟市场推广经验的企业。旭辉公司物美价廉的新能源汽车已遍布全球六大洲的50个国家和地区。截至2018年,旭辉公司连续5年摘得全国新能源汽车生产和销售桂冠,连续4年蝉联世界新能源汽车销量冠军。

要求:

(1)作为新兴产业,简要分析新能源汽车行业内部结构的特征。

(2)作为新兴产业,简要分析新能源汽车行业所面临的发展障碍。

【专题14】市场营销战略

7.16　智勤公司成立于2010年,是一家研究开发智能手机的企业。智勤公司从创立之初就做了大量的市场调研,发现智能手机市场上国内中低端品牌与国际高端品牌的技术差距正逐步缩小,消费者更多地关注产品价格,价格竞争开始成为市场竞争的主要手段。在此基础上,智勤公司对消费者的年龄进行了细分,将目标市场消费者的年龄定位在25至35岁之间。这个阶段的年轻人相对经济独立,普遍处于事业的发展期,并且个性张扬,勇于尝试,对于新鲜事物的接受程度比其他年龄段的人更高。

为了适应目标顾客对价格敏感的特点,智勤手机以其"高性价比"走入大众视线。为了降低智勤手机的成本和价格，智勤公司采取了以下措施：

（1）开创了官网直销预订购买的发售方式，减少了昂贵的渠道成本，使智勤手机生产出来之后，不必通过中间商就可以到达消费者手中。

（2）在营销推广方面，智勤公司没有使用传统的广告营销手段，而是根据消费者的不同类型，分别在智勤官网、QQ空间、智勤论坛、微信平台等渠道进行智勤手机的出售和智勤品牌的推广，在很大程度上采用粉丝营销、口碑营销的方式，有效降低了推广费用。

（3）采用低价预订式抢购模式。这种先预定再生产的方式使智勤公司的库存基本为零，大大减少了生产运营成本。

（4）智勤手机定价只有国际高端品牌的1/3，而其硬件成本要占到其定价的2/3以上。为了既保证高性价比又不降低手机的产品质量，智勤公司为手机瘦身，把不需要的硬件去掉，把不需要的功能替换掉，简化框架结构设计，使用低成本的注塑材质工艺等。

（5）将手机硬件的研发和制造外包给其他公司，提高了生产率，大大减少了智勤成立之初的资金压力。

（6）实现规模经济。2011～2015年智勤手机的销售量突飞猛进地增长，进而为智勤手机通过规模经济降低成本和价格奠定了基础。

要求：

从市场细分、目标市场选择和设计市场营销组合三个方面，简要分析智勤手机的营销策略。

【专题15】国际化经营战略

7.17　　C国北方机床集团于1993年成立，主导产品是两大类金属切削机床。销售市场覆盖全国30多个省、市、自治区，并出口N国、G国等80多个国家和地区。

G国S公司是一个具有140多年历史的知名机床制造商，其重大机床加工制造技术始终处于世界最高水平。但S公司内部管理存在诸多问题，其过高的技术研发成本造成资金链断裂。2004年年初，S公司宣布破产。

2004年10月，北方机床集团收购了S公司全部有形资产和无形资产，北方机床集团在对S公司进行整合中颇费思量，首先采取"以诚信取信于G国员工"的基本策略，承诺不解雇一个S公司员工，S公司的总经理继续留任；其次，北方机床集团与S公司总经理多次沟通，谋求双方扬长避短、优势互补，使"混合文化形态"成为S公司未来的个性化优势，以避免跨国并购可能出现的文化整合风险；其三，在运营整合方面，仍由S公司主要负责开发、设计及制造重要机械和零部件，组装则在C国完成，力求实现S公司雄厚的技术开发能力和C国劳动力成本优势的最佳组合。

整合后第二年，S公司实现2 000多万欧元的销售收入，生产经营状况已恢复到S公司历史最高水平。

然后，2008～2009年，受世界金融危机的影响，加上S公司内部原有的管理问题尚未彻底解决，公司陷入亏损困境。北方机床集团不得不开始更换S公司的管理团队，逐渐增加北方机床集团在S公司的主导地位。2010年，S公司经营情况有所好转，实现3 500万欧元的销售收入，但仍然处于亏损状态。

2012年，由于受到国内下游需求方——汽车、铁路等固定资产投资放缓的影响，北方机床集团销售收入同比下降8%。尽管如此，北方机床集团仍然表示将继续投资S公司项目，因为S公司承载着北方机床集团孜孜以求的核心技术和迈入国际高端市场的梦想，而且由于并购后在技术整合上存在缺陷，北方机床集团尚未掌握S公司的全部核心技术。集团计划到2015年对S公司投入近1亿欧元，同时招聘新的研发人员。

要求：

依据联合国贸易和发展会议（UNCTAD）2006年《世界投资报告》提出的影响发展中国家跨国公司对外投资决策的四大动机，简要分析北方机床集团跨国并购G国S公司的主要动机。

【专题16】风险种类

7.18　东方公司是一家中等规模的地方炼油企业，产品包括汽油、柴油等主要产品及其副产品，在本省以及周边省份出售给经销商或终端客户。东方公司面临的竞争压力既来自国有特大型炼油企业，还来自本省数量众多的其他炼油企业。为了掌握销售主动权和吸引客户，公司销售政策规定：对于资产额在1 000万元至3 000万元的客户，给予50万元的赊销额度；对于资产额在3 000万元至1亿元的客户，给予100万元的赊销额度；对于资产额在1亿元以上的客户，给予200万元的赊销额度。

公司对销售程序作出如下规定：

（1）客户申请赊销额度时，需提供经审计的上一年度资产负债表，由销售部负责审核。额度经公司批准后，不得变更。销售部负责客户信用档案的管理。对于重要客户的资信材料一般情况下不得变更。同时，对于所有客户都建立严格的信用保证制度。

（2）重大的销售业务须由销售部开具销售订单，订单上的内容包括：销售期、客户名称、产品名称、产品单价、总价款、付款方式。销售订单经客户签字盖章，交由公司销售部部长加盖销售专用章后生效。

（3）由财务部门定期与客户进行对账并负责催收。

要求：

根据《企业内部控制应用指引第9号——销售业务》，简要分析东方公司制订赊销政策所防范的主要风险。

7.19　主营单晶硅、多晶硅太阳能电池产品研发和生产的益强公司于2003年成立。这是一家由董事长兼总经理李自一手创办并控制的家族式企业。

2010年11月益强公司挂牌上市。在资本市场获得大额融资的同时，益强公司开始了激进的扩张之路。从横向看，为了扩大市场份额，益强公司在欧美多个国家投资或设立子公司；从纵向看，益强公司布局光伏全产业链，实施纵向一体化发展战略，由产业中游的组件生产，延伸至上游的硅料和下游的电站领域。益强公司还大举投资房地产、炼油、水处理和LED显示屏等项目。

为了支持其扩张战略，益强公司多方融资。公司上市仅几个月便启动第二轮融资计划——发行债券，凭借建设海外电站的愿景，通过了管理部门的审批，发行10亿元的"益强债"，票面利率为8.98%，在当年新发债券中利率最高。自2011年2月起，李自及其女儿李丽陆续以所持股份作抵押，通过信托融资约9.7亿元，同时，益强公司大举向银行借债。李自还发起利率高达15%的民间集资。这样，益强公司在上市后三年内，通过各种手段融资近70亿元。

受2008年美国次贷危机和2011年欧债危机影响，欧美国家和地区纷纷大幅削减甚至取消光伏补贴，光伏产品国际市场需求急剧萎缩。随后欧盟对中国光伏产品发起"反倾销、反补贴"调查，光伏企业出口遭受重创。而全行业的非理性发展已经导致产能严重过剩，市场供大于求，企业间开始以价格战展开恶性竞争，利润急速下降，甚至亏损。

在这种情况下，益强公司仍执着于多方融资扩大产能，致使产品滞销库存积压。同时，在海外大量投资电站致使公司的应收账款急速增加。欧盟经济低迷，海外客户还款能力下降，欧元汇率下跌。存货跌价损失、汇兑损失、坏账准备的计提使严重依赖海外市场的益强公司出现大额亏损。公司把融资筹措的大量短期资金投放于回款周期很长的电站项目，投资回报期和债务偿付期的错配使公司的短期还款压力巨大，偿债能力逐年恶化。2010年公司的流动比率为3.165，到了2013年只有0.546。公司资金只投不收的模式使现金流很快枯竭。2012年和2013年多家银行因贷款逾期、供应商因货款清偿事项向益强公司提起诉讼，公司部分银行账户被冻结，深陷债务危机。益强公司由于资金链断裂，无法在原定付息日支付公司债券利息8 980万元，成为国内债券市场上第一家违约公司，在资本市场上掀起轩然大波，打破了公募债券刚性兑付的神话。

2014年5月，益强公司因上市后连续三年亏损被ST处理，暂停上市。仅仅三年多的时间，益强公司就从一家市值百亿元的上市公司深陷债务违约危机导致破产重组。

要求：

（1）简要分析益强公司上市后面对的市场风险；

（2）简要分析益强公司上市后存在的战略风险；

（3）依据《企业内部控制应用指引第6号——资金活动》，简要分析益强公司资金活动存在的主要风险。

7.20 2018年中，舒美公司对外发布公告称，其旗下子公司舒美国际拟出资48亿元收购高乐丰中国80%的股权，相关交易只待政府最后审批。作为最早把"大卖场"概念引入中国的零售商，高乐丰凭借高效的商业模式，在中国市场快速崛起。但是随着市场的变幻发展，固守自己商业模式的高乐丰，经历了一系列负面新闻及商业打击开始逐渐衰落，直到如今走上了"卖身"之路。

2007年，高乐丰22名人员被北京警方传唤，其中8名高乐丰经理级员工被警方正式拘留。这些手中有权力的员工们，威胁供应商如果不给促销费就不让他们促销，于是供应商不得不贿赂这些员工，使得他们为自己谋取私利。但根本动摇消费者对高乐丰信任的还是食品安全问题。2012年，高乐丰被曝光将超过保质期限的食品再利用，甚至更改时间后上架；2017年，郑州国贸高乐丰店将三黄鸡充当柴鸡、鸡胗进行返包销售；2018年，深圳梅林高乐丰店袋装米发霉结块，这些新闻使得高乐丰在消费者心中的口碑大打折扣。

屡次的负面新闻给高乐丰带来了冲击，但尚不足以致命。高乐丰败走中国市场，从特定角度看，可能是高乐丰高层守旧的理念以及对过去商业模式过度依赖造成的。

在大卖场的黄金年代，市场渠道单一，高乐丰的商业模式足够高效，但是市场竞争加剧之后，供应链的缺失逐渐成了高乐丰最大的短板。迟迟没有建设物流中心和库存的高乐丰，不仅供货速度慢，产品差异化小，而且也影响卖场销量。

执着于过去的模式也让高乐丰错失了电商与新零售所带来的机遇。2013年，正是电商蓬勃发展的阶段，但是高乐丰中国高层还固执地认为，电商不足为虑，做好自己的大卖场就可以了。2018年，"新零售之风"劲吹，互联网巨头纷纷与传统卖场结成联盟，加速线上线下的融合，腾讯入股永辉，阿里收购联华、大润发，京东与沃尔玛展开合作，而高乐丰却还在拓展自己的网上商城，更谈不上将线上与线下打通融合。在零售行业竞争已趋白热化的年代，掉队的高乐丰连续亏损、资不抵债。一代零售行业霸主，最终走向没落。

要求：

（1）简要分析近年来高乐丰公司所面临的市场风险；

（2）简要分析近年来高乐丰公司所面临的运营风险。

第二模块 混合练习

1.相关考点：钻石模型+企业资源分析

7.21 W镇是一个有1300年建镇史的江南水乡古镇，因其历史街区保留了大量经典明清建筑群，被称为"江南六大古镇"之一。1999年6月，当地政府组建W镇旅游公司，开始了W古镇保护和旅游开发历程。然而，W镇的起步条件相对落后，旅游资源与其他江南水乡古镇雷同，且同一地区Z庄和X镇已小有名气，W镇旅游如果不能另辟蹊径，很难满足日益挑剔的旅游消费者的品位。

在吸收借鉴其他古镇旅游开发经验教训的基础上，W镇旅游公司走出了一条创新发展的路径。实现了古镇旅游转型升级和遗产活化保护的协调发展。

（1）多元化的产品、业态和盈利模式：观光+休闲度假+商务+会展+文化。W镇的旅游开发定位在商务和休闲市场，设计开发出W镇戏剧节、木心美术馆、现代艺术展、互联网大会等新产品，多业态复合经营已成为增加营业收入的主力。

（2）脱胎换骨基建改造和整体风貌保护。W镇进行了大规模的脱胎换骨式基建改造，实现了给排水系统、水电气系统的全面升级。景区保护基于街区风貌的整体打造，对建筑外立面和空间、周边环境进行系统整治，使古建筑更适合居住。

（3）外来资本和本土专业化管理相结合。W镇与一家上市旅游公司合作，后者既是战略投资者，又是旅游产品推介的渠道商。同时，政府和投资者之间达成共识，全权委托深谙当地文脉的本土专业团队开展经营管理工作，形成"内容商+渠道商+资本+政府"的经营管理模式。

（4）社区重构和部分空心化。W镇将全部居民迁出，再将部分商铺返租给原来的部分住户。这样"部分空心化"的社区重构，使得居民与游客的矛盾不复存在，也便于整体产权开发和集中统一管理，有效遏制过度商业化的问题。

自2001年开放迎客以来，W镇旅游开发获得的惊人发展受到专家和同行的肯定，被誉为中国古镇保护之"W镇模式"。

要求：

（1）依据钻石模型要素，简要分析W镇旅游业发展的优势。

（2）依据企业资源的主要类型，简要分析W镇旅游业发展的优势。

2.相关考点：并购战略+企业国际化经营动因

7.22 C国亚威集团是一家国际化矿业公司，其前身是主营五金矿产进出口业务的贸易公司。

2004年7月，亚威集团在"从贸易型企业向资源型企业转型"的战略目标指引下，对北美N矿业公司发起近60亿美元的收购。当时国际有色金属业正处于低潮，收购时机较好。2005年5月，虽然并购双方进行了多个回合沟通和交流，但N矿业公司所在国政府否决了该收购方案，否决的主要理由有两点：一是亚威集团资产负债率高达69.82%，其收购资金中有40亿美元由C国有银行贷款提供，质疑此项收购有C国政府支持；二是亚威集团在谈判过程中一直没有与工会接触，只与N矿业公司管理层谈判，这可能导致收购方案在管理与企业文化整合方面存在不足。

Z公司原来是澳洲一家矿产上市公司，其控制的铜、锌、银、铅、金等资源储量非常可观。2008年，国际金融危机爆发，Z公司面临巨大的银行债务压力，于当年11月停牌。之后Z公司努力寻求包括出售股权在内的债务解决方案。亚威有色公司是亚威集团下属子公司，主营业务为生产经营铜、铅、锌、锡等金属产品。2009年6月，经过双方充分协商，亚威有色公司以70%的自有资金，成功完成对Z公司的收购，为获取Z公司低价格的有色金属资源奠定了重要条件。

要求：

（1）根据并购的类型，从不同角度简要分析亚威集团和亚威有色公司跨国收购的类型；

（2）简要分析亚威集团收购N矿业公司失败的主要原因；

（3）简要分析亚威集团和亚威有色公司通过跨国收购实现国际化经营的主要动机。

3.相关考点：并购战略+零散产业的战略选择

7.23 羊乐火锅成立于1999年8月。羊乐火锅以其风格多样的美味锅底、无须蘸料的特色和旨在"让消费者到处能看到我的店"的全国连锁经营布局赢得消费者的喜爱。2002年，羊乐火锅的营业额达到25亿元，一跃成为国内本土餐饮业的佼佼者。2008年6月，羊乐火锅登陆香港交易所主板上市。

2011年，国内最大的餐饮企业千百集团领导层判断，中餐市场的发展势不可挡，而火锅占中餐市场三分之一，羊乐火锅又位居国内火锅企业中的龙头地位，因而加快了收购羊乐火锅的步伐。

2012年2月，千百集团以6.5港元/股的注销价格（溢价30%）、总额近46亿港元现金完成了对羊乐火锅的高价收购，持股比例高达93.2%，剩余的6.8%股权则由羊乐火锅两位创始人持有。一年后，千百集团再次加码，以现金收购羊乐火锅全部股权。曾经的"国内火锅第一股"的称号也随着羊乐火锅从交易所退市而隐匿。

正式收购羊乐火锅后，千百集团启动了标准化品牌升级工作，发布了全新品牌形象和运营标准，将传统厨艺与先进的管理理念相结合，努力将羊乐火锅打造成为知名火锅连锁品牌。

然而，收购后的几年中，羊乐火锅的运营情况不尽如人意，客流量与门店数量不断下滑。在国内一项行业评比中，收购前一直名列前茅的羊乐火锅仅位列第9位。业内人士分析，造成这种状况的原因如下：

（1）收购后的标准化管理未必适合饮食文化多元化的中餐，即使对于形式相对简单的火锅也不例外。经过多年的发展和改良，火锅种类的划分更加细化，作为一种餐饮文化，很难用标准化的管理模式去"经营"。消费者对口味的感受需要多元化的体验。羊乐火锅标准化管理的升级将着重于店面的装修风格和菜品的精致程度向千百旗下的外资餐饮企业看齐，而羊乐火锅原来引以自傲的"美味锅底无须蘸料"的特色被改掉，没有及时更新菜品，不能针对不同顾客提供差异化服务（如南北方消费者对调料的不同需求），使得消费者失去了以往享用羊乐火锅的乐趣。

（2）千百集团运用"关、延、收、合"四字诀对羊乐火锅的加盟店进行整顿，使得原来羊乐火锅的门店数量大幅缩减，又没有及时对羊乐火锅门店开展新的布局，因而失去了羊乐火锅旨在"让消费者到处能看到我的店"打造的规模经济优势。

（3）2013年千百集团收购羊乐火锅两位创始人持有的剩余股权后，羊乐火锅原创团队就离开，之前多年积累的企业竞争优势也随之消失殆尽。例如，羊乐火锅当时完全有能力去整合M省肉羊全产业链，而原创团队散伙后，这一功能被M省另一家企业取而代之。

（4）中国庞大的火锅餐饮市场吸引着新的企业不断加入，火锅业态近几年涌现不少实力强大的竞争对手。这些公司各自以其鲜明的特色、不断地推陈出新、清晰的市场定位，以及不断拓展的门店布局，赢得日益挑剔的消费者的青睐，对羊乐火锅的市场地位形成巨大的威胁。

要求：

（1）依据并购战略"并购失败的原因"，简要分析千百集团收购羊乐火锅效果不尽如人意的主要原因；

（2）依据"零散产业的战略选择"，结合本案例，简要分析餐饮企业应当如何选择和实施波特三种基本竞争战略。

4.相关考点：战略创新管理+组织结构服从战略+人力资源战略

7.24 2005年之前金宝集团着重于公用事业，主要围绕城市燃气来推动企业发展。从2005年开始金宝集团专注于清洁能源的开发和利用，依托技术创新和商业模式创新，形成从能源开发、能源转化、能源物流到能源分销的上中下游纵向一体化的产业链条，为客户提供多种清洁能源组合的整体解决方案，形成了强有力的差异化优势。

为实现进一步扩张，金宝集团继续在印度、菲律宾和其他国家进行能源开发，并开始创新性地运用金融工具进行能源证券化，一方面帮助其客户避免价格风险，另一方面为能源生产商提供融资服务。

随着集团清洁能源战略目标的日益清晰，金宝集团于2006年年初进行了重大调整。一是调整组织结构，将金宝集团的原有3大产业集团调整为能源分销、能源装备、能源化工、生物化工等产业板块，总部下设的支持保障机构也做了相应的变更。二是人力资源政策调整，实施以科技牵引集团发展清洁能源的战略升级。金宝集团启动科技人才梯队建设，努力实现拥有科研人员、工程设计人员、技术管理人员、项目管理人员、技术工人五类人才和领军人物、核心人才、骨干人才三级智力网络的优秀科技人才梯队。

要求：

（1）简要分析金宝集团从2005年开始启动的战略创新类型；

（2）简要分析钱德勒"组织结构服从战略"理论在金宝集团的战略变革中是如何应用的；

（3）简要分析金宝集团在当前的竞争战略下应当采取的人力资源开发与培训策略。

5.相关考点：零散产业的战略选择+波特五力模型

7.25　蜜糖冰城是一家成立于1997年的茶饮连锁品牌，总部位于郑州，由于在十几年前抓住了消费者"从瓶装饮料到现制饮料"的升级需求，推出10元以下的超低价爆款，实现快速扩张。如今，蜜糖冰城门店数约一万家，二三线及下沉城市门店占比达到80%以上，2019年门店销售额65亿元。在昂贵而精致的喜茶、奈雪的茶之外，蜜糖冰城趟出了一条自己的路。

回看蜜糖的发展历程会发现，它崛起于一波"消费升级"前浪，在十几年前零食、冰饮相对匮乏的年代里，蜜糖可能是一部分下沉城市人群喝到的第一杯现调茶饮。据调查显示，消费者对18元和15元的定价感知可能并不敏感，但蜜糖的单杯定价在8元左右，还有3元的甜筒和4元的柠檬水，一下子击穿了"用户心智"，让蜜糖收获了大量下沉市场的用户。2007年，为实现进一步扩张，蜜糖开放加盟，在商场周边、办公区附近、学校周围甚至是社区、街道都开设了大量门店。目前蜜糖的加盟店已达到万店规模。

2019年，蜜糖的营业收入达到65亿元，比喜茶还高，净利率在10%左右，是个不折不扣的现金牛。首先，蜜糖设置了统一的加盟商管理制度，在确保增速扩张的同时，更要保证运营的标准化、规范化，获得规模效应。同时，随着品牌规模的不断提升，蜜糖在上游供应链端的议价能力也愈发强大，甚至可以跳过中间环节直接到源头采购。也正是这种规模化为蜜糖带来了低成本，低成本又支撑了低定价，从而给加盟商留出了盈利空间。

不过，扩张之路也并非一片坦途。作为国内第一家门店数量过万的茶饮品牌，蜜糖被称作是"10元以下无对手"，但近年来，一些更具特色的地域品牌开始崛起。例如，一家成立仅5年的安徽茶饮品牌甜啦啦，同样定价10元以下，产品结构和蜜糖类似，而且开店费用和加盟费用都比蜜糖便宜。同时，随着下沉市场消费意愿的不断升级，一些地域品牌开始推出更具功能性、用料更为丰富的饮品，有的从差异化产品如烧仙草入手，有的还增添了健康的轻食套餐，收获了大量的年轻用户。幸运的是，万店规模的蜜糖大概率还可以通过压缩上游原材料成本，控制终端零售价，否则它就该思考转型了。

要求：

（1）简要分析蜜糖冰城在零散产业——茶饮业中选择和实施的基本竞争战略；

（2）运用五种竞争力模型，分析蜜糖冰城面对的机会和威胁。

6.相关考点：波特五力模型+钻石模型

7.26　随着国内消费的不断升级，中高端白酒产品日益成为酒业的消费热点。由于高端白酒在窖池、工艺、环境、品牌等多方面的进入门槛很高，高端白酒长期处于供小于求的状态，使其对消费者具有更强的议价能力，并且高端白酒通常具备一定的收藏价值，这对价格不太敏感的高端酒客户来说更具吸引力。一些以中端酒为主的酒企开始转型升级，调整产品结构，增加高端产品的占比，以适应国内消费升级的变化趋势。此外，对国内白酒业整体而言，进口红酒的冲击不容小觑，如今商务宴请中喝红酒的人越来越多，进口红酒抢占了一定的市场份额。

S省酒业具有悠久的历史。改革开放后，S省白酒地理优势、技术优势和人才优势逐步凸显，白酒产业迅速发展，保持着较强的盈利能力。S省既有多家全国品牌大企业，也有诸多地方品牌中小企业。2013年1月，S省白酒行业协会推出的《白酒产业振兴发展培商方案》指出，要做专做优做强白酒名优企业，提升企业效益，增强企业核心竞争力，支持名优企业通过兼并、收购等多种方式整合省内中小企业；支持名优企业之间强强联合、战略合作，推进白酒产业与旅游文化产业的融合发展，充分发挥S省得天独厚的旅游文化资源等。

作为国内名优白酒品牌的龙头企业之一，S省致臻老窖公司近年来实施一系列战略举措以打造其在高端白酒业的竞争优势。

（1）采取"公司+农户"的订单模式，大力开发建设生态酿酒原料生产基地，从源头上把好质量关。

（2）启动"酿酒废弃物热化学能源化与资源化耦合利用技术"研究项目，为实现"高粱种植→白酒酿造→固废资源化利用→优质高粱种植→优质白酒酿造"的绿色循环产业链打下坚实基础。

（3）投资实施智能化包装中心技改项目，打造自动化、智能化的现代化包装基地，推动公司包装物流体系的转型升级。

（4）通过音乐、艺术等国际通用的"语言"将白酒文化传播到世界各地，拓展海外市场，抵消了部分进口红酒在国内市场的替代威胁。

要求：

（1）从五种竞争力分析角度，简要分析致臻老窖公司在高端白酒所具备的竞争优势；

（2）依据钻石模型四要素，简要分析S省白酒业发展的优势。

7.相关考点：零散产业的战略选择+差异化战略

7.27　2003年，从国内名牌大学毕业的李轩开始以"眼镜肉店"老板的身份在X市农贸市场卖猪肉，成为备受关注的"最有文化的猪肉佬"。多年的教育背景让李轩把卖猪肉这个生意做到了很高的水准，他从来不卖注水肉，品质不好的肉坚决不进货，也从不缺斤少两，慢慢地积攒了诚信经营的口碑，一天能出十几头猪。

2008年，李轩与同是经营猪肉生意的本校校友张生相识。张生于2007年在G市创办猪肉连锁店，同样因为"国内名牌大学"和"猪肉"的名号，引起众人关注。

李轩和张生开始联手打造"特号土猪"的猪肉品牌。他们自己养猪，自己卖猪。他们选择口感颇受国内百姓喜爱的优良土猪品种；猪场采用半开放式的大空间，让猪自由活动，猪场里设有音响，专门给猪听音乐。他们认为，猪和人一样，只有心情愉悦，才会长得又肥又壮，肉质也会更加鲜美。

"特号土猪"公司日益发展壮大。从2010年5月开始，李轩和张生凭着自己多年经营猪肉的经验，开办了培训职业屠夫的"屠夫学校"，培养目标是"通晓整个产业流程的高素质创新型人才"。"特号土猪"公司每年都会招聘应届大学生，经过"屠夫学校"40天培训，再派往各店铺工作。

2015年，"特号土猪"销量超过10亿元，成为国内土猪肉第一品牌。2016年，在互联网大潮引领下，"特号土猪"登陆国内最大电商平台，成为第一个面向大众消费者"互联网+"猪肉品牌。线上与线下同时发力，"特号土猪"品牌影响力进一步扩展，销量也更上一层楼。

2019年，"特号土猪"品牌连锁店开到全国20多个城市，共有2 000多家门店。十几年来，李轩和张生专心致志，将"特号土猪"高端品牌做到极致。

要求：

（1）简要分析李轩和张生在零散产业——猪肉经营中是如何实施竞争战略的；

（2）从差异化战略实施条件（资源能力）角度，简要分析李轩和张生将"特号土猪"高端品牌做到极致的原因。

8.相关考点：新兴产业中的竞争战略+并购战略+收缩战略

7.28　在汽车产业电动化、智能化、网联化、共享化融合变革之际，被称为"造车新势力"之一的家家智能汽车公司于2015年正式成立，家家公司的董事长兼创始人王向认为，汽车制造业已经进入2.0数字时代，其特征是电机驱动+智能互联，而汽车3.0时代是人工智能时代，其特征是无人驾驶+出行空间。为了赢得2.0时代，并参与3.0时代的竞争，家家公司开始全面布局：通过三轮融资获得资金，拥有了自己的制造基地，与国内最大的出租车网约平台合作切入共享出行领域，积极投资产业链（包括投资孵化自动驾驶系统供应商公司、专注自动驾驶中央控制器的ZX公司以及研发生产激光雷达的LK公司等）。

王向认为，未来企业竞争的关键要素是具备快速成长能力的公司组织。他把60%的时间用于组织管理，以是否具备创新能力与正确价值观而非是否来自成功大企业为标准选拔人才，帮助团队中每一个人成就心中的事业追求，去挑战自己和团队成长的极限。家家公司的第一款产品SUV面向国内外共享汽车使用群体，续航里程将超过100公里。但是，两年筹备之后，由于低速车的合法性以及海外分时租赁市场实际容量的局限，这个雄心勃勃的计划，还是夭折了。面对挫折，王向立即将公司产品开发重心转移到大中型SUV的"家家智造ONE"。为了实现"没有里程焦虑"，"家家智造ONE"采用全新的形式——增程式电动。王向认为，相对于U国TL等电动车采用的充电桩/换电站等方式，中国消费者更需要从产品本身去解决问题产品。2018年10月18日晚，备受汽车及科技界人士瞩目的家家公司新车"家家智造ONE"于B市正式发布。这场发布会没有明星大腕捧场助阵，全程由王向一人直接以大量数据对比和充满硬核知识的干货完成了自我演绎，让消费者在各类新产品中有了清晰的比较。王向表示，"家家公司智造ONE"定价不会高于40万元，而增程式电动技术显著难于纯电动车，因而"家家公司智造ONE"的性价比具有优势。

2018年12月，家家公司以6.5亿元收购LF股份公司所持有的C市LF汽车公司100%股权，被业界称为家家公司"完美避开进入门槛"，取得了新能源汽车的生产资质，以实现王向掌控并引领新能源汽车市场的梦想。而此举对于LF股份公司而言是其战略重组的一部分，将经营不善的C市LF汽车公司剥离出去，以应对流动资金不足的困境。家家公司与LF股份公司还签署了为期3年的框架合作协议。双方将通过资源互补、技术互补等方式，在新能源技术开发、车联网、人车交互及数据共享等领域形成技术联盟。

要求：

（1）简要分析王向统领家家公司所克服的智能汽车新兴产业中的发展障碍；

（2）简要分析家家公司收购C市LF汽车公司的动机；

（3）简要分析LF股份公司采用收缩战略的原因和方式。

9.相关考点：公司治理+内控指引

7.29　Y公司是一家投资型公司，主要投资于工业、商业、房地产业项目。近年来，公司的经营状况一直不佳，但与此相悖的是，公司高管近五年的薪酬平均占营业收入的百分比为9.77%，超过行业平均值7.81%。由于高管薪酬优先于中小股东收益列支，因此中小股东权益被严重侵犯，他们决定联合起来向监管机构举报Y公司近年来的一系列违规问题，以保护自身权益。部分违规内容摘要如下：

（1）2017年7月，Y公司与C公司计划进行重大资产重组。然而就在一年过后，此项资产重组事项因为被证监会立案而被叫停，并很快进入了调查阶段。调查显示：资产重组开始时，Y公司的实际控制人张某曾透露相关重组信息给其大学老师林某，而林某通过此次非法交易，买卖股票，获利将近1 470万元。

（2）2018年1月，Y公司发出公告，拟非公开发行10亿股股票，募集55亿元资金，用于收购X教育机构全部股份。调查显示，Y公司非公开发行该股票时的股票市价为10元，且许多非公开发行对象为临时成立，且与Y公司、Z公司以及X教育机构均有着千丝万缕的关系。同时，近年来X教育机构因欺骗性宣传、夸大师资力量和乱收费问题被持续曝光。但Z公司可借助X教育机构的力量，助力自己旗下的多家教育资源。

（3）2017年3月，Y公司为某房地产M公司提供担保服务，财务经理李某亲自受理了该笔申请，并根据公司的担保标准及条件对该M公司进行了资信调查和风险评估，未报经董事会批准，即做出接受M公司担保申请的决定。但是2017年12月，M公司经营陷入困境，要求把担保额提高，李某考虑到对方有反担保财产因素，同意了对方的要求并修改合同，事后通报了财务总监。2018年5月，M公司债权人某银行通过法院起诉Y公司支付其为M公司担保的1 000万元。经法院终审判决，Y公司偿还了其担保的M公司到期债务本息。

要求：

（1）依据"三大公司治理问题"，简要分析Y公司存在的公司治理问题的类型与主要表现；

（2）依据《企业内部控制应用指引第12号——担保业务》，简要分析Y公司担保活动存在的主要风险。

10.相关考点：风险种类+公司治理

7.30   水泉公司成立于1992年，是国内知名度最高的果汁品牌之一。经过多年的发展，2007年水泉公司成功上市。

2005年，水泉公司公开招标寻求合作，T国最大的食品生产企业宏丰公司立即回应，希望能够与水泉公司共同打造东南亚最大的食品帝国。2005年3月，水泉公司与宏丰公司签约组建合资公司。水泉公司以果汁业务资产入股，占95%。宏丰公司注资3 030万美元，占剩余5%。然而，T国政府4个月后出台的政策规定，T国企业在中国内地投资不能超过资本净值40%，宏丰公司累计在中国的投资，已接近40%的上限。双方签约4个月后，合作夭折。

2008年，U国乐大公司宣布拟收购水泉公司全部股权。为配合乐大的收购，水泉公司砍掉了历时16年建立起的销售体系，并同时开始大规模布局上游。然而，因收购不符合中国反垄断法的相关规定，水泉与乐大的合作被有关部门紧急叫停。

这项没有完成的收购案，成为水泉公司命运的转折点。此后的几年，尽管公司创始人、控股股东刘杰竭尽全力试图挽救水泉公司的命运，但水泉公司还是不可逆转地陷入了持续的困境。2017年8月15日至2018年3月29日，水泉公司向其B市子公司提供42.82亿短期货款，以便该子公司应付临时营运资金需要及还债。但是，这件事没得到董事会批准，也没有签订协议，更没有对外披露。由于涉嫌违反上市规则中关于关联交易申报、股东批准及信息披露的条款，水泉公司自2018年4月1日起正式停牌。

除此之外，2019年12月初，公司创始人、控股股东刘杰还因为未按期向合作方履行给付义务，收到了限制消费令，被司法机关列入失信被执行人名单。

要求：

（1）简要分析水泉公司在2005年和2008年所遭遇的政治风险；

（2）简要分析水泉公司2017～2019年所面临的法律风险与合规风险；

（3）简要分析公司治理的基础设施在水泉公司治理中所发挥的作用。

7.31   煌水乳业公司成立于2002年，2013年正式挂牌上市。2016年12月16日，一家国际著名调查机构发布做空煌水乳业的报告，指出煌水乳业在苜蓿草和产奶量等方面数据造假。随后数月，国内一家银行发现，煌水乳业大量单据造假，将账上30亿资金转出投资房地产，无法收回。此外，业内人士也发现了煌水乳业多处编制财务报告的内控缺陷。

（1）煌水乳业在2016年3月报表中显示公司流动资金充足，并对企业的持续经营能力表示肯定。然而分析2016年度的财务报表后显示，煌水乳业2016年的经营活动在收入、成本、借款等方面存在不实问题，企业未来的持续经营能力存在重大不确定性，财务报表存在重大错报风险。

（2）煌水乳业在2014年4～6月向迪科种业公司累计购买约685万元的种子，这笔交易并未在中期报告中及时披露，而在后期发现执行董事于坤间接持有迪科种业公司的控股权，该购买行为被证明为关联交易。2014年12月23日，煌水乳业将其当年4月建立的子公司富浩股份转让予新成立的兴旺畜牧公司，后者由刘冰个人100%控股。然而此次交易不具有正当的商业理由，且煌水乳业2015年财务报告并未披露此次处置子公司的作价，业内人士质疑煌水乳业建立富浩公司的目的很可能就是利用关联方转移资产。

煌水乳业频繁出现财务报告虚假与不实问题，与其内部治理结构的缺陷不无关联。煌水乳业自上市以来，董事会主席兼CEO的张凯始终维持公司最大股东身份，对公司具有绝对的控制和管理权力，掌控公司所有的重大事项决策权，并直接负责公司所有业务的运营和管理。煌水乳业未设置监事会，监事会的职能主要由审计委员会以及独立董事履行。煌水乳业的独立董事中王光和李良都曾是BM会计师事务所的合伙人，而煌水乳业一直以来聘用BM事务所进行外部审计，会计师事务所的合伙人任职客户公司重要岗位，削弱了注册会计师的独立性，煌水乳业的独立董事及其聘用的会计师事务所都没有严格履行其对公司财务报告审核监督的责任。煌水乳业的审计委员会由3名独立非执行董事组成。年报公布的审计委员会两次会议显示，审计费用以及年度和半年度的财务报告审计均被顺利通过，并未发现财务报表和审计过程中存在的诸多问题，审计委员会并没有尽到应尽的职责。

要求：

（1）依据《企业内部控制应用指引第14号—财务报告》，简要分析煌水乳业财务报告存在的主要风险。

（2）依据《企业内部控制应用指引第1号—组织架构》，简要分析煌水乳业存在的主要风险。

（3）简要分析煌水乳业公司内部治理结构存在的主要缺陷。

11.相关考点：钻石模型+利益相关者的矛盾与均衡

7.32　Q省地处QS高原腹地，具有发展太阳能产业的独特资源优势。近年来，随着国内外清洁能源需求的不断增长，Q省以电力企业为依托，抓住人才、技术、资金等关键资源，打造光伏一条龙全产业链，实现经济、生态保护和民生改善多赢。

作为Q省TL戈壁滩光伏产业园区的核心企业，河天水电公司将生态保护的理念融入到产业园区的建设中。TL戈壁滩日照多，降水少，风沙大，几乎没有多少绿色植被，刮风沙时，经常有小石子被吹起来，造成光伏板破损率比较高。河天水电公司开展了光伏生态产业种植的研究试验工作，根据当地土壤、水质的特点，种植雪菊、紫苏、透骨草等高原生态作物。这些作物牢牢抓住土壤，解决了光伏电板易损、报废的问题。产业园区要定期清洗光伏板，而冲洗光伏板的水能灌溉作物，作物的生长又使水土更好地得到保持，光伏板下因此形成了小型绿色生态园。

由于植被长势太好，甚至会遮蔽光伏电板，而且冬季可能引发火灾。为解决这一问题，河天水电公司与附近几个村庄合作，发展小尾寒羊的养殖。为了避免羊吃草的随意性，公司规划出了放羊路线，请牧民按规划到光伏产业园区放羊，羊吃不到的地方就请牧民手动除草，工资另算。

光伏电站不仅带来了生态的良性循环，还发展了当地的养殖产业，对于实现当地牧民的脱贫目标，功不可没。

要求：

（1）依据钻石模型四要素，简要分析Q省打造光伏一条龙全产业链的优势。

（2）依据"企业利益与社会效益"的相互关系，简要分析Q省打造光伏一条龙全产业链过程中企业所承担的社会责任。

答案与解析

7.1 斯尔解析

（1）本案例中，家家公司战略创新的类型主要表现为产品创新。"'家家智造ONE'采用全新的形式——增程式电动。王向认为，相对于U国TL等电动车采用的充电桩/换电站等方式，中国消费者更需要从产品本身去解决问题产品"。

（2）本案例中，家家公司战略创新赖以实现的关键情境是建立创新型组织，其主要体现为以下两个方面：

①共同使命、领导力和创新的意愿。"家家公司的董事长兼创始人王向认为，汽车制造业已经进入2.0数字时代，其特征是'电机驱动+智能互联'；而汽车3.0时代是人工智能时代，其特征是'无人驾驶+出行空间'。为了赢得2.0时代，并参与3.0时代的竞争，家家公司开始全面布局""家家公司的第一款产品SEV面向国内外共享汽车使用群体，续航里程将超过100公里。但是，两年筹备之后，由于低速车的合法性以及海外分时租赁市场实际容量的局限，这个雄心勃勃的计划还是夭折了。面对挫折，王向立即将公司产品开发重心转移到大中型SUV的'家家智造ONE'""2018年12月，家家公司以6.5亿元收购LF股份公司所持有的C市LF汽车公司100%股权，被业界称为家家'完美避开进入门槛'，取得了新能源汽车生产资质，以实现王向掌控并引领新能源汽车市场的梦想"。

②全员参与创新。"王向认为，未来企业竞争的关键要素，是具备快速成长能力的公司组织。他把60%的时间用于组织管理，以是否具备创新能力与价值观而非是否来自成功大企业为标准选拔人才；帮助团队中每一个人成就心中的事业追求，去挑战自己和团队成长的极限"。

7.2 斯尔解析 君盛银行面临的宏观环境有：

（1）政治和法律环境。为缓解中小企业融资难的问题，2007年银监会提出大力发展村镇银行，提高对县域、乡村的金融服务水平；出台法规放宽村镇银行的准入条件，并给予一定的税收优惠，这些都是君盛银行面临的有利因素，而村镇银行不能享受国有银行享受的一些优惠政策，是君盛银行面临的不利因素。

（2）经济环境。政府推进农村金融业的大力发展是君盛银行面临的有利因素，当地人均收入低、保险和信贷担保发展滞后等因素制约了君盛业务的发展，是君盛银行面临的不利因素。

（3）社会和文化环境。村镇银行作为新生事物，品牌认可度、社会公信度和信誉度都还不高，这些都是君盛银行面临的不利因素。

（4）技术环境。适合村镇银行特点的业务终端机和ATM机等设备供应严重不足，村镇银行的支付清算系统因为技术原因不能纳入同城支付结算系统、征信系统，导致了君盛银行不能更好地对客户提供服务，制约了经营业务的扩展。

7.3 斯尔解析 在每一个产业中都存在五种基本竞争力量，即潜在进入者威胁、替代品的替代威胁、供应者的讨价还价能力、购买者的讨价还价能力、产业内现有企业

的竞争。在一个产业中，这五种力量共同决定产业竞争的强度以及产业利润率，最强的一种或几种力量占据着统治地位并且从战略形成角度来看起着关键性作用。

A地区生猪市场五种竞争力分析：

（1）潜在的进入者进入威胁。"国家对内地出口A地区生猪实行配额管理及审批制度""进入障碍很高"说明目前潜在进入者进入威胁不大，但随着配额管理政策的放开，国际金融巨头在中国大肆收购专业养猪场，潜在进入者的威胁也不容忽视。

（2）替代品的替代威胁。"由于A地区传统消费习惯的长期存在，其他肉类对猪肉的替代性不大"说明替代品的威胁不大。

（3）供应者的讨价还价能力。"原材料市场还处于买方市场……从目前国内情况来看，主要原材料产业均是竞争比较激烈的产业，供应商数量较多"说明供应者的讨价还价能力不大。

（4）购买者的讨价还价能力。"产品价格高于内地市场价，但质量要求也较高。由于供A地区生猪业务不仅是经济行为，还是一项政治任务，因此，当大陆生猪供应量减少、内地猪肉价格急剧上升时，A地区生猪供应量和价格不会迅速做出相应的调整"说明购买者讨价还价能力强。

（5）产业内现有企业的竞争。"市场竞争激烈""各出口企业始终把质量和安全作为核心竞争力，努力把政策性的盈利模式变为市场性的盈利模式，从而在市场中立足"说明产业竞争激烈，竞争对手实力较强。

7.4 斯尔解析

（1）运用"解决口腔健康问题功能程度"和"价格水平"两个战略特征，各分为"高""低"两个档次，将案例中所提及的B公司、L公司、D公司、H公司、清雅公司、蓝天公司、春城白药进行战略群组划分，可分为3个群组：

第一群组：解决口腔健康问题功能程度低、价格水平高的群组：B公司、L公司、D公司、H公司；

第二群组：解决口腔健康问题功能程度低、价格水平低的群组：清雅公司、蓝天公司；

第三群组：解决口腔健康问题功能程度高、价格水平高的群组：春城白药。

（2）根据战略群组分析的作用，分析：

①定位在高端市场的国际巨头们产品价格开始向下移动，是因为第一群组与第二群组之间以及各群组内部竞争激烈，"日化行业的竞争已经异常激烈""谁想要扩大市场份额，都会遇到竞争对手的顽强抵抗。已有相当数量的本土日化企业淡出市场""定位在高端市场的国际巨头们也面临着发展的'瓶颈'"。而对于第一群组的国际巨头们来说，进入第二群组移动障碍不高，"国际巨头们凭借其规模经济、品牌、技术、渠道和服务等优势……占据了C国牙膏市场60%以上的份额"。

②春城白药定位于日化行业第三群组，是因为那是一片蓝海，"具有更多口腔保健功能的药物牙膏还是市场'空白点'"。

③B公司、L公司、D公司、H公司相继推出功能化的高端牙膏，尝试进入第三群组。对国际巨头而言，这一移动障碍也不高。"国际巨头们也纷纷凭借自身竞争优势推出功能化的高端产品抢占市场"。

7.5 斯尔解析

（1）战略群组划分如下：

①品牌知名度高、价格水平高：星咖啡

②品牌知名度高、价格水平中：小蓝咖啡

③品牌知名度高、价格水平低：湃客咖啡

④品牌知名度低、价格水平中：连咖啡、偷时咖啡

（2）调研报告的发现体现了如下的战略群组分析思想：

①有助于很好地了解战略群组间的竞争状况，主动地发现近处和远处的竞争者，也可以很好地了解某一群组与其他群组间的不同。"由于外卖业务的门槛仍然较低，市场上开始涌现一大批外卖咖啡，竞争更为激烈"。

②有助于了解各战略群组之间的"移动障碍"。"有些品牌开始与'资本'联合，并通过'烧钱'的方式补贴消费者，但并非所有的玩家都玩得起"。

③有助于了解战略群组内企业竞争的主要着眼点。"不少品牌开始注重咖啡的社区化经营，通过线上与线下的连接，让更多人了解咖啡文化"。

④利用战略群组图还可以预测市场变化或发现战略机会。"我国的咖啡市场仍存在较多的发展空间，比如已经在欧美国家普及的咖啡自动售卖机，便利高效、产品标准、经营灵活；再比如逐渐在一线城市兴起的'精品咖啡'店，专门服务那些不在乎品牌和价格，只在乎高品质的顾客"。

7.6 斯尔解析

钻石模型四要素包括生产要素、需求条件、相关与支持性产业和企业战略、企业结构和竞争对手的表现。

①优势：

生产要素。"G省的葡萄种植基地、葡萄酒生产企业主要集中在西北黄金产业带上。适宜的纬度、最佳光热水土资源组合，加之大幅度的昼夜温差、适宜有效的气温和干燥少雨的气候，使G省成为国内生产葡萄酒原料的最佳区域之一"。

需求条件。"据专家预测，到2020年中国葡萄酒消费量将进入世界前三位；全球葡萄酒过剩时代结束，即将步入短缺时代"。

②劣势：

相关与支持性产业。"其一，相对于国内东部产区而言，G省产区交通条件欠发达，因此葡萄酒产品在外运过程中成本较高。其二，随着市场的发展，包装对于葡萄酒来说不仅是保护商品、方便流通的手段，更成为一种差异化、准确定位目标市场的营销方式。而G省与葡萄酒产业相关的包装印刷业发展缓慢，企业产品包装品的制作和商标的印刷主要依靠南方地区的企业提供"。

企业战略、企业结构和同业竞争。"G省绝大多数葡萄酒生产企业规模小且分散，产品销售网覆盖地区有限，彼此之间的竞争不够充分"。

7.7 💡 斯尔解析

（1）

①海浪水泥有形资源所展示的竞争优势："海浪水泥凭借先天优势坐拥原材料成本和质量优势"；"海浪水泥利用自身位居长江附近的地理位置优势，积极推行其他水泥企业难以复制的'T型'战略布局"；"公司在沿江、沿海建造了多个万吨级装卸水泥和熟料的专用码头，着力建设或租赁中转库等水路上岸通道；集团设立了物流公司和物流调试中心"。

②海浪水泥无形资源所展示的竞争优势："公司率先在国内新型干法水泥生产线低投资、国产化的研发方面取得突破性进展，标志着中国水泥制造业的技术水平已经跨入世界先进行列"；"公司强化终端销售市场，推行中心城市一体化销售模式，在各区域市场建立贸易平台；公司物流实现工业化和信息化的深度融合，以GPS和GIS为核心的物流调度信息系统实现了一体化、可视化的管理"。

③海浪水泥资源"不可模仿性"的主要形式包括：

a.物理上独特的资源。"海浪水泥凭借着先天优势坐拥原材料成本和质量优势"；"海浪水泥利用自身位居长江附近的地理位置优势，积极推行其他水泥企业难以复制的'T型'战略布局"。

b.具有路径依赖的资源。"通过'T型'战略的实施，海浪水泥进一步巩固了其'资源—生产—物流—市场'的产业链优势"。

（2）

①研发能力。"公司率先在国内新型干法水泥生产线低投资、国产化的研发方面取得突破性进展，标志着中国水泥制造业的技术水平已经跨入世界先进行列，确保公司为市场提供规模可观的低价高质产品"。

②生产管理能力。"'T型'生产和物流格局，改变了之前通过'中小规模水泥工厂+公路运输+工地'的生产物流模式，解决了长江沿线城市石灰石短缺与当地水泥消耗量大之间的矛盾"；"通过'T型'战略的实施，海浪水泥进一步巩固了其'资源—生产—物流—市场'的产业链优势"。

③营销能力。

a.产品竞争能力。"海浪水泥凭借着先天优势坐拥原材料成本和质量优势"；"确保公司为市场提供规模可观的低价高质产品"。

b.销售活动能力。"公司强化终端销售市场，推行中心城市一体化销售模式，在各区域市场建立贸易平台；公司物流实现工业化和信息化的深度融合，以GPS和GIS为核心的物流调度信息系统实现了一体化、可视化的管理"。

c.市场决策能力。"积极推行其他水泥企业难以复制的'T型'战略布局"；"公司率先在国内新型干法水泥生产线的低投资、国产化的研发方面取得突破性进展"；"海浪水泥不断完善'T型'战略布局"。

④财务能力。"2018年海浪水泥年报显示：公司营收同比大幅增长70.50%，净利润同步增长88.05%，净利润增长幅度超过营业收入增长幅度"。

⑤组织管理能力。"积极推行其他水泥企业难以复制的'T型'战略布局"；"海浪水泥不断完善'T型'战略布局"。

7.8 斯尔解析

（1）SZ钢铁公司实施纵向一体化战略的动因（或优势）如下：

①前向一体化战略通过控制销售过程和渠道，有利于企业控制和掌握市场，增强对消费者需求变化的敏感性，提高企业产品的市场适应性和竞争力。"下游客户面临的选择越来越多，对用料的要求也越来越高。SZ钢铁公司固守于钢铁冶炼阶段，对客户需求的变化缺乏敏感性，导致公司结构性产能过剩"。

②后向一体化有利于企业有效控制关键原材料等投入的成本、质量及供应可靠性，确保企业生产经营活动稳步进行。"……导致SZ钢铁公司原料供应受制于人"；"确保公司铁矿资源的长期稳定供应"；"解决煤炭资源供应"。

（2）SZ钢铁公司实施纵向一体化战略的适用条件如下：

前向一体化战略的主要适用条件包括：

①企业现有销售商的销售成本较高或者可靠性较差而难以满足企业的销售需要。"下游客户面临的选择越来越多，对用料的要求也越来越高"。

②企业所在产业的增长潜力较大。"钢铁市场的需求虽然依旧十分旺盛"；

③企业具备前向一体化所需的资金、人力资源等。"SZ钢铁公司在以往的经营过程中，与上下游企业业务联系密切，因而可以在现有人才和技术不需要做大的投入和调整的前提下，实现纵向一体化的整合"；

④销售环节的利润率较高。"下游产品的销售利润率可以达到7%～10%（SZ钢铁公司已连续3年盈利能力低于6%）"。

后向一体化战略主要适用条件包括：

①企业现有的供应商供应成本较高或者可靠性较差而难以满足企业对原材料、零件等的需求。"导致SZ钢铁公司原料洪应受制于人"；

②供应商数量较少而需求方竞争者众多。"使得钢铁原料矿石、煤粉等资源处于被垄断地位"；

③企业所在产业的增长潜力较大。"钢铁市场的需求虽然依旧十分旺盛"。

④企业具备后向一体化所需的资金、人力资源等。"SZ钢铁公司在以往的经营过程中，与上下游企业业务联系密切，因而可以在现有人才和技术不需要做大的投入和调整的前提下，实现纵向一体化的整合"；

⑤供应环节的利润率较高。"上游原料的销售利润率可以达到15%（SZ钢铁公司已连续3年盈利能力低于6%）"

⑥企业产品价格的稳定对企业而言十分关键，后向一体化有利于控制原材料成本，从而确保产品价格的稳定。"进口铁矿石价格连年暴涨，带动国内铁矿石价格不断攀升，导致SZ钢铁公司原料供应受制于人"。

7.9 斯尔解析

（1）思达公司主业是空调器，进入电冰箱、洗衣机、电视机、电脑等产品是相关多元化；进入摩托车、中型卡车、房地产、高能动力镍氢电池产品是非相关多元化。

（2）思达公司实施多元化战略的动机包括：

①分散风险。"思达公司领导层不再看好家电行业，认为家电行业已经面临行业生命周期的衰退期"。

②当企业在原产业无法增长时找到新的增长点。"公司必须开拓新的领域，开辟新的经济增长点"。

③利用未被充分利用的资源。"为了最大限度地利用市场机会和公司在家电行业的优势地位"。

④运用盈余资金。"思达公司积累了大量的资金，急需找到新的投资渠道"。

⑤运用企业在某个产业或某个市场中的形象和声誉来进入另一个产业或市场。"希望利用公司的品牌优势，为企业获取更多的利润"。

（3）思达公司实施多元化战略面临的风险：

①来自原有经营产业的风险。多元化经营往往意味着原有经营的产业要受到削弱。"由于领导层未充分利用企业资源对空调业务进行扩大投资，公司空调逐渐失去了市场优势，其市场份额逐年下降，已沦为C国内空调器三类品牌"。

②市场整体风险。市场经济中的广泛相互关联性决定了多元化经营的各产业仍面临共同风险。"公司空调逐渐丧失优势""洗衣机业务的经营状况未得到根本扭转""将电冰箱业务全数出售给另一家公司""不得不将摩托车业务低价转让给其他公司""中型卡车业务的发展受到竞争对手的强大制约""房地产业务亏损近千万元"。

③产业进入风险。企业在进入新产业之后还必须不断地注入后续资源，竞争对手的策略也是一个未知数。"中型卡车的载重量都在15吨以下，与市场需求脱节较大，且关键零部件都需外购，尤其是动力配置须向竞争对手采购，企业的发展受到竞争对手的制约"；"作为一个没有房地产开发经验的行业'新手'……从众多经验丰富、实力雄厚、拥有良好品牌的房地产企业中夺取市场份额无疑难度极大"。

④内部经营整合风险。新投资的业务会通过财务流、物流、决策流、人事流给企业以及企业的既有产业经营带来全面的影响。"由于思达公司的领导层未充分利用企业资源对空调业务进行扩大投资""缺乏高素质的管理人员""将大量人力、财力、物力转向与主业完全不相关的领域"，对其主业发展带来了极大的负面影响"。

7.10 斯尔解析

（1）JR公司二次实施收缩战略的原因如下：

①JR公司从电脑软件开发撤退的原因是被动原因——外部原因。"JR公司领导层发现，计算机市场发展日新月异，如果继续仅从事电脑软件开发，扛不过猖獗的盗版活动"。

②JR公司在JR大厦未按期完工，陷入破产危机后不得不实施收缩战略的原因是被动原因——企业（或企业某业务）失去竞争优势。

a.机制不顺。"公司内部各项规章制度形同虚设，沟通激励机制不健全，欺上瞒下成风，1996年公司保健品销售额为5.6亿元，但烂账却有3亿多元。资金在各个环节被无情地吞噬"。

b.决策失误。"公司根本不知道消费者需要什么，光靠无的放矢的广告攻势不可能收到刺激消费者购买欲望的效果""由于预算与实际出入太大，公司领导层决定将用于保健品业务的全部资金调往JR大厦，保健品业务因资金'抽血'过量……迅速盛极而衰"。

c.管理不善。"公司内部管理混乱""再加上管理不善，迅速盛极而衰"。

（2）JR公司二次实施收缩战略所采用的方式如下：

①JR公司从电脑软件开发撤退所采用的方式属于转向战略——重新定位或调整现有的产品和服务。"把一部分注意力转向了国内正在起步且市场潜力很大的保健品市场，希望利用公司的品牌优势，最大限度地利用市场机会。公司保健品项目开始起步"。

②JR公司在JR大厦未按期完工、陷入破产危机后实施撤退的方式有两类：紧缩与集中战略和转向战略。

a.紧缩与集中战略。

第一，机制变革。"首先是严格各项管理制度""建立完善的沟通激励机制"。

第二，财政和财务战略。"从管理好现金流开始。为了实现'让企业永远保持充沛的现金流'，做保健品业务时，总部把货卖给各地的经销商，且坚持全部先款后货，而促销、市场维护等工作主要由JR公司各地分公司负责……10年来JR公司保健品销售额100多亿元，但坏账金额仍是0"。

第三，削减成本战略。"调研了解保健品市场营销中可能遇到的各种问题……选择距离两个大城市较近、而投入广告成本低得多的一个县级市作为公司东山再起的根据地"。

b.转向战略。

第一，重新定位或调整现有的产品和服务。"公司陷入破产危机，痛定思痛，决心从保健品市场寻找出路"。

第二，调整营销策略，在价格、广告、渠道等环节推出新的举措。"选择距离两个大城市较近、而投入广告成本低得多的一个县级市作为公司东山再起的根据地。同时，通过前期调研，发现老年消费者对公司产品有需求，但希望儿女们提供，于是将广告的创意定位在'向爹妈送礼'，这一广告历时十年经久不衰，累积带来了100多亿元的销售额"。

7.11 斯尔解析

（1）类型：按收购资金来源渠道的不同，并购可分为杠杆并购和非杠杆并购。汇鑫公司并购S公司属于杠杆并购。"汇鑫公司收购S公司，采用了杠杆融资的模式"。

按并购方与被并购方所处的产业相同与否，并购可以分为横向并购、纵向并购和多元化并购三种。汇鑫公司并购S公司属于纵向并购。"汇鑫公司是C国最大的肉类加工企业，S公司是世界第一大猪肉生产商"。

按照并购方的不同身份，并购可以分为产业资本并购和金融资本并购。汇鑫公司并购S公司属于产业资本并购。"汇鑫公司是C国最大的肉类加工企业"。

按被并购方对并购所持态度不同，并购可以分为友善并购和敌意并购。汇鑫公司并购S公司属于友善并购。"汇鑫公司于2013年5月29日发表声明与S公司达成收购要约"。

动机：

①避开进入壁垒，迅速进入，争取市场机会，规避各种风险。"S公司拥有国际一流的品牌、技术、渠道、以及规模和市场地位，都令汇鑫公司极为感兴趣。此外，S公司拥有两座绿色猪肉生产基地，如果汇鑫公司并购S公司，有助于开拓和巩固C国国内市场"。

②获得协同效应。"汇鑫公司是C国最大的肉类加工企业，在屠宰和肉制品加工领

域的市场地位和管理能力均居于国内第一位""S公司是世界第一大猪肉生产商，是发达国家U国排名第一的猪肉制品供应商和出口商，拥有U国十几个领先品牌""S公司拥有国际一流的品牌、技术、渠道、以及规模和市场地位，都令汇鑫公司极为感兴趣。此外，S公司拥有两座绿色猪肉生产基地，如果汇鑫公司并购S公司，有助于开拓和巩固C国国内市场"。

③克服企业负外部性，减少竞争，增强对市场的控制力。"S公司拥有国际一流的品牌、技术、渠道、以及规模和市场地位，都令汇鑫公司极为感兴趣。此外，S公司拥有两座绿色猪肉生产基地，如果汇鑫公司并购S公司，有助于开拓和巩固C国国内市场"。

（2）

①决策不当的风险。为避免这一风险，"汇鑫公司聘请了在跨国并购方面有着丰富经验的国际知名会计师事务所和律师事务所担任财务顾问和法律顾问，对S公司的经营、财务、法律进行全面的调查"。

②并购后不能很好地进行企业整合。为避免这一风险，"汇鑫公司曾发表声明，一是承诺收购后不裁员不关厂；二是S公司的原管理团队和职工队伍将继续保留原位；三是S公司的经营管理方式不变。汇鑫公司期望通过这些政策措施防止技术人员及客户流失，降低在管理、文化、经营方面的整合风险""而随着整合的进行，后期汇鑫公司若要裁员会面临重大阻力，会造成企业人力成本居高不下"。

③支付过高的并购费用。为避免这一风险，"汇鑫公司聘请了在跨国并购方面有着丰富经验的国际知名会计师事务所和律师事务所担任财务顾问和法律顾问，对S公司的经营、财务、法律进行全面的调查""考虑到未来资产协同效应价值及共同分享国内外巨大的市场等因素，会计师事务所专家认为，汇鑫公司溢价收购S公司100%的控股股权，收购价格属于正常范围"。

7.12 斯尔解析 B公司与T公司结成战略联盟的类型是功能性协议（契约式的战略联盟）。主要动因如下：

（1）促进技术创新。B公司通过联盟"面对印后设备技术改造高潮的市场机遇与挑战"。

（2）避免经营风险。T公司避免了在中国市场开发的风险，而B公司避免了向印后延伸的技术开发风险。

（3）避免或减少竞争。双方避免在印后设备市场成为竞争对手。

（4）实现资源互补。B公司在国内"积累了品牌、营销网络、规模、人力资源、技术及资金等方面的优势"，T公司"在印后设备领域拥有优秀的专业技术人员和各类最先进的加工设备"。

（5）开拓新的市场。T公司开拓中国市场，B公司开拓印后市场。

（6）降低协调成本。"由于T公司已经在中国独资建立工厂，与B公司采用合资等股权参与的方式合作已经不具有可能性"。

B公司非常注重与T公司建立合作信任的联盟关系。"B公司的真诚、诚信以及双赢的理念深深打动了T公司""B公司坚持'真诚、双赢'的原则，为推动谈判的顺利进展最终做出了一些让步""通过探索建立起了正常的沟通和交流机制，合作中出现的问题采取磨合和沟通的方式解决。B公司严格遵守双方的承诺，拒绝了欧洲优秀印后设备制造商的合作邀请以及日本其他印后设备制造企业的合作愿望"。

7.13 斯尔解析 信达公司所实施的竞争战略类型是差异化战略。"信达公司拒绝参与彩电行业价格战，每年将销售收入的5%投入研发"。

从资源和能力角度，分析信达公司实施这一竞争战略的条件如下：

（1）具有强大的研发能力和产品设计能力。"每年将销售收入的5%投入研发"

"2005年研发成功'中国芯'""建成中国电视行业第一条液晶模组线，彻底扭转了中国液晶模组几乎全部依赖外企的状况""'UL显示技术'是信达10年来对电视行业上游垄断发起的第3次突围战""在全球设立了12个研发机构，面向全球引进高端人才"。

（2）具有很强的市场营销能力。"信达公司以强大的研发实力为后盾，以优秀的销售团队为支撑，产品销售额与营销收入实现稳步增长。根据有关部门提供的信息。2018年，信达公司电视机的营销收入位居全球品牌第三位，国内品牌第一位"。

（3）有能够确保激励员工创造性的激励体制、管理体制和良好的创造性文化。"公司实行奖金与开发成果挂钩的制度，将技术开发人员工资涨到一线工人的3倍"。

（4）具有从总体上提高某项经营业务的质量、树立产品形象、保持先进技术和建立完善分销渠道的能力。"公司董事长程静说过：'那些只引进不研发，落伍了再引进的企业，没有追求，必死无疑'""在信达彩电业务的发展过程中，经历了4个关键的转折点""与一些企业采取'OEM'方式开发国际市场不同，信达公司国际化经营一开始就选择了打造自主品牌的道路。2007年以来，信达自主品牌产品在海外收入同比增长21.3%""进一步巩固信达电视业务在全球的领先地位"。

7.14 斯尔解析

（1）克服零散——获得成本优势。连锁经营或特许经营能够克服零散，使企业获得规模经济带来的成本优势。"情趣以连锁经营或特许经营的方式不断增加实体店的数量，以满足顾客就近体验的需求，获得规模经济效应""为了吸引更多的加盟者，情趣影像馆对加盟店提供保姆式的帮扶和一系列优惠措施，如专利支持、整店输出、品牌支持、技术支持和设备支持等"。

（2）增加附加价值，提高产品差异化程度。许多零散产业的产品或服务是一般性的商品，所以就产品或服务本身来说提高差异化程度潜力已经不大。在这种情况下，一种有效的战略是增加商品的附加价值。"不同于传统影像馆，情趣影像馆注重个性与时尚。利用免费拍照吸引大量顾客进店体验；拍照时无须摄影师指点，宝宝、家长可以随心随性，一边玩一边拍；影像后期制作附加各种如梦如幻虚拟现实的场景，给孩子一个无限想象的空间。情趣影像馆实现了线上线下完美互动，用户可以在情趣手机微店在线预约、选择样片、定制礼品、在线支付，再到线下实体店体验。新颖便捷的经营模式为顾客增添了更多的附加价值"。

（3）专门化——目标集聚。"面对市场上各具特色的影像馆，情趣影像馆聚焦于儿童摄影。'亲亲我的宝贝，给他温馨的童年回忆'这一宣传口号展示着公司清晰的产品定位"。

7.15 斯尔解析

（1）作为新兴产业，新能源汽车行业内部结构的特征如下：

①技术的不确定性。"新能源汽车的驱动原理与传统燃油车有着本质性的区别，技术的不确定性以及业务创新对技术和人才储备的要求都是对企业严峻的考验"。

②战略的不确定性。"新能源汽车的运营模式、行业规范和服务体系等方面也无法仿照传统燃油汽车，存在诸多不确定性"。

③成本的迅速变化。"消费者则普遍认为新能源汽车，价格过高且伴随规模经济与经验曲线的形成肯定会大幅度降价"。

④首次购买者。"在这种情况下，市场营销的中心活动只能是选择顾客对象并诱导初始购买行为"。

（2）作为新兴产业，新能源汽车行业面临的发展障碍如下：

①专有技术选择、获取与应用的困难。"对传统汽车企业而言，研发新能源汽车是一个全新的挑战。新能源汽车从驱动原理上与传统燃油车有着本质性的区别，技术的不确定性以及业务创新对企业的技术和人才储备的要求都是对企业严峻的考验"。

②原材料、零部件、资金与其他供给的不足。"新能源汽车供应链处于初建期，企业原材料、零部件及其他供给不足，分销渠道、充电设备、维修保养、保险业务等服务很不完善"。

③顾客的困惑与等待观望。"消费者普遍认为新能源汽车技术尚不成熟、服务设施尚不完善、价格过高且伴随规模经济与经验曲线的形成肯定会大幅度降价，第二代或第三代产品将迅速取代现有产品，因而采取等待观望的态度"。

④被替代产品的反应。"此前传统汽车企业大都采取深耕传统燃油汽车的策略以降低被新能源汽车替代的风险"。

⑤缺少承担风险的胆略与能力。"旭辉公司决定上马国内第一款新能源汽车。此举在同行眼中无异于一种'逆风而上'的冒险行为""旭辉公司以一往无前的勇气和高瞻远瞩的眼力，坚守十年时间，实现了对新能源汽车领域核心技术的掌控与完整的产业链布局，也迎来了新能源汽车销量在国内外的全面爆发"。

7.16 斯尔解析

（1）从市场细分角度分析，智勤公司按照人口细分，"把目标市场消费者的年龄定位在25岁至35岁之间"。

（2）从目标市场选择角度分析，智勤公司采用的是集中化营销策略。

（3）从设计市场营销组合角度分析，智勤公司的营销策略：

①产品策略。"智勤手机以其'高性价比'走入大众视线""为了既保证高性价比又不降低手机的产品质量，智勤公司为手机瘦身，把不需要的硬件去掉，把不需要的功能替换掉，简化框架结构设计，使用低成本的注塑材质工艺等"。

②促销战略。"在营销方面，智勤公司没有使用传统的广告营销手段，而是根据消费者的不同类型，分别在智勤官网、QQ空间、智勤论坛、微信平台等渠道进行智勤手机的出售和智勤品牌的推广，在很大程度上采用粉丝营销、口碑营销的方式""采用低价预订式抢购模式，这种先预定再生产的方式使智勤公司的库存基本为零"。

③分销策略。"开创了官网直销预订购买的发售方式，减少了昂贵的渠道成本，使智勤手机生产出来之后，不必通过中间商就可以到达消费者手中"。

④价格策略。"智勤手机定价只有国际高端品牌的1/3""为智勤手机通过规模经济降低成本和价格奠定了基础"。

7.17　斯尔解析　发展中国家对外投资的四大动机包括寻求市场、寻求效率、寻求资源和寻求现成资产。

（1）"北方机床集团收购了S公司全部有形资产和无形资产"，体现了寻求现成资产的动机。

（2）"北方机床力求实现S公司雄厚的技术开发能力和C国劳动力成本优势的最佳组合"，体现了寻求效率的动机。

（3）"北方机床集团仍然表示将继续投资S公司项目，因为S公司承载着北方机床集团孜孜以求的核心技术和迈入国际高端市场的梦想"，体现了寻求市场的动机。

7.18　斯尔解析　根据《企业内部控制应用指引第9号——销售业务》，东方公司赊销业务需防范的主要风险是：

（1）因销售政策和策略不当、市场预测不准确或销售渠道管理不当等可能导致的销售不畅、库存积压，经营难以为继的风险。"为了掌握销售主动权和吸引客户，公司销售政策规定……给予200万元的赊销额度"。

（2）客户信用管理不到位，结算方式选择不当，账款回收不力等，可能导致销售款项不能收回或遭受欺诈。公司制定赊销额度，"客户申请赊销额度时，需提供经审计的上一年度资产负债表，由销售部负责审核""由财务部门定期与客户进行对账并负责催收"。

（3）销售过程存在舞弊行为，可能导致企业利益受损。"重大的销售业务须由销售部开具销售订单，……销售订单经客户签字盖章，交由公司销售部部长加盖销售专用章后生效"。

7.19　斯尔解析
（1）益强公司上市后所面对的市场风险如下：

①产品或服务的价格及供需变化带来的风险。"受2008年美国次贷危机和2011年欧债危机的影响，欧美政府纷纷大幅削减甚至取消光伏补贴，光伏产品市场需求急剧萎缩。随后欧盟对中国光伏产品发起了'反倾销、反补贴'调查，光伏企业出口遭受重创。而全行业的非理性发展已经导致产能严重过剩，市场供大于求"。

②主要客户、主要供应商的信用风险。"欧盟经济低迷，海外客户还款能力下降"。

③税收政策和利率、汇率、股票价格指数变化带来的风险。"欧元汇率下跌，……，汇兑损失，……使严重依赖海外市场的益强公司出现大额亏损"。

④潜在进入者、竞争者与替代品的竞争带来的风险。"而全行业的非理性发展已经导致产能严重过剩，市场供大于求，企业间开始以价格战恶性竞争，利润急速下降，甚至亏损"。

（2）益强公司上市后所存在的战略风险主要表现为：发展战略过于激进，脱离企业实际能力或偏离主业，可能导致企业过度扩张，甚至经营失败。"在资本市场获得大额融资的同时，益强公司开始了激进的扩张之路。从横向看，为了扩大市场份额，益强公司在欧美多个国家投资或设立子公司；从纵向看，益强公司布局光伏全产业链，实施纵向一体化发展战略，由产业中游的组件生产，延伸至上游的硅料和下游的电站领域。益强公司还大举投资房地产、炼油、水处理和LED显示屏等项目"。

（3）

①筹资决策不当，引发资本结构不合理或无效融资，可能导致企业筹资成本过高或债务危机。"为了支持其战略扩张的需要，益强公司广开财路，多方融资。公司上市仅几个月便启动第二轮融资计划——发行债券，凭借建设海外电站的愿景，通过了管理部门的批准，发行规模为10亿元的'益强债'，票面利率为8.98%，在当年新发债券利率最高。自2011年2月起，李自及其女儿李丽陆续以所持股份抵押，通过信托融资约9.7亿元，同时，益强公司大举向银行借债。李自还发起了利率高达15%的民间集资。这样，益强公司在上市后三年时间内，通过各种手段融资近70亿元"。

②投资决策失误，引发盲目扩张或丧失发展机遇，可能导致资金链断裂或资金使用效益低下。"在这种情况下，益强公司仍执着于多方融资扩大产能，致使产品滞销、库存积压。同时，海外大量投资电站致使公司的应收账款急速增加。欧盟经济低迷，海外客户还款能力下降，欧元汇率下跌。存货跌价损失、汇兑损失、坏账准备的计提使严重依赖海外市场的益强公司出现大额亏损"。

③资金调度不合理、营运不畅，可能导致企业陷入财务困境或资金冗余。"公司把融资筹措的大量短期资金投放于回款周期很长的电站项目，投资回报期和债务偿付期的错配使得公司的短期还款压力巨大，偿债能力逐年恶化。2010年公司的流动比率为3.165，到了2013年却只有0.546。公司资金只投不收的模式使现金流很快枯竭"。

7.20 斯尔解析

（1）高乐丰公司所面临的市场风险包括：

①能源、原材料、配件等物资供应的充足性、稳定性和价格变化带来的风险。"供应链的缺失逐渐成了高乐丰最大的短板。迟迟没有建设物流中心和库存的高乐丰，不仅供货速度慢，产品差异化小，而且也影响卖场销量"。

②潜在进入者、竞争者与替代品的竞争带来的风险。"在大卖场的黄金年代，市场渠道单一，高乐丰的商业模式足够高效，但是市场竞争加剧之后，供应链的缺失逐渐成了高乐丰最大的短板""2018年，'新零售之风'劲吹，互联网巨头纷纷与传统卖场结成联盟，加速线上线下的融合，腾讯入股永辉，阿里收购联华、大润发，京东与沃尔玛展开合作"。

（2）高乐丰公司所面临的运营风险包括：

①企业新市场开发，市场营销策略（包括产品或服务定价与销售渠道，市场营销环境状况等）方面可能引发的风险。"而高乐丰却还在拓展自己的网上商城，更谈不上将线上与线下打通融合"。

②企业组织效能、管理现状、企业文化、高中层管理人员和重要业务流程中专业人员的知识结构、专业经验等方面可能引发的风险。"高乐丰高层守旧的理念""迟迟没有建设物流中心和库存的高乐丰，不仅供货速度慢，产品差异化小，而且也影响卖场销量""高乐丰中国高层还固执地认为，电商不足为虑，做好自己的大卖场就可以

了" "高乐丰却还在拓展自己的网上商城，更谈不上将线上与线下打通融合"。

③质量、安全、环保、信息安全等管理发生失误导致的风险。"根本动摇消费者对高乐丰信任的还是食品安全问题。2012年，高乐丰被曝光将超过保质期限的食品再利用，甚至更改时间后上架；2017年，郑州国贸高乐丰店将三黄鸡充当柴鸡、鸡胗进行返包销售；2018年，深圳梅林高乐丰店袋装米发霉结块，这些新闻使得高乐丰在消费者心中的口碑大打折扣。"

④因企业内、外部人员的道德风险或业务控制系统失灵导致的风险。"随着市场的变幻发展，固守自己商业模式的高乐丰，经历了一系列负面新闻及商业打击开始逐渐衰落" "这些手中有权力的员工们，威胁供应商如果不给促销费就不让他们促销，于是供应商不得不贿赂这些员工，使得他们为自己谋取私利"。

⑤企业现有业务流程和信息系统操作运行情况的监管、运行评价及持续改进能力方面引发的风险。"对过去商业模式过度依赖" "高乐丰却还在拓展自己的网上商城，更谈不上将线上与线下打通融合"。

7.21 斯尔解析

（1）

①生产要素。"W镇是一个有1300年建镇史的江南水乡古镇，因其历史街区保留了大量经典明清建筑群，被称为'江南六大古镇'之一"。

②需求条件。"W镇旅游如果不能另辟蹊径，很难满足日益挑剔的旅游消费者的品位"。

③相关与支持性产业。"W镇的旅游开发定位在商务和休闲市场，设计开发出W镇戏剧节、木心美术馆、现代艺术展、互联网大会等新产品，多业态复合经营已成为增加营业收入的主力"。

④企业战略、企业结构和同业竞争。"旅游资源与其他江南水乡古镇雷同，且同一地区Z庄和X镇已小有名气，W镇旅游如果不能另辟蹊径，很难满足日益挑剔的旅游消费者的品位"。

（2）

①有形资源。"W镇是一个有1300年建镇史的江南水乡古镇，因其历史街区保留了大量经典明清建筑群" "W镇的旅游开发定位在商务和休闲市场，设计开发出W镇戏剧节、木心美术馆、现代艺术展、互联网大会等新产品，多业态复合经营已成为增加营业收入的主力"。

②无形资源。"多业态复合经营已成为增加营业收入的主力" "外来资本和本土专业化管理相结合" "社区重构和部分空心化"。

7.22 斯尔解析

（1）按并购双方所处的产业分类，亚威集团收购N矿业公司属于纵向并购，"从贸易型企业向资源型企业转型"；亚威有色公司对Z公司的收购属于纵向并购，"亚威有色公司是亚威集团下属子公司，主营业务为生产经营铜、铅、锌、锡等金属产品" "Z公司是澳洲一家矿产公司，其控制的铜、锌、银、铅、金资源储量非常可观"。

按被并购方的态度分类，亚威集团收购N矿业公司为友善并购，"并购双方进行了多个回合沟通和交流"；亚威有色公司对Z公司的收购也属于友善并购，"经过双方充分协商"。

按并购方的身份分类，亚威集团收购N矿业公司为产业资本并购；亚威有色公司对Z公司的收购也属于产业资本并购。

按收购资金来源分类，亚威集团收购N矿业公司属于杠杆收购，"亚威集团收购资金中有40亿美元由C国国有银行贷款提供（总共60亿美元的收购）"；亚威有色公司对Z公司的收购属于非杠杆收购，"亚威有色公司以70%的自有资金，成功完成对Z公司的收购"。

（2）亚威集团收购N矿业公司失败的主要原因：

①并购后不能很好地进行企业整合。"亚威集团在谈判过程中一直没有与工会接触，只与N矿业公司管理层谈判，这可能导致收购方案在管理与企业文化整合方面存在不足"。

②跨国并购面临政治风险。"N矿业公司所在国政府否决了该收购方案……，其收购资金中有40亿美元由C国国有银行贷款提供，质疑此项收购有C国政府支持"。

（3）亚威集团公司和亚威有色公司跨国收购的主要动机都是寻求资源，"将亚威从贸易型企业向资源型企业转型""为获取Z公司低价格的有色金属资源奠定了重要的条件"。

7.23 斯尔解析

（1）千百集团收购羊乐火锅效果不尽如人意的主要原因：

①决策不当。"收购后的标准化管理未必适合饮食文化多元化的中餐，即使对于形式相对简单的火锅也不例外。……羊乐火锅标准化管理的升级将着重于店面的装修风格和菜品的精致程度向千百旗下的外资餐饮企业看齐，而羊乐火锅原来引以自傲的'美味锅底无须蘸料'的特色被改掉，没有及时更新菜品，不能针对不同顾客提供差异化服务（如南北方消费者对调料的不同需求），使得消费者失去了以往享用羊乐火锅的乐趣""千百集团运用'关、延、收、合'四字诀对羊乐火锅的加盟店进行整顿，使得原来羊乐火锅的门店数量大幅缩减，又没有及时对羊乐火锅门店开展新的布局，因而失去了羊乐火锅旨在'让消费者到处能看到我的店'打造的规模经济优势"。

②并购后不能很好地进行企业整合。"羊乐火锅原创团队离开，之前多年积累的企业竞争优势也随之消失殆尽""羊乐火锅标准化管理的升级将着重于店面的装修风格和菜品的精致程度向千百旗下的外资餐饮企业看齐，而羊乐火锅原来引以自傲的'美味锅底无须蘸料'的特色被改掉，没有及时更新菜品，不能针对不同顾客提供差异化服务（如南北方消费者对调料的不同需求）""千百集团……对羊乐火锅的加盟店进行整顿，使得原来羊乐火锅的门店数量大幅缩减，又没有及时对羊乐火锅门店开展新的布局"。

③支付过高的并购费用。"千百集团以6.5港元/股的注销价格（溢价30%）、总额近46亿港元现金完成了对羊乐火锅的高价收购"。

（2）

①克服零散——获得成本优势。"羊乐火锅以……旨在'让消费者到处能看到我的

店'的全国连锁经营布局赢得消费者的喜爱""千百集团……对羊乐火锅的加盟店进行整顿，使得原来羊乐火锅的门店数量大幅缩减，又没有及时对羊乐火锅门店开展新的布局，因而失去了羊乐火锅旨在'让消费者到处能看到我的店'打造的规模经济优势""这些公司……以及不断拓展的门店布局，赢得日益挑剔的消费者的青睐"。

②增加附加价值——提高产品差异化程度。"经过多年的发展和改良，火锅种类的划分更加细化，作为一种餐饮文化，很难用标准化的管理模式去'经营'。消费者对口味的感受需要多元化的体验。羊乐火锅标准化管理的升级将着重于店面的装修风格和菜品的精致程度向千百旗下的外资餐饮企业看齐，而羊乐火锅原来引以自傲的'美味锅底无须蘸料'的特色被改掉，没有及时更新菜品，不能针对不同顾客提供差异化服务（如南北方消费者对调料的不同需求），使得消费者失去了以往享用羊乐火锅的乐趣""这些公司各自以其鲜明的特色、不断地推陈出新……赢得日益挑剔的消费者的青睐"。

③专门化——目标集聚。"经过多年的发展和改良，火锅种类的划分更加细化，作为一种餐饮文化，很难用标准化的管理模式去'经营'。消费者对口味的感受需要多元化的体验""这些公司各自以其鲜明的特色、不断地推陈出新、清晰的市场定位……赢得日益挑剔的消费者的青睐"。

7.24 斯尔解析

（1）金宝集团从2005年开始启动的战略创新类型表现为产品创新、流程创新和范式创新。

①产品创新。"2005年之前金宝集团着重于公用事业，主要围绕城市燃气来推动企业发展。从2005年开始金宝集团专注于清洁能源的开发和利用"。

②流程创新。"依托技术创新和商业模式创新，形成从能源开发、能源转化、能源物流到能源分销的上中下游纵向一体化的产业链条，为客户提供多种清洁能源组合的整体解决方案"。

③范式创新。"开始创新性地运用金融工具进行能源证券化，一方面帮助其客户避免价格风险，另一方面为能源生产商提供融资服务"。

（2）钱德勒的组织结构服从战略理论可以从以下两个方面展开：

①战略的前导性与结构的滞后性。这是指企业战略的变化快于组织结构的变化，企业组织结构的变化常常慢于战略的变化速度。企业应努力缩短结构反应滞后的时间，使结构配合战略的实施。

②企业发展阶段与结构。企业发展到一定阶段，其规模、产品和市场都发生了变化。这时，企业应采用合适的战略，并要求组织结构做出相应的反应。"从2005年开始金宝集团专注于清洁能源的开发和利用"，体现战略前导性；"随着集团清洁能源战略目标的日益清晰，金宝集团组织结构也在不断调整"，体现出结构的滞后性；也体现出当企业发展到一定阶段，企业会采用合适的战略，并要求组织结构做出相应的反应。

（3）金宝集团当前的竞争战略为差异化战略，"为客户提供多种清洁能源组合的整体解决方案，形成了强有力的差异化优势"。采用差异化战略的企业强调公司与其他企业的不同之处，因此要求具有广泛的知识、技巧和创造性，采用这种策略的公司往往传递外部新颖信息、购买所需技能或者利用外部培训机构对团队进行培训。

7.25 斯尔解析

（1）

①克服零散——获得成本优势。连锁经营能够克服零散，使企业获得规模经济带来的成本优势。"2007年，为实现进一步扩张，蜜糖开放加盟，在商场周边、办公区附近、学校周围甚至是社区、街道都开设了大量门店""蜜糖设置了统一的加盟商管理制度，在确保增速扩张的同时，更要保证运营的标准化、规范化，获得规模效应"。

②专门化——目标聚集。"蜜糖冰城门店数约一万家，二三线及下沉城市门店占比达到80%以上"（地理区域专门化）"消费者对18元和15元的定价感知可能并不敏感，但蜜糖的单杯定价在8元左右，还有3元的甜筒和4元的柠檬水，一下子击穿了'用户心智'"（产品类型或产品细分的专门化）。

（2）①蜜糖冰城面临的机会：

a.购买者讨价还价。"目前蜜糖的加盟店已达到万店规模""蜜糖设置了统一的加盟商管理制度，在确保增速扩张的同时，更要保证运营的标准化、规范化，获得规模效应"。

b.供应商讨价还价。"随着品牌规模的不断提升，蜜糖在上游供应链端的议价能力也愈发强大，甚至可以跳过中间环节直接到源头采购"。

c.产业内现有企业的竞争。"在昂贵而精致的喜茶、奈雪的茶之外，蜜糖冰城趟出了一条自己的路"。

②蜜糖冰城面临的威胁：

a.潜在进入者的威胁。"一些更具特色的地域品牌开始崛起。例如，一家成立仅5年的安徽茶饮品牌甜啦啦，同样定价10元以下，产品结构和蜜糖类似，而且开店费用和加盟费用都比蜜糖便宜"。

b.替代品的威胁。"一些地域品牌开始推出更具功能性、用料更为丰富的饮品，有的从差异化产品如烧仙草入手，有的还增添了健康的轻食套餐，收获了大量的年轻用户"。

7.26 斯尔解析

（1）

①潜在进入者的进入威胁。"由于高端白酒在窖池、工艺、环境、品牌等多方面的进入门槛很高"。

②购买者讨价还价能力。"高端白酒长期处于供小于求的状态，使其对消费者具有更强的议价能力，并且高端白酒通常具备一定的收藏价值，这对价格不太敏感的高端酒客户来说更具吸引力"。

③供应者讨价还价能力。"采取'公司+农户'的订单模式，大力开发建设生态酿酒原料生产基地，从源头上把好质量关"。

④替代品的替代威胁。"对国内白酒业整体而言，进口红酒的冲击不容小觑，如今商务宴请中喝红酒的人越来越多，进口红酒抢占了一定的市场份额""通过音乐、艺术等国际通用的'语言'将白酒文化传播到世界各地，拓展海外市场，抵消了部分进口红酒在国内市场的替代威胁"。

⑤同业竞争。"S省既有多家全国品牌大企业，也有诸多地方品牌中小企业""作

为国内名优白酒品牌的龙头企业之一""一些以中端酒为主的酒企开始转型升级，调整产品结构，增加高端产品的占比"。

（2）

①生产要素。"S省酒业具有悠久的历史。改革开放后，S白酒地理优势、技术优势和人才优势逐步凸显，白酒产业迅速发展，保持着较强的盈利能力"。

②需求条件。"随着国内消费的不断升级，中高端白酒产品日益成为酒业的消费热点""高端白酒长期处于供小于求的状态，使其对消费者具有更强的议价能力，并且高端白酒通常具备一定的收藏价值，这对价格不太敏感的高端酒客户来说更具吸引力"。

③相关与支持性产业。"支持名优企业之间强强联合、战略合作，推进白酒产业与旅游文化产业的融合发展，充分发挥S省得天独厚的旅游文化资源等"。

④企业战略、企业结构和同业竞争。"S省既有多家全国品牌大企业，也有诸多地方品牌中小企业""支持名优企业通过兼并、收购等多种方式整合省内中小企业；支持名优企业之间强强联合、战略合作，推进白酒产业与旅游文化产业的融合发展，充分发挥S省得天独厚的旅游文化资源等"。

7.27 💡斯尔解析

（1）

①克服零散——获得成本优势。

a.连锁经营和特许经营。"张生于2007年在G市创办猪肉连锁店，同样因为'国内名牌大学'和'猪肉'的名号，引起大众关注""2019年，'特号土猪'品牌连锁店开到全国20多个城市，共有2 000多家门店"。

b.尽早发现产业趋势。"2016年，在互联网大潮引领下，'特号土猪'登陆国内最大电商平台，成为第一个面向大众消费者'互联网+'猪肉品牌。线上与线下同时发力，'特号土猪'品牌影响力进一步扩展，销量也更上一层楼"。

②增加附加价值——提高产品差异化程度。"李轩和张生开始联手打造'特号土猪'的猪肉品牌。

③专门化——目标集聚：产品类型或产品细分的专门化。"十几年来，李轩和张生专心致志，将'特号土猪'高端品牌做到极致"。

（2）

①具有强大的研发能力和产品设计能力。"李轩和张生开始联手打造'特号土猪'的猪肉品牌""选择口感颇受国内百姓喜爱的优良土猪品种；猪场采用半开放式的大空间，让猪自由活动，猪场里设有音响，专门给猪听音乐。他们认为，猪和人一样，只有心情愉悦，才会长得又肥又壮，肉质也会更加鲜美"。

②具有很强的市场营销能力。"2015年，'特号土猪'销量超过10亿元，成为国内土猪肉第一品牌。2016年，在互联网大潮引领下，特号土猪登陆国内最大电商平台，成为第一个面向大众消费者'互联网+'猪肉品牌"。

③有能够确保激励员工创造性的激励体制、管理体制和良好的创造性文化。"从2010年5月开始，李轩和张生凭着自己多年经营猪肉的经验，开办了培训职业屠夫的'屠夫学校'，培养目标是通晓整个产业流程的高素质创新型人才"。

④具有从总体上提高某项经营业务的质量、树立产品形象、保持先进技术和建立

完善分销渠道的能力。"他从来不卖注水肉，品质不好的肉坚决不进货，也从不缺斤少两，慢慢地积攒了诚信经营的口猪销量超过10亿元，成为国内土猪肉第一品牌""十几年来，李轩和张生专心致志，将'特号土猪'高端品牌做到极致"。

7.28 〔斯尔解析〕

（1）王向统领家家公司所克服的智能汽车新兴产业中的发展障碍。

①专有技术选择、获取与应用的困难。"他把60%的时间用于组织管理，以是否具备创新能力与正确价值观而非是否来自成功大企业为标准选拔人才""增程式电动技术显著难于纯电动车"。

②顾客的困惑与等待观望。"这场发布会没有明星大腕捧场助阵，全程由王向一人直接以大量数据对比和充满硬核知识的干货完成了自我演绎，让消费者在各类新产品中有了清晰的比较"。

③被替代产品的反应。"'家家公司智造ONE'定价不会高于40万元，而增程式电动技术显著难于纯电动车，因而'家家公司智造ONE'的性价比具有优势。

④承担风险的胆略和能力。"家家公司的第一款产品……这个雄心勃勃的计划，还是夭折了。面对挫折，王向立即将公司产品开发重心转移到大中型SUV的'家家智造ONE'"。

（2）家家公司收购C市LF汽车公司的动机。

①避开进入壁垒，迅速进入，争取市场机会，规避各种风验。"被业界称为家家公司'完美避开进入门槛'，取得了新能源汽车的生产资质"。

②克服企业负外部性，减少竞争，增强对市场的控制力。"以实现王向掌控并引领新能源汽车市场的梦想"。

（3）

①LF股份公司采用收缩战略的原因：

a.主动原因（大企业战略重组的需要）。"此举对于LF股份公司而言是其战略重组的一部分"。

b.被动原因（企业或企业某业务失去竞争优势）。"将经营不善的C市LF汽车公司剥离出去，以应对流动资金不足的困境"。

②LF股份公司采用收缩战略的方式是放弃战略。"将经营不善的C市LF汽车公司剥离出去"。

7.29 〔斯尔解析〕

（1）Y公司存在的公司治理问题包括"内部人控制"问题和"隧道挖掘"问题。

第一，内部人控制问题，主要表现为工资、奖金等收入增长过快。"公司的经营状况一直不佳，但与此相悖的是，公司高管近五年的薪酬平均占营业收入的百分比为9.77%，超过行业平均值7.81%"。

第二，隧道挖掘问题，主要表现为：

①掠夺性财务活动，具体表现为内幕交易。内幕交易是指内幕人员根据内幕消息买卖证券或者帮助他人。终极股东经常利用信息优势，利用所知悉、尚未公开的可能影响证券市场价格的重大信息来进行内幕交易，谋取不当利益。"资产重组开始时，Y公司

的实际控制人张某曾透露相关重组信息给其大学老师林某，而林某通过此次非法交易，买卖股票，获利将近1 470万元"。

②掠夺性财务活动，具体表现为终极股东低价定向增发。Y公司"拟非公开发行10亿股股票，募集55亿元资金"，即定向发行股价为5.5元，而当时股价为10元，属于明显的低价定向增发行为。另外，"许多非公开发行对象为临时成立，且与Y公司、Z公司以及X教育机构均有着千丝万缕的关系。同时，近年来X教育机构因欺骗性宣传、夸大师资力量和乱收费问题被持续曝光。但Z公司可借助X教育机构的力量，助力自己旗下的多家教育资源"，说明该项交易的本质是向大股东进行利益输送。

（2）依据《企业内部控制应用指引第12号——担保业务》，Y公司担保业务需关注的主要风险包括：

第一，对担保申请人的资信状况调查不深。审批不严或越权审批，可能导致企业担保决策失误或遭受欺诈。"财务经理李某亲自受理了该笔申请，并根据公司的担保标准及条件对该M公司进行了资信调查和风险评估，未报经董事会批准，即做出接受M公司担保申请的决定"。

第二，对被担保人出现财务困难或经营陷入困境等状况监控不力，应对措施不当，可能导致企业承担法律责任。"M公司经营陷入困境，要求把担保额提高，李某考虑到对方有反担保财产因素，同意了对方的要求并修改合同，事后通报了财务总监。2018年5月，M公司债权人某银行通过法院起诉Y公司支付其为M公司担保的1 000万元。经法院终审判决，Y公司偿还了其担保的M公司到期债务本息"。

7.30 💡 斯尔解析

（1）

①组织结构及要求最低持股比例。"T国政府4个月后出台的政策规定，T国企业在中国内地投资不能超过资本净值的40%，宏丰公司累计在中国的投资，已接近40%的上限"。

②设置贸易壁垒。"因收购不符合中国反垄断法的相关规定，水泉与乐大的合作被有关部门紧急叫停"。

（2）

①合规风险。"由于涉嫌违反上市规则中关于关联交易申报、股东批准及信息披露的条款，水泉公司自2018年4月1日起正式停牌"。

②法律风险。"公司创始人、控股股东刘杰还因为未按期向合作方履行给付义务，收到了限制消费令，被司法机关列入失信被执行人名单"。

（3）

①信息披露制度。"这件事没得到董事会批准，也没有签订协议，更没有对外披露""公司创始人、控股股东刘杰还因为未按期向合作方履行给付义务，收到了限制消费令，被司法机关列入失信被执行人名单"。信息披露制度没有发挥应有的治理作用。

②法律法规。"由于涉嫌违反上市规则中关于关联交易申报、股东批准及信息披露的条款，水泉公司自2018年4月1日起正式停牌""公司创始人、控股股东刘杰还因为未按期向合作方履行给付义务，收到了限制消费令，被司法机关列入失信被执行人名单"。案例中法律法规发挥了应有的治理作用。

③政府监管。"由于涉嫌违反上市规则中关于关联交易申报、股东批准及信息披露的条款,水泉公司自2018年4月1日起正式停牌""公司创始人、控股股东刘杰还因为未按期向合作方履行给付义务,收到了限制消费令,被司法机关列入失信被执行人名单"。案例中政府监管发挥了应有的治理作用。

7.31 🔆 斯尔解析

（1）依据《企业内部控制应用指引第14号—财务报告》,煌水乳业财务报告所存在的主要风险包括:

①编制财务报告违反会计法律法规和国家统一的会计准则制度,可能导致企业承担法律责任和声誉受损。"煌水乳业在2014年4~6月向迪科种业公司累计购买约685万元的种子,这笔交易并未在中期报告中及时披露,而在后期发现执行董事于坤间接持有迪科种业的控股权,该购买行为被证明为关联交易。2014年12月23日,煌水乳业有限公司将其当年4月建立的子公司富浩股份转让予新成立的兴旺畜牧公司。后者由刘冰个人100%控股。然而此次交易不具有正当的商业理由,且煌水乳业2015年财务报告并未披露此次处置子公司的作价,业内人士质疑煌水乳业建立富浩公司的目的很可能就是利用关联方转移资产"。

②提供虚假财务报告,误导财务报告使用者,造成决策失误,干扰市场秩序。"2016年12月16日,一家国际著名调查机构发布做空煌水乳业的报告,指出煌水乳业在苜蓿草和产奶量等方面数据造假。随后数月,国内一家银行审计发现,煌水乳业大量单据造假,将账上30亿资金转出投资房地产,无法收回"

③不能有效利用财务报告,难以及时发现企业经营管理中存在的问题,可能导致企业财务和经营风险失控。"煌水乳业在2016年3月报表中显示公司流动资充足,并对企业的持续经营能力表示肯定。然而2016年度的财务报表显示,煌水乳业2016年的经营活动在收入、成本、借款等方面存在不实问题,企业未来的持续经营能力存在重大不确定性,公司财务报表存在重大错报风险"。

（2）依据《企业内部控制应用指引第1号—组织架构》,煌水乳业存在的主要风险包括:

①治理结构形同虚设,缺乏科学决策、良性运行机制和执行力,可能导致企业经营失败,难以实现发展战略。"煌水乳业自上市以来,董事会主席兼CEO的张凯始终维持公司最大股东身份,对公司具有绝对的控制和管理权力,掌控公司所有的重大事项决策权,并直接负责公司所有业务的运营和管理"。

②内部机构设计不科学,权责分配不合理,可能导致职能缺失。"煌水乳业公司未设置监事会,监事会的职能主要由审计委员会以及独立董事履行,……煌水乳业的独立董事及其聘用的会计师事务所都没有严格履行其对公司财务报告审核监督的责任"。

（3）公司内部治理结构是指主要涵盖股东大会、董事会（监事会）、高级管理团队以及公司员工之间责权利相互制衡的制度体系。

①股东大会（股东）。煌水乳业存在的主要缺陷:"董事会主席兼CEO的张凯始终维持公司最大股东身份,对公司具有绝对的控制和管理权力,掌控公司所有的重大事项决策权,并直接负责公司所有业务的运营和管理"。

②董事会。煌水乳业存在的主要缺陷:"董事会主席兼CEO的张凯始终维持公司最

大股东身份，对公司具有绝对的控制和管理权力（三者集中于一人，缺乏制衡）"；

"煌水乳业的独立董事中王光和李良都曾是BM会计师事务所的合伙人，而煌水乳业一直以来聘用BM事务所进行外部审计，会计师事务所的合伙人任职客户公司重要岗位，削弱了注册会计师的独立性"；"煌水乳业的审计委员会由3名独立非执行董事组成。年报公布的审计委员两次会议显示，审计费用以及年度和半年度的财务报告审计均被顺利通过，并未发现财务报表和审计过程中存在的诸多问题，审计委员会并没有尽到应尽的职责（审计委员会是董事会下设的专门委员会）"。

③监事会。煌水乳业存在的主要缺陷："煌水乳业公司未设置监事会，监事会的职能主要由审计委员会以及独立董事履行"。

④经理层。煌水乳业存在的主要缺陷："董事会主席兼CEO的张凯始终维持公司最大股东身份，对公司具有绝对的控制和管理权力（三者集中于一人，缺乏制衡）"。

7.32 🔍 斯尔解析

（1）①生产要素。"Q省地处QS高原腹地，具有发展太阳能产业的独特资源优势，……，Q省以电力企业为依托，抓住人才、技术、资金等关键资源，……"。

②需求条件。"随着国内外清洁能源需求的不断增长"。

③相关与支持性产业。"根据当地土壤、水质的特点，种植高原生态作物，这些作物牢牢抓住土壤，解决了光伏电板易损、报废的问题。产业园区要定期清洗光伏板，而冲洗光伏板的水能灌溉作物，作物的生长又使水土更好地得到保持，光伏板下因此形成了小型绿色生态园"；"由于植被长势太好，甚至会遮蔽光伏电板，而且冬季可能引发火灾。为解决这一问题，河天水电公司与附近几个村庄合作，发展小尾寒羊的养殖"；"光伏电站不仅带来了生态的良性循环，还发展了当地的养殖产业"。

④企业战略、企业结构和同业竞争。"作为Q省TL戈壁滩光伏产业园区的核心企业，河天水电公司将生态保护的理念融入到产业园区的建设中"。

（2）①保证企业利益相关者的基本利益要求。"近年来，随着国内外清洁能源需求的不断增长，Q省以电力企业为依托，抓住人才、技术、资金等关键资源，打造光伏一条龙全产业链，实现经济、生态保护和民生改善多赢"；"光伏电站不仅带来了生态的良性循环，还发展了当地的养殖产业，对于实现当地牧民的脱贫目标，功不可没"。

②保护自然环境。"……核心企业河天水电公司将生态保护的理念融入到产业园区的建设中"；"光伏板下因此形成了小型绿色生态园"；"光伏电站不仅带来了生态的良性循环，……"。

③赞助和支持社会公益事业。"光伏电站发展了当地的养殖产业，对于实现当地牧民的脱贫目标，功不可没"。

第八章 综合题

【综合案例1】

相关考点：

（1）发展战略类型（多元化）和实施途径（新建、战略联盟）；

（2）波士顿矩阵；

（3）风险种类（运营风险）；

（4）价值链分析；

（5）内控指引（组织架构）。

8.1　　作为PC界领头羊，为了充分运用公司在IT行业的研发优势，分散行业发展风险，寻找新的增长点，思翔集团于2002年创建思翔移动，专门从事手机研发和制造。伴随中国手机市场的快速发展，思翔移动的手机业务经历了从功能手机——智能手机——移动互联网转型的过程。相应地，思翔移动的战略定位和转型经历了三个阶段。

第一阶段：2002～2010年，思翔移动定位为功能手机时代的设备提供商。

思翔移动成立伊始的业务起点很高，着手国内先进的彩屏手机、拍照手机的研发与制造，取得了不俗的业绩。2006年，思翔手机在国内市场的占有率排名第四，在国产手机中排名第一。2007年，思翔集团国内PC业务销量和利润大幅增长，而思翔移动的手机业务出现持续亏损，不断蚕食着集团的整体盈利。思翔集团领导层认为，在短时间内手机业务难以扭亏为盈，而国内PC机业务正在高速扩张，需要大量的资金投入。因此，2008年1月，思翔集团以1亿美元的价格将思翔移动的全部股份出售给宏大公司。

出售给宏大公司后的思翔移动把产品开发作为战略重点，并将研发部门分成两部分，一部分自主研发手机，另一部分以ODM（Original Design Manufacturer），指品牌企业看中生产企业设计制造的某一产品，生产企业按品牌企业的要求生产该产品）方式与国外手机品牌企业合作研发。通过对公司进行一系列的改革，2008年底，思翔移动终于扭亏为盈。2009年11月，思翔集团回购思翔移动100%的股份。回归后的思翔移动保持独立运营。

第二阶段：2010～2011年，思翔移动转型为中低端智能手机市场的领先者。

随着市场需求的改变和技术的成熟，思翔移动开始向研发和制造智能手机转型。2010年年初，思翔移动发布了国内首款智能手机，建立了思翔移动应用商店以及思翔移动互联网投资基金，从移动设备研制、应用到商务生态系统创建全面布局。思翔移动正式开启了向移动互联网时代迈进的战略转型。

2010年4月，思翔移动组建了智能手机事业部和通用手机事业部。这两个部门业务界线分明。智能手机事业部定位于开拓智能手机市场，并逐步向高端智能手机市场延伸，与国际高端品牌竞争；通用手机事业部则集中精力运营传统的功能手机，进一步扩大功能手机的市场份额。思翔移动领导层如此安排是遵循公司业务"以老养新、以新带老"的战略理念——传统的功能手机业务能够为思翔移动带来相对稳定的市场份额和现金流，同时其所积累的技术、渠道等资源可以促使思翔移动在智能手机时代顺势而为，探索新的智能手机业务；而智能手机业务的探索和推进又可以为功能手机的研发提供创意和技术支持，为思翔移动带来新的利润增长源。

然而智能手机事业部在研发新产品过程中，没有深入理解和贯彻高层关于两个业务板块协同发展的战略理念，忽视对原功能手机业务拥有的技术、渠道等资源的利用，加上具有明显优势的国际高端品牌的强力竞争，导致智能手机事业部向高端智能手机业务的进军受挫，经营举步维艰。

与此同时，市场上传统功能手机的售价及利润都受到智能手机的严重挤压。思翔移动通用手机事业部意识到功能手机市场在迅速萎缩，发展智能手机才是出路。该部一方面将此信息反馈给思翔移动领导层，说服思翔移动领导层同意在通用手机事业部下成立一个跨部门的项目组，整合资源专攻中低端智能手机的研发；另一方面鼓励员工利用功能手机业务的技术、渠道等资源，积极探索中低端智能手机的创新。通用手机事业部的上述举措推动了思翔移动向中低端智能手机业务的全面战略转型。

2011年7月，思翔移动发布了由其通用手机事业部定制的千元双卡智能手机。该产品从定义到上市的周期只有5个月，领先竞争对手3~4个月的时间，市场销量大大超出预期。思翔移动总裁曾自豪地表示："我们赢得了先机，在那3个月时间之内独步天下，没有人可以有相同的或者可以跟我们竞争的产品"。那一时期，国内智能手机中低端市场容量迅速扩大，而中高端市场容量仅略有增长。伴随通用手机事业部的中低端智能手机在思翔手机中的比重日益加大，思翔移动在智能手机市场上的份额快速增长。

2011年9月，思翔移动调整组织架构，将智能手机事业部和通用手机事业部合并为掌管全部手机业务的手机事业部，由原通用手机事业部负责人掌舵。手机事业部成立后立即调整产品战略，全面开发中低端智能手机市场。

第三阶段：2011年至今，思翔移动全面布局移动互联网。

伴随手机行业从智能手机时代进入移动互联时代，思翔移动的智能手机业务成为一个能够为公司开发新业务提供技术、资金、渠道等资源支持的成熟业务。思翔移动"以老养新、以新带老"的战略理念又体现为：具有稳定的市场占有率的智能手机，能够为移动互联的软件产品研发提供智能设备的载体，而软件产品探索的成功可以带动智能手机销量的增长。

为了在智能手机时代发展移动互联网业务，思翔移动管理层设立了E2E（端到端生态系统）事业部，以利于在开发智能手机的同时，在手机设备上预装具有思翔特色的软件产品。但E2E事业部发觉软件产品在思翔手机中的预装率并不高。其原因是E2E和手机事业部是并列的两个单位，各自的考核目标不一样。2012年4月，思翔移动任命E2E事业部负责人兼任手机事业部研发负责人，重新梳理E2E事业部和手机事业部研发的所有软件产品，并根据软件的特性重新分配这两个事业部各自负责研发的产品。同时精简产品测试团队资源，避免两个部门之间重复测试。一番变革之后，E2E事业部的产品落地，与手机事业部的手机研发实现了协同发展。思翔移动的智能手机所具有的渠道和客户资源给E2E软件产品带来了数以千万计的用户，使得E2E的软件产品有了共计过亿的用户。思翔移动在促进手机硬件产品销量增长的同时，努力为用户提供端到端的应用服务，这反过来进一步推动了硬件销售业绩的增长。

要求：

（1）简要分析思翔集团创立思翔移动属于发展战略的何种类型；简要说明采用该种战略的意义（优点）与风险；

（2）简要分析思翔移动在出售给宏大公司后所采用的发展战略的类型和途径；

（3）依据波士顿矩阵理论中明星业务、问题业务与现金牛业务之间资源配置的关系，简要分析思翔移动领导层在2010～2011年组建智能手机事业部和通用手机事业部、2011年组建E2E事业部所遵循的"以老养新、以新带老"战略理念的理论依据；

（4）简要分析思翔移动智能手机事业部发展中高端智能手机所面临的运营风险；

（5）依据"企业资源能力的价值链分析"理论，简要分析思翔移动在其发展的第二阶段通用事业部开发中低端智能手机、第三阶段布局移动互联网业务获得成功的理论依据；

（6）依据《企业内部控制应用指引第1号——组织架构》，简要分析思翔移动在其发展的第二阶段2011年9月调整组织架构、第三阶段2012年4月调整手机事业部研发负责人所应对的主要风险。

【综合案例2】

相关考点：

（1）PEST分析；

（2）国际化经营（类型、组织）；

（3）国际化经营（对外投资）动机及路径；

（4）发展战略实施途径（新建、战略联盟）；

（5）风险种类（运营风险）。

8.2　凌美公司是国内一家白色家电生产企业，主营产品包括冰箱、空调、洗衣机等。目前，该公司在国内占据较大的市场份额，在外国市场也具有较好的市场表现。公司目前主要提供的是标准化产品，产品品类和款式较少。

为了明确公司下一步的发展方向，凌美公司管理层对企业主要产品的市场状况做了全面的调查。调查发现，目前白色家电行业整体增长缓慢。其中一个原因便是"家电下乡"政策的后遗症。2008年全球遭遇"金融危机"，为了刺激国内消费，促进经济复苏，政府推出了"家电下乡"政策。这一政策的实施促使国内城乡家庭的白色家电保有量在短时间内得到大幅增加。而白色家电的使用寿命普遍较长，这就导致当前国内白色家电的市场需求量大幅减少。与此同时，公司管理层也注意到，目前国内中低档家电的市场需求渐趋饱和，而中高端环保型家电市场有待进一步开发。政府在2015年提出了"供给侧改革"，随着这一政策的推进，必将迎来新一轮消费升级，城乡内GDP增速放缓，但整体上仍保持平稳较快增长，家庭收入持续增加，尤其是农村居民收入得到了显著增加。因此，农村中高端白色家电市场很值得进一步开发。并且，随着消费者消费能力的提升，消费者的需求将会呈现出更加个性化的态势。

国内在线小额信贷的兴起，也让很多的年轻人具备中高端家电消费能力。由于消费者网络购物习惯的养成，物流运输效率的提升，在线购买家电成为可能。柔性生产线技术和大规模定制技术的发展，使购买高值低价的产品不再是奢望。物联网、人工智能等技术的发展，使得智能家居成为新的消费热点。"创新、协调、绿色、开放、共享"的发展理念成为时代主旋律，为新一代环保型产品提供了巨大的发展空间。

凌美公司意识到，这是一个机遇与挑战并存的时代。公司要想实现长远的发展，必须要瞄准市场，把握机遇，顺势而上。

考虑到国内白色家电市场渐趋饱和，而国外市场仍处于高增长阶段，凌美公司启动了国际化战略，以开拓国际市场。

凌美集团管理层考虑，先进入最为苛刻的发达国家消费市场，能够在消费者高标准的质量要求和激烈的市场竞争中获得相关市场经验和领先技术，尽快提升企业在世界市场的竞争优势。2012年4月，凌美公司在发达国家D国建立生产厂，随后几年内又在D国建立了销售中心和设计中心，以深入把握D国市场的产品需求。由于自身产品过硬的质量和有格调的设计，凌美公司在短短两年内就占据了D国较大的市场份额。

为了其国际化战略的成功，凌美公司决定整合全球优势资源。凌美公司在德国和美国成立了研发中心；在意大利成立了设计中心；在中国、东南亚、印度等市场需求较大、劳动力成本较低的国家和地区成立了7个高效率的生产制造基地。公司提供的产品系列少而精，面向全球市场提供高质量的标准化产品。

为了配合公司国际化经营战略的实施，凌美公司在全球的组织结构按产品划分为事业部，公司总部确定企业的总目标和经营战略，各产品事业部经理根据总部的经营目标和战略分别制订本事业部的经营计划，并根据各国成本和技术的差异来设置活动。

万灵公司是国内G省一家空调制造企业。该公司拥有自主研发的达到国际领先水平的"新一代G10低频控制技术""高效离心式冷水机组"和"新型超高效定速压缩机"等核心科技。但是，万灵公司以前主要专注在南方市场，没有在北方建立起自己的销售渠道，其生产基地和仓储基地也全部都集中在南方。而凌美公司目前在北方市场遇到了多个劲敌。尽管凌美公司在销售渠道、营销能力、品牌认知度等方面拥有优势，但是由于缺乏核心技术，公司的产品正在逐渐失去竞争力，公司上下为此焦虑不安。

鉴于双方的资源与能力具有显著的互补性，凌美公司与万灵公司都有进行合作的意愿。双方管理层就合作的相关事宜进行了协商和谈判。从降低协调成本考虑，最终双方决定建立产销合作联盟：万灵公司以较低的价格为凌美公司提供技术支持；凌美公司为万灵公司提供组装、仓储等服务，并以较低的价格让万灵公司的空调进驻凌美公司的线下门店。双方约定按照一定的比例共享收益，共担风险，并对双方的违约责任和联盟解体等问题都做出了具体的规定。

对于和万灵公司结成战略联盟的计划，凌美公司也对可能会面临的风险进行了分析。公司内部一致认为，产销合作联盟实施过程中可能存在下列风险：首先，双方分别提供的技术与渠道难以按照合适的比例参与利益分配，并且各项成本一直在变动，很难建立合理的动态的利润分配机制；其次，双方同为白色家电制造企业，存在相互竞争的关系，帮助万灵公司销售产品可能会损害自身的利益，合作过程中可能存在商业机密泄露的风险；最后，近期政府的环保标准提升还可能会导致凌美公司自身大量产品不合格，而对于万灵公司提供的技术支持，凌美公司由于专业人员的知识结构不全面、专业经验不足等原因在短期内难以消化吸收。

为了规避这些风险，公司领导层决定，一方面，努力巩固与完善与万灵公司已建立的信任合作的联盟关系；另一方面，尽快建立风险预控机制，成立风险管理委员。

要求：

（1）从宏观环境角度，简要分析凌美公司当前所面临的威胁与机会；

（2）简要分析凌美公司采取的国际化经营战略类型，及其为了实现组织结构与国际化经营战略的匹配，凌美公司所采用的组织结构类型；

（3）简要分析凌美公司对外投资的主要动机；

（4）简要分析凌美公司国际化经营选择目标市场区域路径的方式；

（5）简要分析凌美公司在D国选择的发展途径及其动机；

（6）简要分析凌美公司与万灵公司结成战略联盟的类型与动因，以及凌美公司是如何实施对战略联盟的管控；

（7）简要分析凌美公司与万灵公司结成战略联盟之后需要规避的主要运营风险。

【综合案例3】

相关考点：

（1）发展战略（多元化）优点；

（2）成本领先战略；

（3）差异化战略；

（4）波特五力模型；

（5）市场营销战略。

8.3　　20世纪90年代，GL公司在中国推出微波炉产品。GL公司充分利用市场对微波炉产品价格的高度敏感，通过集中生产少数品种、规模经济，减少各种要素成本、提高生产效率、不断改进产品工艺设计、承接外包等多种手段降低成本，以"价格战"不断摧毁竞争对手的防线，抬高行业的进入门槛，使自己成为微波炉行业的"霸主"，国内市场占有率超过70%，全球产量占比超过30%。国内微波炉生产厂商从200多家迅速下降到不足30家。

1999年，在众人的质疑声中，MD公司宣布大举进入微波炉行业。MD公司当时的战略决策是基于两点理由：一是从制造技术角度看，微波炉和电饭煲以及由电饭煲引申出来的电磁炉等产品都是使用电能转换加热系统，其技术研发、生产制造和营销网络都有着极其便利的条件和经验，有利于微波炉项目少走弯路，还可以利用MD公司在其他厨具小家电市场上树立的品牌优势开拓市场；二是MD公司的主打产品是空调、风扇等，销售旺季集中在每年的3～8月，在其余时间里资金的配置和经销商资源的利用都是明显不足，而推出微波炉产品正好可以弥补这一缺陷，有利于优化整体运作和产品结构，找到新的增长点。

对于MD公司的挑衅，GL公司再次祭起了"价格战"的大旗，并且同时宣布大举进军MD公司已有的优势产业空调、冰箱产业及风扇、电暖器等，以彼之道还彼之身对MD公司微波炉进行全面围剿。针对GL公司的围剿以及价格血洗形成的行业规模壁垒，MD公司的微波炉确立了"低成本、规模化"的跟随发展策略，利用MD公司强大的品牌优势、国内市场强大的销售网络和集团长期以来的资源支持，以"低价渗透"的方式与GL公司开展国内外市场的激烈对抗，开启了微波炉行业"格美争霸"征程。

在与GL公司竞争力对比分析中，MD公司非常清楚自身竞争优势的差距。MD公司微波炉多年以来一直被迫接受价格战，其付出的代价是未能从根本上树立起与GL公司相抗衡的专业化品牌形象。2005年，在一次公司经营策略高层研讨会上，与会人员对微波炉行业的发展趋势和公司应对策略形成了统一的认识和判断。

与电饭煲年均接近4 000万台的需求量相比，国内市场的微波炉只能算是刚起步，潜在空间巨大。就微波炉自身的使用价值而言，它不仅能快速加热或烹调食物，而且没有油烟，更能保持食物的原汁原味与减少营养损失，很有实用价值。而在中国，80%以上的家庭主要用微波炉进行加热饭菜，微波炉在中国家庭厨房中只是一个加热的工具。如果这种价值能通过产品创新得到快速认可，消费者的认知能得到快速普及，那微波炉市场将进入另一个高速发展期。所以，国内市场未来竞争的焦点主要是消费者潜在需求的挖掘和满足。

在国际市场，根据公司对全球微波炉产销调研情况显示，日韩企业垄断了中高端制造，中国企业控制了微波炉中低端市场的制造，而全球微波炉市场中低端制造向中国转移已经基本接近尾声。随着材料成本、物流成本的加速上涨，微波炉行业的利润空间将进一步下降，日韩企业由于在规模、产业链的配套等方面不如中国企业，成本劣势将进一步突显，预计将逐步退出制造领域，因此其目前控制的中高端制造将是中国企业出口增长的主要机会。

基于对行业发展趋势的判断和对MD公司微波炉自身优劣势的分析，与会人员一致认为公司应该从过去以跟随为主的"低成本"竞争战略向"差异化"竞争战略转变。公司竞争的焦点应该由关注竞争对手向关注消费者、客户的需求转变。

MD公司2006年推出国内第一款具备着蒸功能的"食神蒸霸"产品，实现了中国传统烹饪习惯与微波炉功能优点的有效融合。通过将近一年的循环推广，市场反响很好。潜在发展空间巨大。之后，MD公司微波炉以"蒸"为主题的产品得以持续升级和品牌推广。

2007年，MD公司第二代蒸功能产品——"全能蒸"微波炉推出。可以实现8大菜系的代表性菜式烹饪通过MD公司微波炉"全能蒸"实现，将时尚、健康、营养、杀菌、安全完美地结合在一起。

2008年，MD公司微波炉又发布了5个系列14款"蒸功能"新品。该产品在第二代"蒸功能"的基础上智能化、时尚设计方面进行了升级，并针对不同细分市场推出的系列新品。

2009年，MD公司第三代蒸功能产品"蒸立方"面世，该款产品创造了三项纪录：首创纯蒸技术，即由蒸汽将食物蒸熟，不借助其他器具；首创炉腔内蒸汽温度达道300℃，使食物脱脂减盐，更有效地保留营养；首创自动供水、排水系统不浪费电能，也不产生抽水噪声。

2010年，MD公司微波炉发布第四代"蒸功能"系列新品，该系列新品以350度高温蒸汽，达到"脱脂减盐"的效果，更好地满足消费者营养烹饪方式的需求，同时顺应时代节能、绿色、环保的潮流，率先将历时4年开发的变频功能应用于微波炉上，产品更加节能。同时，MD公司宣布，退出300元以下微波炉市场，主流变频蒸立方产品价格集中在3 000~5 000元，最高端变频高温产品的零售价高达10 000元。

2012年，MD公司发布半导体、太阳能和云技术微波炉三大创新产品，并宣布把"蒸立方"作为独立的高端品牌。MD公司同时宣布，从2012年起，超市系统将停止销售399元以下的产品，在3C连锁系统中将停止销售599元以下的产品。MD公司解释，从MD公司掌握的数据看，国内市场的高端化消费趋势已非常明显，超低端产品对消费者已不具有吸引力。

为了加快"蒸功能"的市场认知，配合产品不断升级，公司投入超过3亿元巨资开展持续"蒸"功能以及"营养与健康"功效的推广活动，加快蒸功能的普及和推广。

2006年，公司开启了以"食尚蒸滋味"为主题的全年推广活动，首次在各大电视台开展了"食尚蒸滋味"的电视广告营销活动，同时在全国主要市场开展"蒸功能"产品的循环演示推广活动。2007年MD公司向中国家用电器协会等机构以及同行企业发出呼吁与倡议书，期望各机构与同行企业共同关注微波炉"蒸"功能的发展。2008年，MD公司微波炉开启了"蒸夺营养冠军"的全国推广活动。2009年，MD公司推出"全蒸宴"的全国演示推广活动。2010年，MD公司微波炉推出"蒸出营养与健康——MD公司蒸立方微波炉"的电视形象广告片。

配合线上的品牌广告推广以及线下的循环演示活动，2010年MD公司微波炉耗费巨资在国内主要城市的核心终端，开辟了1 000个"蒸立方"产品专柜。全国统一装修标准和出样标准，配置经过统一培训的专职导购进行终端的演示推广。2012年公司再次进行终端升级，在全国重点终端开辟了"蒸立方"品牌专柜，公司对终端升级投入几千万元的专项补贴。

2011年，公司新开发线上营销管理系统，新系统的使用实现了全国主要终端的销售、库存动态更新，公司能及时了解市场销售变化情况。新系统的使用也使得公司的另一项变革得以推行，2012年，MD公司推出了"变以产定销为以销定产"的重大变革措施，订单由终端提出，客户汇总、分公司提交，总部按订单生产发货，改变了以往打款压货的营销方式，2012年第一季度工厂库存就下降了60%。

自2007年，MD公司微波炉在海外前15大市场分别设立了专门的国家经理，同时专门针对各不同区域以及各区域内的主流客户设立了专门的产品开发团队。公司还在前8大市场分别设立分支机构，派驻业务人员进行本地化服务和市场拓展。到2010年MD公司微波炉在15个国家中10个国家中市场上市场份额排名首位。

为了提升自主创新能力，拥有自主的核心技术，MD公司着手如下工作：

（1）确定公司五大技术发展方向以及技术发展路线。2009年，公司制定了三年技术路线图。在这份技术路线图中，不仅规划出了公司主要技术发展方向，同时将产品的关键制造技术纳入到技术发展规划中，形成基础研究、核心技术研究、产品开发的阶梯式创新模式，实现了技术与市场的有效对接，为公司产品不断创新和拓展奠定了基础。

（2）开展广泛的技术合作。2008年，MD公司耗资2 000万元引进了日本东芝变频及高温蒸汽技术。通过一年多的消化吸收，树立了MD公司在"蒸功能"上的绝对技术领先地位。此外，公司广泛开展与国内外科研院校、零部件供应商的合作。公司还与部分单位建立联合实验室，开展长期的合作研究。

（3）投入巨资改善软硬件条件。到2012年年底，研发体系人员从转型前的约100人增加至240人，形成了10多个关键技术研究团队。为了鼓励工程师从事基础技术研究，营造创新文化，公司调整了研发项目激励方式，将原来以新产品开发为主的研发项目奖励体系调整为新产品开发项目激励和基础研究项目激励两部分，提高了基础研究项目的激励比例。同时公司调整了科技人员的薪酬结构体系，减少年底绩效，提高固薪，以稳定研发队伍。此外，公司在硬件设施也进行了不断的充实和完善，先后投资3亿多元，建立了从零部件测试到整机性能寿命、消费者体验研究、营养分析等全球最先进最完善的研发测试体系。

（4）大刀阔斧的组织变革。为了推动公司向中高端的进一步转型升级，快速形成在中高端上的竞争优势，从2009年之后，公司不断完善基于市场、客户为导向的矩阵式管理模式：各产品、客户经理对经营结果负责，并拥有相应的产品企划和定价、供应商选择、人员选择等关键决策权力。

（5）学习、考核机制变革。公司加大了对培训的投入力度，同时转变培训方式。公司每年强制要求中高层买每年必须不少于4次市场走访，倾听市场和客户的声音。同时公司每年定期组织中高层去日韩合作企业进行学习交流取经。公司每年投入超过1000万元的培训经费用于员工的专业技能培训。公司出台了专项政策，鼓励员工进行再学习、再深造。公司还经常组织读书活动分享会，书目都是公司总经理亲自选定，与公司当期推动各阶段的工作重点在绩效考核导向方面进行了不断地调整和优化。

（6）提升成本竞争力。为了避免差异化成本过高，MD公司微波炉的升级转型过程中通过加大部件自制、精益运营、加强价值链信息共享和协同降低运营成本等手段，解决成本与结构升级的矛盾，应对资源要素价格的持续上升，保证成本优势。

通过7年的努力，在2010年MD公司成功超越GL公司成为微波炉出口冠军，在2012年国内市场上品牌价格指数全面超越GL公司，由行业追随者成功升级为行业领导者，促成行业跳出"价格战"恶性循环，并获得了企业业绩持续增长。MD公司微波炉战略转型已经取得显著成效。

要求：

（1）简要分析MD公司实行多元化经营进入微波炉产业的动因（即采用多元化战略的优点）；

（2）简要分析GL公司微波炉产品实施成本领先战略的条件（从市场情况、资源能力两个方面）与风险；

（3）简要分析MD公司微波炉产品战略转型、实施差异化战略的条件（从市场情况、资源能力两个方面），以及MD公司如何防范差异化战略的风险；

（4）简要分析GL公司为阻止MD公司进入微波炉产业所设置的行为性障碍；

（5）依据市场营销组合四个要素，简要分析MD公司是如何运用市场营销来实现战略转型的。

【综合案例4】
相关考点：
（1）市场营销战略（产品策略）；
（2）发展战略实施途径；
（3）多元化战略；
（4）企业核心能力；
（5）研究与开发战略；
（6）风险种类（运营风险）。

8.4　　广源天药集团是一家专门生产医药产品，并且拥有独一无二的国家级保密配方和百年老字号品牌的医药企业，其核心产品广源天药在治疗出血、消炎等方面有非常好的疗效，在国内外享有很高声誉。

　　广源天药集团最初生产销售的粉剂产品，产品结构较为单一。随着人们经济生活水平逐渐提高，医药企业竞争日趋激烈，消费者对医药产品功能的要求也日益多样化。广源天药集团顺应时代发展对药品剂型、便捷性、准确性等多方面的需求，从1975年开始，在广源天药秘方原有剂型的基础上研制出系列新剂型、新品种，历经30多年时间，逐步开发构建了广源天药完整、庞大的产品群。如主打止血消炎的广源天药膏、广源天药町，用于外伤止痛的广源天药气雾剂，具有止血功效的创可贴等。同时，广源天药深入挖掘创新以天然植物为原料的民族药物，成功研发出具有地方特色的新产品，如脑脉通口服液、宫血宁胶囊等。广源天药集团公司坚持稳老扶新，循序渐进的优化产品群结构，将自身独特的技术优势与多变的市场需求相结合，不断开发出新的高品质药品，赢得了消费者的信赖。

　　广源天药新产品开发最具有代表性的产品是广源天药创可贴。2000年，创可贴市场占领者国际品牌BD创可贴仅仅是一种卫生消毒材料，没有对伤口的止血和愈合的功效。而广源天药的药性具有很强的止血和愈合功效。如果将广源天药的药性与创可贴的功效结合起来，可与其他创可贴形成功能性差异。但是当时广源天药不具备生产透皮方面的技术，为了快速推出此类产品，广源天药选择暂时不进行自主研发，与国外创可贴企业合作，广源天药提供创可贴的敷料部分，国外企业负责成品生产。2001年3月，广源天药投资成立专业透皮研究部门，主要对创可贴进行研究开发，引进日本更先进的生产透皮技术，委托国内企业加工生产8 000多万张，产量比2000年增长了近100倍。随后投资300万元建立广源天药创可贴生产线，并投资2 000多万元组建医药电子商务公司，完善创可贴销售网络。2004年，广源天药创可贴年销售额达到4 000万元。2006年，广源天药继续加大宣传攻势，着重广源天药创可贴弥补了其他同类产品只能护理不能治疗的缺陷，彻底打破了BD独霸创可贴天下的局面，当年广源天药创可贴与BD创可贴的市场比率由2000年的1∶10涨到1∶2.6。随后广源天药集团成立了主要生产经营透皮产品的事业部，并于2011年收购国内一家制药厂，作为与透皮事业部相配套的生产企业。2012年，广源天药创可贴销售额再创新高，达到4亿元，到目前为止，广源天药仍然是创可贴行业的翘楚。

　　广源天药并没有止步于药品系列的开发。广源天药集团管理层考虑，一方面，广源天药集团进入国家基本药物目录的药品在价格上受到限制，招标采购模式也使得药品维持在一个较低的价格水平，毛利率较低；另一方面，一种药品从立项、临床报批到进入市场需要很长的周期和大量资金投入，进入市场的结果也存在着未知的风险，一旦产品销售不佳，会对广源天药集团产生较大的影响。因此，广源天药集团希望开发非药品业务作为公司新的利润增长源泉，这样，一方面可以获取足够的资金支撑企业研发新的医药产品，另一方面也可以抵御医药市场的竞争压力，规避产业发展风险。此外，广源天药集团管理层还期望充分发挥企业在药品经营中各种有形资源和良好的品牌声誉优势，进一步扩大公司生存发展空间。

　　早在2002年，广源天药集团就开始进军日化产业。先从牙膏产品入手。一般传统牙膏的主要功能是解决牙齿防蛀和清洁问题，而80%左右的成年人或多或少都有的口腔溃疡或者牙龈萎缩出血等问题。广源天药集团开始研发天药牙膏，利用天药的活性成分，开发出一种能帮助消费者减轻牙龈出血等口腔问题的独特的药物牙膏。2004年，广源天药牙膏开始投放市场，市场反映良好。2005年，天药牙膏销售收入接近8 000万元。在此基础上，广源天药集团又对产品进行不断改进和完善。2014年，广源天药牙膏销售额突破19亿元，在国内所有牙膏品牌中的市场份额位列第三。

开发广源天药牙膏的成功激励着企业进入其他日化领域。2008年年初，与日本高端品牌化妆品企业S公司签订化妆品转让技术，进行护肤类化妆品研究、开发、生产和销售。2010年，广源天药集团投资500万元组建健康产品事业部，主要进行健康护理产品类的生产经营。从2009年到2014年，公司相继推出健康类个人护理产品沐浴素、洗发水、护发素、面膜、护手霜、卫生棉等新产品。

2003年以来，国内房地产行业突飞猛进，房地产的巨大利润吸引了广源天药集团。2006年，广源天药集团投资成立100%控股的广源天药置业有限公司，主营房地产开发，注册资本1 000万元。2011年，又成立了物业服务有限公司，为集团的房地产公司提供配套物业服务。2012年，集团又投资38亿元修建集旅游、休闲、养生、娱乐为一体的度假村。2013年7月，广源天药集团出售了广源天药置业有限公司所有股份。

广源天药集团多元化经营的各个领域的经营状况呈现出多种不同态势。

（1）医药板块稳步增长。公司医药产品中已经有6种产品销量过亿元，其中最高的销售额超过10亿元。

（2）日化板块仅有牙膏一枝独秀，其他产品业绩不佳。2004～2014年广源天药牙膏的销售额从3 000万元上升到19亿元，成为广源天药集团利润增长的主要产品之一。然而，其他的日化产品都销售不佳，发展势头萎靡不振。几种主要产品市场占有率大大低于外资品牌，也低于国内其他著名品牌。目前市面上已经很少能看到广源天药的沐浴素、洗发水、护发素、面膜、护手霜等产品的踪迹。

究其原因，广源天药日化产品的开发和发展，虽然都能够依托集团公司强势的品牌效应，但是，只有牙膏产品，能够将广源天药集团的核心竞争力真正体现出来。其一，广源天药牙膏运用公司的关键资源——广源天药粉的神奇功效，使得广源天药牙膏具有独特的治疗功能；其二，广源天药牙膏首先采用的销售渠道是医院和药房、网络销售渠道，随后才进入超市等渠道。这样有利于在产品问世时显现出药企的背景，让消费者觉得质量有保障，并且巧妙避开了与行业龙头的直接竞争，还可降低前期的销售费用。而其他日化产品由于其产品功能和特点无法体现广源天药粉的独特优势，因而难以成功。

（3）房地产板块经营不善。广源天药集团在2006年房地产行业发展热火朝天的大好形势下进入房地产行业，但是房地产行业与广源天药集团的主营业务不存在联系，在生产技术、市场、营销等方面也无法产生协同效应。广源天药集团没有强大的资源和人才来支撑这个庞大的房地产业务体系，致使房地产业务在5年内4年都是严重亏损，侵蚀了集团的资源，占用了人力，还占据了企业大量资金。广源天药集团管理层没有审时度势和合理分析房地产业的未来走势，没有结合集团房地产业务连续数年亏损的实际和房地产整个行业的发展现状及时做出调整，却于2012年反其道而行耗资38亿元兴建度假村。直到2013年才出售广源天药置业有限公司退出不良业务。

近年来，广源天药集团由于多元化经营资源分散，不仅导致其在缺乏核心优势的产业中经营绩效不佳，而且对其主业带来了负面影响。2007～2014年广源天药集团有

4种药品进入国家药监局不合格药品名单，其中影响最大的是2012年国内某省药监局查出广源天药胶囊的水分不合格，相关产品被召回，广源天药集团被列入医药企业黑名单，该省药物采购联合办公室取消了广源天药胶囊的中标权利和网上采购资格，并且在2013～2016年严格禁止广源天药胶囊进入该省基本药物统一招标采购目录。从2007年至2016年9年间，广源天药至少10次因为部分药品质量不合格、夸大广告疗效等原因导致负面消息，这些负面消息无疑给广源天药集团的企业形象和口碑造成了不良的影响。

要求：

（1）依据市场营销组合的产品策略，简要分析广源天药集团医药板块产品组合策略的类型及产品开发的原因；

（2）简要分析广源天药集团开发广源天药创可贴过程中所实施的发展战略的几种途径；

（3）简要分析广源天药集团实施多元化战略的动因（即多元化经营的优点）与风险；

（4）运用辨别企业核心能力的3个关键性测试，简要分析广源天药集团在医药板块、牙膏、其他日化产品、房地产4个领域是否具备核心能力；

（5）简要分析广源天药集团在医药板块、广源天药牙膏两个领域研发的类型、动力来源与研发定位；

（6）简要分析广源天药集团在经营中面临的运营风险。

【综合案例5】

相关考点：

（1）成本领先战略；

（2）收缩战略；

（3）并购战略；

（4）国际化经营类型及其组织结构；

（5）PEST分析；

（6）公司数字化战略转型的主要任务。

8.5　晨德是一家消费电器、暖通空调、机器人与自动化系统的科技集团，提供多元化的产品种类与服务。公司的前身是创办于1968年的一家乡镇企业，曾生产过塑料瓶盖、汽车刹车阀、柴油发电机等产品。1980年，晨德正式进入家电业，并开始使用晨德品牌。目前，晨德集团员工13万人，旗下拥有晨德、小天鹅、威灵等十余个品牌，跻身全球白色家电制造商前五名，成为中国最有价值的家电品牌。探寻晨德成功之路，成本领先战略是其制胜的一个关键法宝。

晨德是从生产电风扇开始进入家电行业，后来生产空调、冰箱、微波炉、洗衣机等产品。随着企业品类与规模的不断扩大，晨德可以使用更大型、更有效率的机器设备，规模成本指数逐步降低。同时，规模化生产也极大增加了晨德的原材料采购量，增强了晨德在要素市场上的地位，大大降低采购成本。当然，成本领先不仅仅是简单的生产费用的领先，要想保持持续的优势，必须依托生产工艺上的创新。2004年，晨德与东芝组建合资公司，联合开发国际领先的直流变频技术和相关产品，从此晨德掌握了空调生产的核心技术。同时，晨德也在不断加强自身的研发能力，建立国内一流的研发基地和实验中心，确保工艺水平的领先地位。

2011年，在全球制造业遭遇严冬的季节，晨德集团提出了"效率驱动"的转型策略，系统化推进晨德在组织、机制和管理上的变革与创新。晨德过去的盈利模式以"要素驱动型"为主，靠大规模、低成本盈利。但是随着市场竞争进入到白热化阶段，以产能为核心的成本效益不再会构成企业的核心竞争优势，而应当由"要素驱动"转变为"效率驱动"。因此，晨德开始对一些生产基地进行减少改良——晨德关闭了在天津、江门、邯郸、合肥等城市的生产基地。与此同时，晨德还对业务进行了调整，突出更具竞争力的主业，减少规模小或经营欠佳的品类，停止生产低端或低毛利率的产品。另外，晨德要求全体员工参与降本增效，通过将成本指标进行逐级分解，建立全员、全方位、全过程的责任成本体系。应用以上这些方案，晨德的各类家电业务实现了有机整合，销售规模进一步扩大，而营销费用和生产成本均得到了有效地控制，生产效率大幅提高。

自晨德成立以来，就一直坚持"必须要走出国门"这一思路。1985年5月，晨德公司高管考察日本市场。1986年，晨德电风扇便开始出口，并获得突破。这是晨德作为民企"出海"驱动的始点。从此，晨德全球化布局之路就再也没有停过。2011年，晨德基于收购了位于巴西的开利拉美空调业务公司，掌握了对该公司的控制权；2012年，晨德与开利公司合资成立印度公司。也正是2012年起，晨德将"全球经营"作为其转型的三大主轴之一。

2016年开始，晨德进一步加快了国际化的步伐，先后收购了东芝白电主体公司、库卡集团以及以色列高创公司等。其中，晨德收购全球领先的工业机器人制造商库卡公司的海外并购案在国内甚至全球都引起了不小轰动。

库卡机器人有限公司成立于1989年，是世界上领先的工业机器人制造商之一。与发那科、安川、ABB并列为全球四大工业机器人公司。根据库卡机器人公司公开的数据，其在全球拥有超过4 000项的相关专利技术。为慎重起见，晨德集团聘请了在跨国并购方面有着丰富经验的知名会计师事务所和律师事务所担任财务顾问和法律顾问，对库卡公司的经营、财务、法律进行全面的调查。最终，晨德集团溢价了36.2%的收购价，以292亿元的价格拿下了94.55%的股权，实现了绝对控股。考虑到未来资产协同效应价值及共同分享国内外巨大的市场等因素，会计师事务所专家认为，晨德集团溢价收购库卡公司股权的收购价格属于正常范围。

而晨德集团收购库卡机器人公司，除了看好工业机器人市场之外，与晨德集团自身产业也有着很大的关系。作为国内的家电巨头，多元化发展的晨德集团在营收规模上已经超越了格力与海尔，而其自身的家电生产，实际上此前也是属于劳动密集型产业。而近些年来，晨德集团的各个车间已经开始大规模应用各自工业机器人，而收购库卡将让晨德在智能制造领域的能力空前提升。同时，收购库卡可以帮助晨德在汽车制造机器人市场上获取更大的市场份额，相较于本地传统的汽车制造商而言，可以更快地投入使用自动化流水线，获得先发优势。除此之外，库卡机器人公司在全球拥有20多个子公司，大部分是销售和服务中心，渠道和销售资源更是遍及美国、墨西哥及绝大多数欧洲国家。此次收购将让晨德更为顺利地在"难啃"的欧洲市场开辟疆土，品牌影响力和高端制造形象也将在全球领域极大加强。

然而，这一场并购也并没有想象中的那么顺利。各种质疑和担忧一直伴随左右，甚至成为阻力。晨德会关闭工厂，裁掉员工吗？中国人会带走库卡技术吗？德国制造业的核心技术流入中国是明智的吗？在德国和欧盟，不少政界人士表示了担忧。

为此，晨德做了大量的工作。为了尽可能减少并购库卡可能对德国政府带来的担忧，晨德也在要约收购的同时作出了多项"承诺"：晨德不会主动寻求库卡申请退市，尽力维持库卡上市地位，同时全力保持库卡的独立性。针对德国政府对于企业机密技术外流的担心，晨德和库卡6月28日签订了《投资协议》，内容共5条，都没有涉及技术转让，反而强调尊重库卡品牌和知识产权。同时，为了保证并购整合后的顺畅发展，晨德并未采用对待其他被并购方的"主导"角色，而是退居幕后，从拓展市场资源和获取产业政策支持等方面帮助库卡减少运营成本，并以库卡为主体，在机器人本体生产、工业自动化方案、系统集成、以及智能物流等领域进行全面布局。

截止到2017年，晨德几乎跟全世界顶尖的家电企业都有合作，这份合作名单中包括德国的博世、韩国的酷晨以及日本机器人制造商安川电机等众多品牌。一系列全球资源并购整合及新产业拓展的有效完成，进一步奠定了晨德全球运营的坚实基础及晨德在机器人与智能自动化领域的领先能力，同时，公司通过全球领先的生产规模及经验、多样化的产品覆盖以及遍布世界各大区域的生产基地，造就了集团在正在崛起的海外新兴市场中迅速扩张的能力，强化了海外成熟市场竞争的基础。晨德海外销售占公司总销售40%以上，拥有15个海外生产基地及数十家销售运营机构。通过国际业务组织变革，从平台化走向实体化，晨德全球经营体系进一步完善，通过对海外业务持续加大投入，以当地市场用户为中心，强化产品竞争力，自有品牌业务获得持续发展。公司对海外市场的产品特色及需求的深入认知，使公司善于把握全球合资合作的机会，有效推动海外品牌构建与全球区域扩张，稳步提升全球化的竞争实力。

近年来，国家发布了《国务院关于深化"互联网+先进制造业"发展工业互联网的指导意见》《国务院关于印发新一代人工智能发展规划的通知》等一系列宏观政策，制造业的转型升级作为国家产业变革、提高生产效率的重要驱动力，逐渐被提上日程。另据国际机器人联合会（IFR）的预测，全球对机器人自动化的需求将进一步增加，预计2018年至2020年之间的平均年增长率至少为15%。同时，随着中国人口老龄化加剧、劳动力短缺及用工成本攀升，工业企业对包括工业机器人在内的自动化、智能化装备需求快速上升，国内机器人行业将引来广阔发展空间。

在这一背景下，晨德在2018年提出"人机新世代"发展战略，这标志着晨德将以机器人、工业互联网和人工智能开启人机交互新时代。

一直以来，晨德坚持倡导"智慧家居+智能制造"为核心的"双智"战略，晨德已持续对人工智能、芯片、大数据、云计算等技术领域进行研究与投入，建立了家电行业规模最大的人工智能团队。同时，晨德还在持续关注更加前沿且发展非常迅速的新兴技术领域，如智能网关、5G、数字仿真等。除此之外，晨德还致力于以大数据和AI技术为驱动，赋予产品、机器、流程、系统以感知、认知、理解和决策的能力，最大限度消除人机交互的多余载体，打造以"没有交互"为目标的真正智能家电新品。2018年10月，晨德正式对外发布了晨德工业互联网平台"M.IoT"，并成为国内首家集自主工业知识、软件、硬件于一体的完整工业互联网平台供应商。

从改革开放"晨德"商标注册到如今的工业互联网布局，四十年弹指一挥间，但是晨德对创新变革的探索从未停歇。

要求：

（1）从企业资源和能力角度，简要分析晨德集团实施成本领先战略的条件；

（2）简要分析晨德集团在2011年所采用的收缩战略（撤退战略）的主要方式；

（3）简要分析晨德集团并购库卡公司的动机；

（4）简要分析晨德集团并购库卡公司所面临的主要风险以及晨德集团规避风险所采取的应对措施；

（5）简要分析晨德集团采取的国际化经营战略类型以及为了实现组织结构与国际化经营战略的匹配，晨德集团应采用的组织结构类型及其特征（优点）；

（6）运用PEST分析方法，简要分析晨德集团开启人机交互新时代所面临的宏观环境；

（7）简要分析晨德集团为实现"人机新世代"发展战略转型执行了哪些举措（或任务）。

【综合案例6】

相关考点：

（1）公司宗旨；

（2）战略钟；

（3）核心能力评价；

（4）风险种类（市场风险）；

（5）收缩战略；

（6）发展战略类型（多元化）；

（7）发展战略实施途径（战略联盟）及其动因；

（8）企业能力分析。

8.6　2010年4月，由6名工程师、2名设计师组成的联合团队创建的睿祥科技公司正式成立。公司成立之初，时任CEO的霍兵与他的合伙人们就有一个想法：要做一款设计好、品质好而价格又便宜的智能手机。

2010年的手机市场，还是国际品牌的天下，功能机仍是主体，智能手机的价格至少也要在3 000～4 000元。虽然也有一些国产品牌手机，但大多是低质低价的"山寨机"。

为了开发物美价廉的智能手机，睿祥公司一是运用互联网工具，让用户参与到手机硬件的设计、研发之中，通过用户的反馈意见，了解消费者的最新需求。而此前其他公司的研发模式都是封闭式的，动辄一两年，开发者以为做到了最好，但其实未必是用户喜欢的，而且一两年时间过去，市场很可能已经变化。二是睿祥坚持做顶级配置，真材实料，高性能，高体验，强调超用户预期的最强性价比。三是以品牌和口碑积累粉丝，靠口口相传，节省大量广告费用。第四，开创了官网直销预订购买的发售方式，不必通过中间商，产品就可以直接送到消费者的手上，省去了实体店铺的各种费用和中间的渠道费用。

2011年8月16日，睿祥公司发布了第一款睿祥手机，这款号称顶级配置的手机其定价只有1 999元，几乎是同配置手机价格的一半。睿祥手机2012年实现销售量719万部。

2014年第二季度，睿祥手机成为国内智能手机市场的第一名，睿祥公司在全球也成为第三大手机厂商。

短短5年时间，睿祥公司的估值增长180倍，高达460亿美元，睿祥成为国内乃至全球成长最迅猛的企业，一度是全球估值最高的初创企业。霍兵总结睿祥公司成功的秘诀是"用互联网思维做消费电子，这是睿祥在过去5年取得成绩的理论基础"。在霍兵看来，"互联网思维"体现在两个关键点上：一是用户体验，利用互联网接近用户，了解他们的感受和需求；二是效率，利用互联网技术提高企业的运行效率，使优质的产品能够以高性价比的形式出现，这样才能做到"感动人心、价格厚道"。

睿祥的成功模式成为各行各业观摩学习的范本，大量企业开始对标睿祥，声称要用"睿祥模式"颠覆自己所在的行业，"做××行业的睿祥"，成为众多企业的口号。

然而，在2015年，迅猛增长的睿祥遇到了前所未有的危机。一方面，销量越来越大就意味着要与数百个供应商建立良好高效的合作协同关系，不能有丝毫闪失。而睿祥的供货不足、发货缓慢被指为"饥饿营销"，开始颇受质疑；另一方面，竞争对手也越来越多、越来越强大，H公司推出的互联网手机品牌R手机成为睿祥手机强劲的对手，O公司和V公司也借助强大的线下渠道开始崛起。芯片供应商G公司的"一脚急刹车"成为导火索。在经历了5年的超高速增长后，2015年下半年，睿祥停止了飞速前进的脚步。由于市场日趋饱和，整个智能手机行业的增速在下滑，虽然睿祥手机2015年7 000万部的销量依然是国内出货量最高的手机厂商，但霍兵在年初喊出的8 000万部销量的目标没能实现。

睿祥的下滑并没有止住。2016年，睿祥首次跌出全球出货量前五，在国内市场，睿祥手机也从第一跌到了第五，季度出货量跌幅一度超过40%，全年出货量暴跌36%。而这一年，以线下渠道为主的O公司和V公司成为手机行业的新星，其手机出货量不仅增幅超过100%，而且双双超过睿祥进入全球前五、国内前三。

因为增速放缓，一直被顶礼膜拜的睿祥模式在这一年开始遭遇前所未有的质疑。睿祥公司似乎自己也乱了节奏，在渠道、品牌和产品等方面都出现了不少问题。

睿祥公司认识到过于迅猛的发展背后还有很多基础没有夯实，亟待主动减速、积极补课。2016年，睿祥内部开始进行架构和模式多维调整。

（1）霍兵亲自负责睿祥手机供应链管理，前供应链负责人转任首席科学家，负责手机前沿技术研究。这意味着睿祥公司从组织架构上加大对供应链的管理力度。

（2）开启"新零售"战略。所谓新零售就是指通过线上线下互动融合的运营方式，将电商的经验和优势发挥到实体零售中。让消费者既能享用线下看得见摸得着的良好体验，又能获取电商一样的低价格。截至2018年3月10日，全国范围内已经有330个实体店睿祥之家，覆盖186座城市。

（3）早年一直坚持口碑营销从未请过代言人的睿祥公司在2016年开始改变策略，先后请来几位明星作为代言人，赢得了不少新老用户。

2017年，睿祥公司开始重新恢复了高速增长。2017年第二季度，睿祥手机的出货量环比增长70%，达2 316万部，创造了睿祥手机季度出货量的新纪录。2017年四季度，在其他全球前五名的智能手机厂商出货量全部负增长的情况下，睿祥手机出货量增长了96.9%。

2014年，霍兵开始意识到"智能硬件"和"万物互联（Internet of Things，IoT）"

可能是比智能手机还要大的发展机遇。于是，睿祥公司开启了睿祥生态链计划，运用睿祥公司已经积累的大量资金，准备在5年内投资100家创业公司，在这些公司复制睿祥模式。

睿祥公司抽出20名工程师，让他们从产品的角度看拟投资的创业公司，通过与创业公司团队的沟通，了解这家公司的未来走向。睿祥生态链团队不仅做投资，而且是一个孵化器，从ID、外观、结构、硬件、软件、云服务、供应链、采购、品牌等诸多方面给予创业公司全方位的支持。这些创业公司有一大半是睿祥生态链团队从零开始孵化的。但是，睿祥公司并没有控股任何一家睿祥生态链公司，所有的公司都是独立的。这样有利于在统一的价值观和目标下，生态链企业各自发挥技术创新优势，同时降低睿祥公司整体的内部协调整合的成本，规避经营风险。

睿祥生态链的投资主要围绕以下5大方向：（1）手机周边，如手机的耳机、移动电源、蓝牙音箱；（2）智能可穿戴设备，如睿祥手环、智能手表；（3）传统白电的智能化，如净水器、净化器；（4）极客酷玩类产品，如平衡车、3D打印机；（5）生活方式类，比如睿祥插线板。

2016年，睿祥生态链宣布启用全新的麦家品牌，除了手机、电视、路由器等继续使用睿祥品牌，其他睿祥生态链的产品都将成为"麦家"成员。2016年，睿祥生态链企业的总营业收入超过了150亿元。至2018年5月，睿祥已经投资了90多家生态链企业，涉足上百个行业。在移动电源、空气净化器、可穿戴设备、平衡车等很多新兴产品领域，麦家的多个产品已经做到了全球数量第一，睿祥生态链公司也出现多个独角兽（指那些估值达到10亿美元以上的初创企业）。

由于睿祥品牌给人们高性价比的印象已经根深蒂固，因此不少人认为睿祥生态链企业的产品无法赢利。但实际上，睿祥生态链企业已经有多家实现盈利。这是因为睿祥公司利用其规模经济所带来的全球资源优势帮助这些生态链公司提高效率，睿祥公司运用其全球供应链优势能够让生态链上的小公司瞬间有几百亿的供应链提供的能力。

睿祥公司还建成了全球最大消费类IoT平台，连接超过1亿台智能设备。正是通过这种独特的战略联盟模式，睿祥投资并带动了更多志同道合的创业者，围绕手机业务构建起手机配件、智能硬件、生活消费产品三层产品矩阵，睿祥公司也从一家手机公司过渡到一个涵盖众多消费电子产品、软硬件和内容全覆盖的互联网企业。

2018年7月，睿祥公司成功上市。

要求：

（1）简要分析睿祥公司从初创时期和上市之前企业宗旨的变化；

（2）依据"战略钟"理论，简要分析睿祥智能手机与睿祥生态链产品所采用的竞争战略类型；

（3）"睿祥的成功模式成为各行各业观摩学习的范本"，依据核心能力评价理论，简要分析本案例中向睿祥公司学习的企业进行基准分析的基准类型；

（4）简要分析睿祥公司在2015年所面临的市场风险；

（5）简要分析睿祥公司2016年所采用的收缩战略（撤退战略）的主要方式；

（6）简要分析睿祥生态链所采用的发展战略的类型、途径及动因（或优点）；

（7）简要分析睿祥公司的企业能力。

【综合案例7】

相关考点：

（1）差异化战略；

（2）研究与开发战略；

（3）战略群组分析；

（4）集中化战略；

（5）市场营销组合；

（6）风险种类（运营风险）。

8.7　资料一

2003年，在个人音响领域经营多年的张煌创立了力益公司，进军国内需求旺盛的MP3播放器市场，推出力益公司的开山之作MX系列。力益公司创位之初做推崇"小而美"的策略，致力于开发优质的MP3产品。张煌对于上市产品的审核标准十分苛刻，多款开发的产品因"不够完美"被否定。力益公司对产品品质的严格把控受到市场认同，其产品成为国产MP3高品质的代表，也因此拥有了大量忠实用户，并创造了国内MP3历史上多个"第一"。2006年，力益公司的MP3播放器在国际市场已经是一个很出名的品牌。风格活泼、时尚的产品远销欧美日韩等数十个国家，进一步巩固了力益公司在国内MP3市场的领导地位。

2006年年初，国内MP3产业还正处于繁荣时期，张煌却看到了全球MP3产业的衰势，开始着手战略转型。进入2007年，国内MP3市场盛极而衰。此时，力益公司破釜沉舟地放弃了国内MP3市场"领头羊"的地位，转向互联网智能手机的研发。

2008年，力益公司开始在智能手机领域投入全部的精力，致力开发高端智能手机。2009年2月18日，国内第一款大屏幕全触屏智能机力益M8正式上市。凭靠着"国产智能手机先驱者"的名号，2009年，力益M8站稳了国产智能手机的领先地位。

2010年～2014年，力益公司延续着做MP3产品时的策略，崇尚"小而美"，不追求扩大市场份额，专注制造精品。力益公司的智能手机新品种在不断创新中脱颖而出。与产品开发同步，力益公司强化营销体系建设，在实施多重营销策划方案的同时，不断扩展专卖店和维修中心。2013年力益公司国内专卖店数量超过1 000家，维修中心数量突破100家。力益公司内部采取员工股票和期权激励制度，吸引和鼓励更多人才致力于公司的技术和产品创新。

资料二

随着通信网络技术的发展，智能手机行业迎来了巨大的机遇。自2009年开始，各大手机厂商纷纷发力智能手机，疯抢市场份额。

2009年～2013年，在国内智能手机发展的初期，智能手机的销量与国内三大电信运营商密切相关。凭借与三大电信运营商良好的合作关系，"中旺""华夏""盟进""联晨"（简称"中华盟联"）四大厂商的手机常常与电信运营商套餐绑定，迅速占据了大部分市场份额。

2013年～2016年在"中华盟联"统治市场的后期，"OO""VV""XM"等手机厂商开始异军突起。他们凭借出色的营销渠道网络和庞大的广告投放，不断从线下和线上掠取智能手机市场份额。与此同时，一些传统电信运营商手机厂商也开始谋求转变，如华夏公司对线下与线上都非常重视，在维持自身传统优势的同时，在营销上充分借鉴"OO""XM"等友商成功的销售策略，"华夏"成为"中华盟联"中唯一转型成功的公司。然而，"力益"这个国产智能手机的先驱者却迷失了方向。公司实施"小而美"策略，既没有在前期抓住与三大电信运营商合作的机遇，也没有在后期强化营销扩大市场份额。公司一年只开发上市两部精品手机，广告投入与渠道建设也停滞不前。力益公司逐渐失去市场份额，成为一个小众品牌。

在规模经济显著且已进入成熟期的产业中，产品差异逐渐变小，投资者和供应链都开始拒绝"小而美"。小众厂商如果无法拿出很好的企划方案，很难说服投资方。而新一轮的手机技术竞争，需要大量投入，才能够作出高端产品，消费者也情愿为高端产品买单。供应链对于销量甚少的小众厂商，态度难免"势利"，因为体量大、销量预期稳定的公司，才是供应商的大客户。此外，在产品定价上，小厂商也非常被动。

资料三

2014年，力益公司全年手机销量不到400万台。而彼时的"学徒"、现在的竞争对手"XM"公司全年手机销量则超过6 000万台，成为国内第一。在严峻的市场形势下，2014年底张煌重新出山，担任力益公司董事长。力益公司启动了新一轮战略转型。

（1）调整发展理念，掘弃"小而美"，启动"大而全"。力益公司接受了两家大公司的投资总计6.5亿美元，确立了大力提高市场份额的战略目标。

（2）实施机海战术，全面扩大产品线。2015年全年，力益公司发布了6款手机，覆盖了高、中、低三种不同档次和价格的产品线。

（3）对内理清管理职责，对外加大营销力度。配合公司战略调整，力益公司重新设计内部的管理职责，提高管理效率。同时，运用新的投资，扩张线下门店，广告、公关宣传等营销手段在线上线下全面展开。

然而，自2016年起，力益公司再次遭受重创。主要原因是由于专业经验不足与评价体系不完善，力益手机大量使用了"LFK"的手机芯片。"LFK"芯片用料廉价，CPU核心技术落后，与竞争对手"GT"芯片相比差距明显。力益公司巨资开发的PR6系列和PR7系列由于"内芯"这一致命缺陷，市场并不买账。2018年力益手机全年销量仅405万台，市场占比仅有0.1%，形势异常严峻。

2018年底，在公司生死存亡关头，张煌又一次重新调整企业战略：确立了新的品牌口号——追求不止，只因热爱，改用"GT"芯片，跟进全面屏技术，提升产能等。营销策略上，线上启用新的意见领袖，在各大平台上投放广告，不断制造热门话题。线下大力投入整合专卖店；积极开展地铁、车站等地推广活动。多方发力作用下，力益手机一定程度上挽回了前几年的销售颓势。2019年，公司新产品16X发布仅半个月，销量就超过10万台，进入热销机型TOP8，16X有可能成为力益手机的"续命之作"。业界人士认为，在激烈的市场竞争和羸弱的底子下，力益公司依旧面临严峻考验。要想绝境求生，公司不仅需要继续强化产品的投入与创新，进一步优化营销策略也是重要的着力点。

要求：

（1）从差异化战略实施条件（资源能力）角度，简要分析力益公司开发高端MP3和高端智能手机成功的原因；

（2）简要分析力益公司对高端MP3和高端智能手机的研发类型、动力来源、研发定位；

（3）运用"与电信运营商密切程度"和"营销力度"两个战略特征，各分为"高低"两个档次，将智能手机生产厂商"中旺""华夏""墨进""联展""OO""VV""XM"进行战略群组划分；

（4）依据集中化竞争战略的风险，简要分析力益公司在2010年～2014年实施"小而美"策略失败的原因；

（5）简要分析2009～2014年与2015年以后，力益手机市场营销组合的变化；

（6）要分析2013年以后力益手机所面临的运营风险。

【综合案例8】
相关考点：

（1）PEST分析；

（2）企业资源分析；

（3）风险种类（市场风险）；

（4）风险种类（运营风险）；

（5）差异化战略；

（6）市场营销战略（目标市场选择）。

8.8　　1979年中国恢复奥委会会籍，国家提出了以奥运会为核心的体育发展大战略。1993年，国家体委发布《关于深化体育改革的意见》，中国体育用品产业自此走向市场化道路。改革开放大潮中的中国经济得以迅速发展，中国社会消费品零售额及服装鞋帽针织品零售额快速提高。同时，公民生活的质量大大提高，大众对体育健身产品的爱好与日俱增，运动鞋服市场需求不断加大。上述种种因素，为中国体育用品产业展示了广阔的市场前景。

中国著名奥运体操冠军苏健退役后于1989年创立苏健体育用品公司。苏健公司从创建之日起坚持自有品牌，构筑自身竞争优势。中国F省J地区有"鞋都"之称，在这里诞生了成百上千家运动企业，这些企业早期的业务大多以OEM方式为国外跨国公司生产运动鞋，而苏健公司创立品牌后把"苏健"二字印在服装上，以其他企业难以模仿的中国奥运冠军"苏健"品牌为其主要发展动力，成为国产体育用品品牌先驱。

苏健公司率先打造中华文化品牌形象，并将中华文化根植于企业文化中。苏健公司的产品从1990年开始就活跃在国内外运动赛场上，1992年苏健公司成为首个出现在奥运会上的国产体育用品品牌赞助商，而后苏健公司又拿到了1996年、2000年、2004年奥运会赞助资格，其中2000年悉尼奥运会上具有中华文化特征的"龙服"和"蝶鞋"被评为"最佳领奖装备"。

2004年苏健公司成功上市后，始终位于中国国产体育用品品牌第一位。2010年苏健公司的营业收入和净利润达到顶峰，分别为94.85亿元和11.08亿元。

2010年，苏健公司启动了一次重大的品牌重塑工程，放弃了使用10年之久的"一切皆有可能"的广告传播语，更改为"让改变发生"，这一变革被业界看作是苏健公司目标市场从广泛的体育爱好者人群转向"品牌年轻化"——全面拥抱"90后"年轻受众。然而，这一变革不仅使苏健公司失去了之前伴随和见证"苏健"品牌成长的"70

后"和"80后"的广博群体，而且苏健公司为"90后"消费者重塑的新产品由于未能体现时代潮流而不被年青一代所接受。

随着"苏健"品牌价值的不断提升，其销售收入与NK、AS等国际品牌的差距逐渐缩小，苏健公司开始进军高端市场，"苏健"品牌的产品价格与NK、AS等国际一线品牌接轨。2011年以后"苏健"品牌主打产品单价从250元提高到390元以上。然而，苏健公司与国内其他品牌一样，多年来营销力度大、设计研发投入少，消费者对于缺少设计研发能力而强行拔高价格的产品并不买账。而AS和NK等国际品牌有几十年的研发历史和设计经验，科技性和品牌口碑更受消费者信任。

苏健公司长期以来采取"直营门店+加盟门店"的模式，并加速扩张经销渠道。苏健公司为求扩张采取大力压货的方式，只将产品批发到经销商手上，而很少关注从经销商到消费者的环节。2011~2014年，苏健公司加盟店的货品库存积压严重，过季商品占比过高，经销商只能加大折扣力度。此外，苏健公司对经销店铺的形象和零售能力缺乏统一的规划和引导，经销商店铺形象陈旧，销售水平低下。

经历了2008年的奥运热之后，国内运动鞋服行业规模增长速度自2011年开始下滑，2013年行业规模减小。2011年以后，国际体育用品品牌的市场占有率开始遥遥领先于国产品牌。2011年，苏健公司的市场占有率被国产品牌步迅公司超过。2012年苏健公司销售额跌落到67.39亿元，亏损创纪录地达到19.79亿元。2012~2014年公司连续三年亏损，总亏损达30亿元。

经历了重大挫折的苏健公司在2015年重新启用"一切皆有可能"的广告语，开始了新一轮的战略转型。

（1）人员调整。2015年年初苏健重新回到公司董事会，担任总裁兼CEO，全面接管苏健公司的管理事务，同时对人员进行调整，重新任用一批对公司有更高忠诚度的离职老员工。这些举措稳定了公司的局面。

（2）产品结构调整。苏健公司重新聚焦篮球鞋服、跑步器材、女子健身用品等专业运动市场，专注于"苏健"品牌，剥离掉对主业帮助不大的副线品牌。

（3）创新设计，引领时尚潮流。在聚焦的专业运动市场上，苏健公司强化新技术的使用、研发和产品的创新设计。"苏健"品牌将功能性及时尚潮流元素同时融入产品设计之中，并将中华传统文化与炫酷的现代风格结合起来。这种民族特色与时尚的个性化情感表达相结合的设计风格，赢得了年轻消费者尤其是"90后"和"00后"的热捧，大大提升了他们对于本土品牌的认同度。苏健公司2010年重新定位的目标市场——"品牌年轻化"，此时终于获得成功。

（4）采取一系列手段优化渠道结构、提升渠道效率。①通过对核心经销商的塑造和管理，把握加盟店的数量的信息反馈，为其他经销商作出参照。②关闭亏损店铺，改造低效店铺，推进商店位置优化和铺面整改，着力于建设盈利能力强、具有体验概念的大型店铺，提升终端运营效率。③开拓线上销售渠道，完善线上线下一体化运营模式，为消费者带来全渠道购物体验。

2018年苏健公司经营业绩超过了曾经的"巅峰"。根据苏健公司在香港发布的2018年财务报告，苏健公司当年营业收入和净利润分别达到105.11亿元、7.15亿元。

要求：

（1）从宏观环境（PEST）角度，简要分析苏健公司成立后20年间获得稳健增长所抓住的外部机会。

（2）从资源的不可模仿性角度，简要分析苏健公司成立后20年间获得稳健增长所具备的竞争优势。

（3）简要分析2010年后，苏健公司所面临的市场风险。

（4）简要分析2010年后，苏健公司所存在的运营风险。

（5）从差异化战略实施条件（资源能力）角度，简要分析苏健公司2010年后推行产品全面高档化不成功的原因。

（6）简要分析2010年前后苏健公司目标市场选择的不同类型。

【综合案例9】

相关考点：

（1）总体战略类型；

（2）战略失效的原因；

（3）内控指引（发展战略）；

（4）文化与绩效的关系；

（5）内控指引（研究与开发）。

8.9　　20年前，欧洲N公司的产品线很长，除移动通信产品以外，还生产电视机、电脑、电线甚至胶鞋。1992年，N公司新任总裁欧先生一上任就抓住时机达成共识，专注电信业务，推行以移动电话为中心的专业化发展新战略，将造纸、轮胎、电缆、家用电器等业务压缩到最低限度，甚至忍痛砍掉了当时规模已做到欧洲第二的电视生产业务，集中90%的资金和人力加强移动通信器材和多媒体技术的研究和开发。

在战略变革中，N公司注重对人的培养，通过各种渠道创造优越条件，让员工去实现其个人价值。N公司始终在寻找和保持一种领导与管理之间的平衡，也就是通过领导的影响力，使企业的价值观渗透到员工的价值观中去。

这种独特的企业文化，把广大员工凝聚到一起。N公司以其超强的成本控制能力、快速的市场反应、持续的产品创新、严格而完善的质量控制与检验、人性化的售后服务等优势，在手机市场独占鳌头。

正是这些组织惯例使得N公司在2G时代以最快的速度和最新的技术为用户研制出最为需要的高质量产品，型号的更新速度更是令人应接不暇，层出不穷的每一款N公司手机都代表着一次经典性创新，最终N公司把欧洲另外两家手机生产企业赶下马，坐稳了全球手机市场老大的位置，成为2G时代当之无愧的市场"霸主"。

早在20世纪90年代，N公司CEO欧先生就曾预言，进入互联网时代，通话将成为手机的一个附加功能。2006年底，N公司原首席财务官K先生接任CEO后，清晰地提出互联网与手机的未来将融合在一起，N公司要"站在这一新时代的前沿"，成为一家移动互联网公司。

然而，正如N公司一位高管曾说："N公司醒悟得很早，但是N公司当时并没有考虑清楚自己要做什么类型的互联网公司，也不清楚互联网公司的内涵是什么，自己也说不清楚想怎么干"。在2006～2007年期间，N公司对在线业务投入高达100多亿美元，一会儿是游戏平台，一会儿是在线音乐商店，一会儿又是邮件服务平台，不断地变化让用户无法对N公司的互联网形象形成记忆。

拥有5 000名创新人员和专业研究机构的N公司，不仅早就有人预见到未来手机行业的发展，而且大量被当前的智能终端所普遍采用的技术如纳米科技、可视化、感应器、触控等在N公司的研发都成熟到了可应用的地步。但是，由于企业内部缺乏沟通，对新技术的认识不能在组织内部达成一致，管理层也没有通过集体学习加强信息交流促使组织达成共识，致使N公司产品开发指导思想还停留在做手机的阶段，产品所解决的问题还是如何更好地实现通信功能。公司研发的新技术被束之高阁，甚至出现在竞争对手的产品上，成为竞争对手产品的关键特色。

N公司的互联网战略仍然惯性地保持着2G时代的战略思维：做手机意味着卖硬件，互联网是手机式的互联网，要以手机为主导。2003年N公司买入塞班操作系统，但在实践中，N公司发现塞班操作系统不适合3G时代的网络，它扛不住互联网庞大的流量。

在面对以为标志的移动互联模式和以"硬件+软件+移动服务"为商业模式的手机行业新的游戏规则面前，N公司显得力不从心。面对发展迅速的中国移动网络的合作要求，N公司也因相当傲慢的态度失去了占据中国3G市场的绝佳时机。

2007年以前，发达国家的U公司还只是混音乐圈的，G公司也只是搞搜索引擎的。然而，2007年，U公司第一款iPhone诞生，并迅速成为手机界的一朵奇葩；紧接着，G公司也带着刚刚买来的安卓系统，从一串外形变来变去的字母化身成一个绿色的小机器人，强势踏进了通信领域。从这一刻起，N公司的好日子结束了。根据统计显示，截至2010年年末，安卓在智能手机系统的市场占有率已经超过了塞班系统，成为世界最受欢迎的智能手机操作系统。与此同时，手机的品牌界限正逐渐消失，很多曾经名不见经传的手机品牌因为搭载了安卓系统，从而与知名品牌一起，对N公司构成了巨大威胁。2G时代N公司面临的只是众多手机厂商的竞争，到了3G时代，有线、无线、图像视频、娱乐、电子商务等在不断融合，N公司将要面临更多未确定的竞争对手。

面对巨大的挑战，N公司不得不再次进行新的战略变革。

第一步是放弃塞班，改投微软。N公司宣布与微软合作开发Windows Phone系统后不久，与A公司达成战略合作协议，A公司将负责提供塞班系统的软件研发和支持服务，并接收大约3 000名N公司雇员。放弃塞班可以为N公司每年节省大约14亿美元的开支，而微软则是N公司在研究出可以替代塞班的新智能手机系统之前的过渡系统。

第二步是用节省出来的开支加大对新兴市场的投入，特别是在亚非国家拓展N公司的低端手机市场。据统计，仅2010年，N公司在亚非市场的销售收入已占N公司全部销售收入的33%。

第三步是实施大规模的人员调整计划。N公司计划将于2012年底在全球范围内裁减雇员4 000人。

2011年6月，N公司首席技术官离职，A先生走马上任，要打造一支自己的开发团队，而这支开发团队将成为这个名叫"变革未来"新团队的核心，他们的任务是为N公司开发出塞班的替代软件。

要求：

(1) 简要分析1992年N公司新任总裁欧先生上任后所实施的总体战略的类型。

(2) 简要分析3G时代N公司战略实施过程中战略失效的原因。

(3) 依据《企业内部控制应用指引第2号——发展战略》，简要分析3G时代N公司制定与实施发展战略需关注的主要风险。

（4）依据文化与绩效的关系，简要分析N公司在2G时代和3G时代文化对企业绩效的不同影响。

（5）依据《企业内部控制应用指引第10号——研究与开发》，简要分析3G时代N公司开展研发活动所面对的主要风险。

【综合案例10】

相关考点：

（1）新兴产业的战略选择；

（2）企业核心能力；

（3）安索夫矩阵；

（4）研发战略；

（5）风险种类（运营风险）；

8.10　资料一

2005年，王浩在大学就读时将自己毕业论文的题目定为"直升机自主悬停技术"，终于在2006年1月成功做出了第一台样品，并在航拍爱好者中广受好评。

王浩开始了自主创业，他同两位一起做实验课题的伙伴，共同创立了天志公司，主营业务围绕航模飞控，致力于为航模飞行器提供精确的姿态感知和控制系统。经过不懈的努力，2008年，第一个较为成熟的直升机飞行系统XP3.1在天志公司问世，中国的直升机自主悬停技术在天志公司取得突破性的进展。

由于直升机自主悬停技术在民用市场十分稀缺，天志公司的技术很快就获得了业界认可，一个单品在当时卖到了20万元的售价。但是潜在的危机也随之而来。航拍爱好者购买了天志直升机后，相机还要另外购买，使用比较麻烦，而且产品价格过高，天志公司的新技术很难迅速推广。

天志公司开始了相机飞机一体化的研发设计，终于在2012年，天志精灵PH1横空出世，高度的集成一体化很快就获得了第一批消费者的认可，引爆了整个无人机领域的使用需求。随着生产技术的不断成熟，产品价格日趋下降，天志公司从此走上无人机领域的巅峰。截至2018年底，天志公司在全球无人机领域占据了74%的份额，牢牢锁定无人机市场的霸主地位。

资料二

天志公司的无人机产品和技术使得更多的人获得了认识世界的全新视角，让人们从地面的二维平面上升到三维空间去观察思考，其产品和技术也因此点燃了更多领域的创新。影视航拍、农业、能源、电力、测绘、安防等产业与无人机产业深度融合，天志公司的无人机技术成为这些产业创新所依赖的"基础设施"。在这一过程中，天志公司与各产业中的专业人员密切合作，优势互补，开辟了一个又一个新的发展空间。例如，天志公司推出第一代精灵无人机时，电网的工程师、第三方开发者和天志公司的研发人员一起，解决了许多技术问题，在2017年推出了能够执行电力巡逻任务的经纬M200系列无人机平台。又如，在农业植保领域，天志公司研发制造出用来进行农业植保作业的无人机。结合软件、地面站、RTK差分定位和人工智能，来实现自动化的精准喷洒。再如，天志公司与U国一家航空公司合作，使用便携式无人机进行民航客机的检修。

在全球范围内，已有越来越多的用户使用天志公司的产品和解决方案。全球有约10万名无人机技术开发者通过天志公司的平台完成各种各样的开发项目，有些项目远远超出了人们想象，伴随而至的是对天志公司技术深化及制造管理提出新的任务和要求。由于天志公司技术和管理的不断深化和创新，竞争对手不易模仿，更难以超越。

资料三

然而，天志公司这只迅猛成长的无人机独角兽，近年来却不得不面对内部暴露出的诸多问题。

天志公司2019年1月18日的内部反腐公告称，在2018年由于公司供应链贪腐造成平均采购价格超过合理水平20%以上，保守估计造成超过10亿元人民币损失。在公司运作的各个领域（采购、财务、研发设计、工厂制造、行政管理以及销售）均出现了舞弊行为，可见这次串通勾结行为范围极广，危害程度极大。该公告披露涉贪采购人员和研发人员采用的主要手法有：

（1）让供应商报底价，然后伙同供应商往上加价，加价部分双方按比例分成；

（2）利用手中权力，以技术规格要求为由指定供应商或故意以技术不达标把正常供应商踢出局，让可以给回扣的供应商进短名单，长期拿回扣；

（3）以降价为借口，淘汰正常供应商，让可以给回扣的供应商进短名单并做成独家垄断，然后涨价，双方分成；

（4）利用内部信息和手中权力与供应商串通收买验货人员，对品质不合格的物料不进行验证，导致质次价高的物料长期独家供应；

（5）内外勾结，搞皮包公司，利用手中权力以皮包公司接单，转手把单分给工厂，中间差价分成。

不仅如此，2017年一名安全研究员在天志公司的网络安全方面发现了一个非常严重的漏洞。这个漏洞会导致天志公司的所有旧密钥毫无用处，从而可能造成天志公司服务器上的用户信息、飞行日志等私密信息能够被下载。尽管天志公司之后采取了合理的保密措施，但该次事件依然给天志公司造成116.4万元的经济损失。

业内人士分析，天志公司内部接连出现如此严重的问题，是由于以下几个原因。

（1）公司治理结构相对混乱。天志公司领导层面对业务的迅速扩张，将注意力集中在极力扩大经营规模、追求足够的市场份额和企业利润，而忽略组织内部治理，致使腐败、泄密等问题频繁产生。

（2）缺乏内部信息的披露。作为一家非上市的民营企业，天志公司没有对外披露重大事项的要求和压力，导致公司内部治理缺乏良性运行和监督机制、在信息不对称的情况下，舞弊、泄密等问题极易产生。

（3）"重结果，轻人才"的管理模式。公司创始人兼CEO王浩搞技术出身，对产品至上有着独特情怀，赛马机制一直是团队竞争发展的管理模式。产品在开发时由两个团队分头去做，谁的产品好就用谁的，产品未被选用的团队会被公司淘汰。这一管理模式带来诸多问题，如研发过程中两个团队恶性竞争、人才流失严重、被选用的团队为防以后被淘汰而滋生腐败动机等。"重结果，轻人才"的文化氛围大大地降低了员工的归属感、难以形成凝聚力、向心力，离职员工对天志公司负面评价很多。

天志公司管理层已经认识解决公司内部问题的重要性和紧迫性，强化公司内部治理、打击职务腐败正在天志公司全面展开。

　　要求：

　　（1）简要分析天志公司所创建的无人机新兴产业内部结构的共同特征，以及天志公司在无人机新兴产业中的战略选择。

　　（2）运用识别企业核心能力3个关键性测试，简要分析天志公司在无人机产业是否具备核心能力。

　　（3）简要分析天志公司研发的类型、动力来源、研究定位，并从安索夫矩阵角度，分析天志公司研发的战略作用。

　　（4）简要分析天志公司存在的运营风险。

　　（5）依据《企业内部控制应用指引第1号——组织架构》，简要分析天志公司需关注的组织架构的主要风险。

　　（6）依据《企业内部控制应用指引第3号——人力资源》，简要分析天志公司需关注的人力资源的主要风险。

　　（7）依据《企业内部控制应用指引第7号——采购业务》，简要分析天志公司需关注的采购业务的主要风险。

答案与解析

8.1 斯尔解析

（1）思翔集团创立思翔移动属于发展战略的多元化战略。其主要动因：

①分散风险。"为了……分散行业发展风险……"。

②找到新的增长点。"为了……寻找新的增长点……"。

③利用未被充分利用的资源。"为了充分运用公司在IT行业的研发优势"。

思翔集团实施多元化战略、组建思翔移动公司面临的风险：

①来自原有经营产业的风险。"思翔集团领导层认为，在短时间内手机业务难以扭亏为盈，而国内PC机业务正在高速扩张，需要大量的资金投入"。

②产业进入风险。"思翔移动的手机业务出现持续亏损"。

③内部经营整合风险。"思翔移动的手机业务出现持续亏损，不断蚕食着集团的整体盈利。……而国内PC机业务正在高速扩张，需要大量的资金投入"。

（2）思翔移动在出售给宏大公司后采用的发展战略的类型是密集型战略中的产品开发战略。"出售给宏大公司后的思翔移动把产品开发作为战略重点"。

其发展途径主要有两类：

①内部发展（新建）。"并将研发部门分成两部分，一部分自主研发手机"。

②战略联盟。"另一部分以ODM方式与国外手机品牌企业合作研发"。

（3）波士顿矩阵理论中"明星"业务（或"问题"业务）与"现金牛"业务之间资源配置的关系体现了成熟产业的业务与新兴产业业务之间资源配置的关系。

①高增长——强竞争地位的"明星"业务。"明星"业务的增长和获利有着极好的长期机会，但它们是企业资源的主要消费者，需要大量的投资。为了保护和扩展"明星"业务在增长的市场上占主导地位，企业应在短期内优先供给他们所需的资源，支持它们继续发展。

②高增长——低竞争地位的"问题"业务。这类业务所在产业的市场增长率高，企业需要大量的投资支持其生产经营活动；企业对于"问题"业务的进一步投资需要进行分析，判断使其转移到"明星"业务所需要的投资量，分析其未来盈利，研究是否值得投资等问题。

③低增长——强竞争地位的"现金牛"业务。这类业务处于成熟的低速增长的市场中，市场地位有利，盈利率高，能为企业提供大量资金，用以支持其他业务的发展。

思翔移动领导层在2010～2011年组建智能手机事业部和通用手机事业部、2011年组建E2E（端到端生态系统）事业部遵循的"以老养新、以新带老"战略理念符合波士顿矩阵理论中明星业务（或问题业务）与现金牛业务之间资源配置的关系。"传统的功能手机业务能够为思翔移动带来相对稳定的市场份额和现金流，同时其所积累的技术、渠道等资源可以促使思翔移动在智能手机时代顺势而为，探索新的智能手机业务；而智能手机业务的探索和推进又可以为功能手机的研发提供创意和技术支持，为思翔移动带来新的利润增长源""具有稳定的市场占有率的智能手机，能够为移动互联的软件产品研发提供智能设备的载体，而软件产品探索的成功可以带动智能手机销量的增长"。

（4）①企业产品结构、新产品研发方面可能引发的风险。"那一时期，国内智能手机中低端市场容量迅速扩大，而中高端市场容量仅略有增长（说明思翔移动智能手机开发定位于中高档不符合市场需求）"。

②企业新市场开发，市场营销策略（包括产品或服务定价与销售渠道，市场营销环境状况等）方面可能引发的风险。"忽视对原功能手机业务拥有的技术、渠道等资源的利用"。

③企业组织效能、管理现状、企业文化，高、中层管理人员和重要业务流程中专业人员的知识结构、专业经验等方面可能引发的风险。"没有深入理解和贯彻高层关于两个业务板块协同发展的战略理念"。

（5）依据"企业资源能力的价值链分析"理论，思翔移动在第二阶段通用事业部开发中低端智能手机、第三阶段发展移动互联网业务获得成功，主要是做好了以下三个方面工作：

①确认那些支持企业竞争优势的关键性活动。支持企业竞争优势的关键性活动事实上就是企业的独特能力的一部分。在第二阶段，"思翔移动通用手机事业部意识到功能手机市场在迅速萎缩，发展智能手机才是出路。该部一方面将此信息反馈给思翔移动领导层，说服思翔移动领导层同意在通用手机事业部下成立一个跨部门的项目组，整合资源专攻中低端智能手机的研发……'我们赢得了先机，在那3个月时间之内独步天下，没有人可以有相同的或者可以跟我们竞争的产品'"。

在第三阶段，"思翔移动管理层设立了E2E（端到端生态系统）事业部，以利于在开发智能手机的同时，在手机设备上预装具有思翔特色的软件产品。……使得E2E的软件产品有了共计过亿的用户。思翔移动在促进手机硬件产品销量增长的同时，努力为用户提供端到端的应用服务，这反过来进一步推动了硬件销售业绩的增长"。

②明确价值链内各种活动之间的联系。选择或构筑最佳的联系方式对于提高价值创造和战略能力是十分重要的。在第二阶段，"鼓励员工利用功能手机业务的技术、渠道等资源，积极探索中低端智能手机的创新"，使两个业务单元在保证自身研发的同时还能够"异花授粉"。在第三阶段，"思翔移动任命E2E事业部负责人兼任手机事业部研发负责人，重新梳理E2E事业部和手机事业部研发的所有软件产品，并根据软件的特性重新分配这两个事业部各自负责研发的产品。同时精简产品测试团队资源，避免两个部门之间重复测试。一番变革之后，E2E事业部的产品落地，与手机事业部的手机研发实现了协同发展"。

③明确价值系统内各项价值活动之间的联系。价值系统内包括供应商、分销商和客户在内的各项价值活动之间的许多联系。在第二阶段，"鼓励员工利用功能手机业务的技术、渠道等资源，积极探索中低端智能手机的创新。通用手机事业部的上述举措推动了思翔移动向中低端智能手机业务的全面战略转型"。在第三阶段，"思翔移动的智能手机所具有的渠道和客户资源给E2E软件产品带来了数以千万计的用户，使得E2E的软件产品有了共计过亿的用户"。

（6）依据《企业内部控制应用指引第1号——组织架构》，组织架构设计与运行中需关注的主要风险有：

①治理结构形同虚设，缺乏科学决策、良性运行机制和执行力，可能导致企业经营失败，难以实现发展战略。思翔移动在第二阶段2011年9月调整组织架构，将原有的高端手机业务和低端手机业务合并，由原通用手机事业部负责人掌舵，主要是应对这一风

险。"然而智能手机事业部在研发新产品过程中，没有深入理解和贯彻高层关于两个业务板块协同发展的战略理念，忽视对原功能手机业务拥有的技术、渠道等资源的利用，加上具有明显优势的国际高端品牌的强力竞争，导致智能手机事业部向高端智能手机业务的进军受挫，经营举步维艰"。

②内部机构设计不科学，权责分配不合理，可能导致机构重叠、职能交叉或缺失、推诿扯皮，运行效率低下。思翔移动第三阶段2012年4月调整手机事业部研发负责人，主要是应对这一风险。"但E2E事业部发觉软件产品在思翔手机中的预装率并不高。其原因是E2E和手机事业部是并列的两个单位，各自的考核目标不一样。2012年4月，思翔移动任命E2E事业部负责人兼任手机事业部研发负责人，重新梳理E2E事业部和手机事业部研发的所有软件产品，并根据软件的特性重新分配这两个事业部各自负责研发的产品。同时精简产品测试团队资源，避免两个部门之间重复测试。一番变革之后，E2E事业部的产品落地，与手机事业部的手机研发实现了协同发展"。

8.2　斯尔解析

（1）威胁主要体现在政治与法律因素，"目前白色家电行业整体增长缓慢。其中一个原因便是'家电下乡'政策的后遗症"。

机会：

①政治和法律因素。"政府在2015年提出了'供给侧改革'，随着这一政策的推进，必将迎来新一轮消费升级"。

②经济因素。"城乡内GDP增速放缓，但整体上仍保持平稳较快增长，家庭收入持续增加，尤其是农村居民收入得到了显著增加。因此，农村中高端白色家电市场很值得进一步开发。并且，随着消费者消费能力的提升，消费者的需求将会呈现出更加个性化的态势""在线小额信贷的兴起，也让很多的年轻人具备中高端家电消费能力""……物流运输效率的提升，在线购买家电成为可能"。

③社会和文化因素。"消费者网络购物习惯的养成，……，在线购买家电成为可能""'创新、协调、绿色、开放、共享'的发展理念成为时代主旋律，为新一代环保型产品提供了巨大的发展空间"。

④技术因素。"柔性生产线技术和大规模定制技术的发展，使购买高值低价的产品不再是奢望。物联网、人工智能等技术的发展，使得智能家居成为新的消费热点"。

（2）凌美公司采取的国际化经营战略类型是全球化战略。全球化战略是向全世界的市场推销标准化的产品和服务，并在较有利的国家集中地进行生产经营活动，由此形成经验曲线和规模经济效益，以获得高额利润。"凌美公司在德国和美国成立了研发中心；在意大利成立了设计中心；在中国、东南亚、印度等市场需求较大、劳动力成本较低的国家和地区成立了7个高效率的生产制造基地。公司提供的产品系列少而精，面向全球市场提供高质量的标准化产品"。

为了实现组织结构与国际化经营战略的匹配，凌美公司所采用的组织结构类型为"全球产品分部结构"。"凌美公司在全球的组织结构按产品划分为事业部，公司总部确定企业的总目标和经营战略，各产品事业部经理根据总部的经营目标和战略分别制订本事业部的经营计划，并根据各国成本和技术的差异来设置活动"，这些都是产品分部结构的基本特征。

（3）发展中国家跨国公司对外投资的四大动机有：寻求市场；寻求效率；寻求资源；寻求现成资产。

凌美公司对外投资的主要动机有：

①寻求市场。"考虑到国内白色家电市场渐趋饱和，而国外市场仍处于高增长阶段，凌美公司启动了国际化战略，以开拓国际市场"；"以深入把握D国市场的产品需求"。

②寻求效率。"在中国、东南亚、印度等市场需求较大、劳动力成本较低的国家和地区成立了7个高效率的生产制造基地"。

③寻求现成资产。"凌美集团管理层考虑，先进入最为苛刻的发达国家消费市场，能够在消费者高标准的质量要求和激烈的市场竞争中获得相关市场经验和领先技术，尽快提升企业在世界市场的竞争优势"；"凌美公司在德国和美国成立了研发中心；在意大利成立了设计中心"。

（4）凌美公司国际化经营目标市场区域路径的方式是新型方式A（或不连续方式）。"凌美集团管理层考虑，先进入最为苛刻的发达国家消费市场，能够在消费者高标准的质量要求和激烈的市场竞争中获得相关市场经验和领先技术，尽快提升企业在世界市场的竞争优势"。

（5）凌美公司在D国选择的发展途径为内部发展（新建）。"凌美公司在发达国家D国建立生产厂，随后几年内又在D国建立了销售中心和设计中心"。

凌美公司采用新建战略的主要动机是：开发新产品的过程使企业能深刻了解市场及产品。"以深入把握D国市场的产品需求"。

凌美公司采用新建战略的应用条件是：企业有能力克服结构性与行为性障碍。"由于自身产品过硬的质量和有格调的设计，凌美公司在短短两年内就占据了D国较大的市场份额"。

（6）凌美公司与万灵公司结成战略联盟的类型是功能性协议（或契约式战略联盟）。"双方决定建立产销合作联盟"。

凌美公司与万灵公司结成战略联盟的动因：

①促进技术创新。"万灵公司……拥有自主研发的达到国际领先水平的'新一代G10低频控制技术''高效离心式冷水机组'和'新型超高效定速压缩机'等核心科技"；"而凌美公司……缺乏核心技术"。

②避免经营风险。"公司的产品正在逐渐失去竞争力，公司上下为此焦虑不安"；"万灵公司以前主要专注在南方市场，没有在北方建立起自己的销售渠道"。

③避免或减少竞争。"凌美公司目前在北方市场遇到了多个劲敌"。

④实现资源互补。"凌美公司在销售渠道、营销能力、品牌认知度等方面拥有优势"；"万灵公司……拥有自主研发的达到国际领先水平的……核心科技"。

⑤开拓新的市场。"万灵公司以前主要专注在南方市场，没有在北方建立起自己的销售渠道，其生产基地和仓储基地也全部都集中在南方"。

⑥降低协调成本。"从降低协调成本考虑"。

凌美公司对战略联盟的管控主要有：

①订立协议。"双方约定按照一定的比例共享收益，共担风险，并对双方的违约责任和联盟解体等问题都做出了具体的规定"。

②建立合作信任的联盟关系。"努力巩固与完善与万灵公司已建立的合作信任的联盟关系"。

（7）

①企业产品结构、新产品研发方面可能引发的风险。"政府的环保标准提升还可能会导致凌美公司自身大量产品不合格"。

②企业新市场开发，市场营销策略（包括产品或服务定价与销售渠道，市场营销环境状况等）方面可能引发的风险。"双方同为白色家电制造企业，存在相互竞争的关系，帮助万灵公司销售产品可能会损害自身的利益"。

③企业组织效能、管理现状、企业文化，高、中层管理人员和重要业务流程中专业人员的知识结构、专业经验等方面可能引发的风险。"而对于万灵公司提供的技术支持，凌美公司由于专业人员的知识结构不全面、专业经验不足等原因在短期内难以消化吸收"。

④质量、安全、环保、信息安全等管理中发生失误导致的风险。"政府的环保标准提升还可能会导致凌美公司自身大量产品不合格"。

⑤因企业内、外部人员的道德风险或业务控制系统失灵导致的风险。"合作过程中可能存在商业机密泄露的风险"。

⑥企业现有业务流程和信息系统操作运行情况的监管、运行评价及持续改进能力方面引发的风险。"双方分别提供的技术与渠道难以按照合适的比例参与利益分配，并且各项成本一直在变动，很难建立合理的动态的利润分配机制"。

8.3 斯尔解析

（1）

①分散风险。"MD公司的主打产品是空调、风扇等，销售旺季集中在每年的3～8月，在余下的时间里资金的配置和经销商资源的利用都明显不足，而推出微波炉正好可以弥补这一缺陷"。

②找到新的增长点。"有利于优化整体运作和产品结构，找到新的增长点"。

③利用未被充分利用的资源。"一是从制造技术角度看，微波炉和电饭煲以及由电饭煲引申出来的电磁炉等产品都是使用电能转换加热系统，其技术研发、生产制造和营销网络都有着极其便利的条件和经验，有利于微波炉项目少走弯路"；"在余下的时间里资金的配置和经销商资源的利用都明显不足"。

④运用盈余资金。"在余下的时间里资金的配置都明显不足"。

⑤运用企业在某个产业或某个市场中的形象和声誉来进入另一个产业或市场。"还可以利用MD公司在其他厨具小家电市场上树立的品牌优势开拓市场"。

（2）

实施条件（市场情况）：

①市场中存在大量的价格敏感用户。"利用市场对微波炉产品的价格的高度敏感"。

②产品难以实现差异化。"通过集中生产少数品种使自己成为微波炉行业的'霸主'"。

③价格竞争是市场竞争的主要手段。"利用市场对微波炉产品的价格的高度敏

感"；"以'价格战'不断摧毁竞争对手的防线"。

实施条件（资源和能力）：

①实现规模经济。"通过规模经济等多种手段降低成本"。

②降低各种要素成本。"通过减少各种要素成本等多种手段降低成本"。

③提高生产率。"通过提高生产效率等多种手段降低成本"。

④改进产品工艺设计。"通过不断改进产品工艺设计等多种手段降低成本"。

⑤选择适宜的交易组织形式。"通过承接外包等多种手段降低成本"。

⑥重点集聚。"通过集中生产少数品种等多种手段降低成本"。

风险：

市场需求从注重价格转向注重产品的品牌形象，使得企业原有的优势变为劣势。"从MD公司掌握的数据看，国内市场的高端化消费趋势已非常明显，超低端产品对消费者已不具有吸引力"；"MD公司成功超越GL公司成为微波炉出口冠军，在2012年国内市场上品牌价格指数全面超越GL公司，由行业跟随者成功升级为行业领导者，促成行业跳出'价格战'恶行循环，并获得了企业业绩持续增长。MD公司微波炉战略转型已经取得显著成效"。

（3）

实施条件（市场情况）：

①产品能够充分地实现差异化，且为顾客所认可。"如果这种价值能通过产品创新得到快速认可，消费者的认知能得到快速的普及，那微波炉市场将进入另一个高速发展期"；"从MD公司掌握的数据看，国内市场的高端化消费趋势已非常明显，超低端产品对消费者已不具有吸引力"。

②顾客的需求是多样化的。"就微波炉自身的使用价值而言，它不仅能快速加热或烹调食物，而且没有油烟，更能保持食物的原汁原味与减少营养损失，很有实用价值。而在中国，80%以上的家庭主要用微波炉进行加热饭菜，微波炉在中国家庭厨房中只是一个加热的工具"。

③创新成为竞争的焦点。"如果这种价值能通过产品创新得到快速认可，那微波炉市场将进入另一个高速发展期"；"从MD公司掌握的数据看，国内市场的高端化消费趋势已非常明显，超低端产品对消费者已不具有吸引力"。

实施条件（资源和能力）：

①具有强大的研发能力和产品设计能力，具有很强的研究开发管理人员。"确定公司五大技术发展方向以及技术发展路线""开展广泛的技术合作""投入巨资改善软硬件条件""学习、考核机制变革"。

②具有很强的市场营销能力，具有很强的市场营销能力的管理人员。"公司投入超过3亿巨资开展持续'蒸'功能以及'营养与健康'功效的推广活动，加快蒸功能的普及和推广""2011年公司新开发上线了营销管理系统""在前8大主要市场，公司在当地设立分支机构，派驻业务人员进行本地化服务和市场拓展"。

③有能够确保激励员工创造性的激励体制、管理体制和良好的创造性文化。"学习、考核机制变革"。

④具有从总体上提高某项经营业务的质量、树立产品形象、保持先进技术和建立完善分销渠道的能力。"确定公司五大技术发展方向以及技术发展路线""公司投入超过

3亿巨资开展持续'蒸'功能以及'营养与健康'功效的推广活动，加快蒸功能的普及和推广""在海外前15大市场分别设立了专门的国家经理，同时专门针对各不同区域以及各区内的主流客户设立了专门的产品开发团队"。

MD公司注重防范的差异化战略的风险：

①企业形成产品差别化的成本过高。"为了避免差异化成本过高，MD公司微波炉的升级转型过程中通过加大部件自制、精益运营、加强价值链信息共享和协同降低运营成本等手段，解决成本与结构升级的矛盾，应对资源要素价格的持续上升，保证成本优势"。

②竞争对手的模仿和进攻使已建立的差异缩小甚至转向。"MD公司微波炉'蒸'为主题的产品得以持续升级和品牌推广"。

（4）

①限制进入定价。"对于MD公司挑衅，GL公司再次祭起了'价格战'的大旗"。

②进入对方领域。"对于MD公司挑衅，GL公司宣布大举进军MD公司已有的优势产业空调、冰箱产业及风扇、电暖器等，以彼之道还彼之身对MD公司微波炉进行全面围剿"。

（5）

①产品策略。"MD公司微波炉'蒸'为主题的产品得以持续升级和品牌推广"。"MD公司2006年推出国内第一款具备着蒸功能的'食神蒸霸'产品""2007年，第二代蒸功能产品'全能蒸'微波炉推出""2008年，MD公司微波炉又发布了5个系列14款'蒸功能'新品""2010年，MD公司微波炉发布第五代'蒸功能'系列新品""2012年MD公司宣布不仅发布了半导体、太阳能和云技术微波炉三大创新产品，而且宣布把'蒸立方'作为独立的高端品牌"。

②促销策略。"为了加快'蒸功能'的市场认知，配合产品不断升级，公司投入超过3亿巨资开展持续'蒸'功能以及'营养与健康'功效的推广活动，加快蒸功能的普及和推广"。

③分销策略。"2010年MD公司微波炉耗费巨资在国内主要城市的核心终端，开辟了1 000个'蒸立方'产品专柜"；"2012年公司再次进行终端升级，在全国重点终端开辟了'蒸立方'品牌专柜"；"2011年公司新开发上线了营销管理系统，新系统的上线使用实现了全国主要终端的销售、库存动态更新，公司能及时了解市场销售变化情况"。

④价格策略。"MD公司宣布，退出300元以下微波炉市场，主流变频蒸立方产品价格集中在3 000~5 000元，智能蒸立方系列产品价格集中在1 000~3 000元，最高端变频高温产品的零售价高达10 000元""MD公司同时宣布，从2012年起，超市系统将停止销售399元以下的产品，在3C连锁系统中将停止销售599元以下的产品"。

8.4 斯尔解析

（1）广源天药集团医药板块产品组合策略的类型属于扩大产品组合。包括拓展产品组合的宽度、长度和加强产品组合的深度。前者是增加产品大类和在原产品大类内增加新的产品项目；后者是增加每种产品项目的花色、品种、规格。"广源天药集团最初生产销售的粉剂产品，产品结构较为单一。……广源天药集团顺应时代发展对药品剂型、便捷性、准确性等多方面的需求，从1975年开始，在广源天药秘方原有剂型的基础上研制出系列新剂型、新品种，历经30多年时间，逐步开发构建了广源天药完整、庞大的产品群。如主打止血消炎的广源天药膏、广源天药酊，用于外伤止痛的广源天药气雾剂，具有止血功效的创可贴等。同时，广源天药深入挖掘创新以天然植物为原料的民族药物，成功研发出具有地方特色的新产品，如脑脉通口服液、宫血宁胶囊等"。

产品开发的原因包括：

①企业具有较高的市场份额和较强的品牌实力，并在市场中具有独特的竞争优势。"将自身独特的技术优势与多变的市场需求相结合，不断开发创造出新的高品质药品，赢得了消费者的信赖"。

②市场中有潜在增长力。"不断开发创造出新的高品质药品，赢得了消费者的信赖""彻底打破了BD独霸创可贴天下的局面，当年广源天药创可贴与BD创可贴的市场比率由2000年的1：10涨到1：2.6……2012年广源天药创可贴销售额再创新高，达到4亿元"。

③客户需求的不断变化需要新产品。持续的产品更新是防止产品被淘汰的唯一途径。"随着人们经济生活水平逐渐提高，医药企业竞争日趋激烈，消费者对医药产品功能的要求也日益多样化。广源天药集团顺应时代发展对药品剂型、便捷性、准确性等多方面的需求……研制出系列新剂型、新品种"。

④需要进行技术开发或采用技术开发。"创可贴市场占领者国际品牌BD创可贴仅仅是一种卫生消毒材料，没有对伤口的止血和愈合的功效。而广源天药的药性具有很强的止血和愈合功效。如果将广源天药的药性与创可贴的功效结合起来，可与其他创可贴形成功能性差异。但是当时广源天药不具备生产透皮方面的技术"。

⑤企业需要对市场的竞争创新作出反应。"随着人们经济生活水平逐渐提高，医药企业竞争日趋激烈，消费者对医药产品功能的要求也日益多样化"。

（2）

①外部发展（并购）。"2011年收购国内一家制药厂，作为与透皮事业部相配套的生产企业"。

②内部发展（新建）。"2001年3月广源天药投资成立专业透皮研究部门，主要对创可贴进行研究开发，……随后投资300万元建立广源天药创可贴生产线，并投资2 000多万元组建医药电子商务公司，完善创可贴销售网络。……随后广源天药集团成立主要生产经营透皮产品的事业部"。

③战略联盟。"但是当时广源天药不具备生产透皮方面的技术，为了快速推出此类产品，广源天药选择暂时不进行自主研发，与国外创可贴企业合作，广源天药提供创可贴的敷料部分，国外企业负责成品生产""……引进日本更先进的生产透皮技术，委托国内企业加工生产8 000多万张"。

（3）广源天药集团实施多元化战略的动因：

①分散风险。"广源天药集团进入国家基本药物目录的药品在价格上受到限制，招标采购模式也使得药品维持在一个较低的水平，毛利率较低。……一种药品从立项、临床报批到进入市场需要很长的周期和大量资金投入，进入市场的结果也存在着未知的风险，一旦产品销售不佳，会对广源天药集团产生较大的影响""另一方面也可以抵御医药市场的竞争压力，规避产业发展风险"。

②在企业无法增长的情况下找到新的增长点。"广源天药集团希望开发非药品业务作为公司新的利润增长源泉"。

③利用未被充分利用的资源。"广源天药集团管理层还期望充分发挥企业在药品经营中各种有形资源……进一步扩大公司生存发展空间"。

④获得资金或其他财务利益。"获取足够的资金支撑企业研发新的医药产品"。

⑤运用企业在某个产业或某个市场中的形象和声誉来进入另一个产业或市场，而在另一个产业或市场中要取得成功，企业形象和声誉是至关重要的。"广源天药集团管理层还期望充分发挥企业在药品经营中……良好的声誉品牌优势，进一步扩大公司生存发展空间"。

广源天药集团实施多元化战略的风险：

①来自原有经营产业的风险。"由于多元化经营资源分散，不仅导致其在缺乏核心优势的产业中经营绩效不佳，而且对其主业带来了负面影响"。

②市场整体风险。"由于多元化经营资源分散……对其主业带来了负面影响"。

③产业进入风险。"而其他日化产品由于其产品功能和特点无法体现广源天药粉的独特优势，因而难以成功""房地产行业与广源天药集团的主营业务不存在联系，在生产技术、市场、营销等方面也无法产生协同效应。广源天药集团没有强大的资源和人才来支撑这个庞大的房地产业务体系，致使房地产业务在5年内4年都是严重亏损，侵蚀了集团的资源，占用了人力，还占据了企业大量资金"。

④产业退出风险。"广源天药集团管理层没有审时度势和合理分析房地产的未来走势，没有结合集团房地产业务连续数年亏损的实际和房地产整个行业的发展现状及时做出调整，却于2012年反其道而行耗费38亿兴建度假村。直到2013年才出售广源天药置业有限公司退出不良业务"。

⑤内部经营整合风险。"房地产业务与广源天药集团的主营业务不存在联系，在生产技术、市场、营销等方面也无法产生协同效应。广源天药集团没有强大的资源和人才来支撑这个庞大的房地产业务体系，致使房地产业务在5年内4年都是严重亏损，侵蚀了集团的资源，占用了人力，还占据了企业大量资金"。

（4）

①医药板块：

它对顾客是否有价值？"核心产品广源天药在治疗出血、消炎等方面有非常好的疗效，在国内外享有很高声誉""不断开发创造出新的高品质药品，赢得了消费者的信赖"。

它与企业竞争对手相比是否有优势？"拥有独一无二的国家级保密配方和百年老字号品牌的医药企业""到目前为止，广源天药仍然是创可贴行业的翘楚"。

它是否很难被模仿或复制？"拥有独一无二的国家级保密配方""将自身独特的技术优势与多变的市场需求相结合，不断开发创造出新的高品质药品""广源天药创可贴弥补了其他同类产品只能护理不能治疗的缺陷"。

广源天药集团医药板块同时满足3个关键测试，具备核心能力。

②广源天药牙膏：

它对顾客是否有价值？"80%左右的成年人或多或少都有的口腔溃疡或者牙龈萎缩出血等问题""利用天药的活性成分，开发出一种能帮助消费者减轻牙龈出血等口腔问题的独特的药物牙膏""广源天药集团又对产品进行不断改进和完善"。

它与企业竞争对手相比是否有优势？"一般传统牙膏的主要功能是解决牙齿防蛀和清洁问题""开发出一种能帮助消费者减轻牙龈出血等口腔问题的独特的药物牙膏"。

它是否很难被模仿或复制？"广源天药牙膏运用公司的关键资源——广源天药粉的神奇功效，使得广源天药牙膏具有独特的治疗功能""广源天药牙膏首先采用的销售渠道是医院和药房、网络销售渠道，随后才进入超市等渠道。这样有利于在产品问世时显现出药企的背景，让消费者觉得质量有保障，并且巧妙避开了与行业龙头的直接竞争，还可降低前期的销售费用"。

广源天药集团牙膏产品同时满足3个关键测试，具备核心能力。

③日化板块其他产品：

它对顾客是否有价值？"其他的日化产品都销售不佳，发展势头萎靡不振。几种主要产品市场占有率大大低于外资品牌，也低于国内其他著名品牌。目前市面上已经很少能看到广源天药的沐浴素、洗发水、面膜、护手霜等产品的踪迹"。

它与企业竞争对手相比是否有优势？"而其他日化产品由于其产品功能和特点无法体现广源天药粉的独特优势，因而难以成功"。

它是否很难被模仿或复制？"而其他日化产品由于其功能和特点无法体现广源天药粉的独特优势，因而难以成功"。

广源天药集团日化板块其他产品不能满足3个关键测试，不具备核心能力。

④房地产业务：

它对顾客是否有价值？"广源天药集团管理层没有审时度势和合理分析房地产的未来走势（因此，其房地产业务很难适应顾客需求）"。

它与企业竞争对手相比是否有优势？"房地产业务在5年内4年都是严重亏损的"。

它是否很难被模仿或复制？"房地产行业与广源天药集团的主营业务不存在联系（因此，广源天药的房地产业务不存在难以被模仿或复制的因素）"。

广源天药集团房地产业务不能满足3个关键测试，不具备核心能力。

（5）

①医药板块：

研发的类型：产品研究——新产品开发。"将自身独特的技术优势与多变的市场需求相结合，不断开发创造出新的高品质药品"。

动力来源：需求拉动。"广源天药集团顺应时代发展对药品剂型、便提性、准确性等多方面的需求，从1975年开始，在广源天药秘方原有剂型的基础上研制出系列新剂型、新品种"。

研发定位：成为向市场推出新技术产品的企业。"将自身独特的技术优势与多变的市场需求相结合，不断开发创造出新的高品质药品"。

②广源天药牙膏：

研发的类型：产品研究——新产品开发。"广源天药集团开始研发广源天药牙膏，利用天药的活性成分，开发出一种能帮助消费者减轻牙龈出血等口腔问题的独特的药物牙膏"。

动力来源：需求拉动。"80%左右的成年人或多或少都有口腔溃疡或者牙龈萎缩出血等问题"。

研发定位：成为向市场推出新技术产品的企业。"广源天药集团开始研发广源天药牙膏，利用天药的活性成分，开发出一种能帮助消费者减轻牙龈出血等口腔问题的独特的药物牙膏"。

（6）

①企业产品结构、新产品研发方面可能引发的风险。"而其他日化产品由于其产品的功能和特点无法体现广源天药粉的独特优势，因而难以成功""房地产行业与广源天药集团的主营业务不存在联系，在生产技术、市场、营销等方面也无法产生协同效应。……房地产业务在5年内4年都是亏损的""由于企业多元化经营资源分散，不仅导致其在缺乏核心优势的产业中经营绩效不佳，对其主业也带来了负面影响"。

②企业新市场开发、市场营销策略方面可能引发的风险。"广源天药牙膏首先采用药品的销售渠道是医院和药房、网络销售渠道，随后才进入超市等渠道。……而其他日化产品由于其产品的功能和特点，无法体现广源天药粉的独特优势""房地产业务与广源天药集团的主营业务不存在联系，在生产技术、市场、营销等方面也无法产生协同效应"。

③企业组织效能、管理现状、企业文化，高、中层管理人员和重要业务流程中专业人员的知识结构、专业经验等方面可能引发的风险。"广源天药集团没有强大的资源和人才来支撑这个庞大的房地产业务体系，房地产业务在5年内4年都是严重亏损的"。

④质量、安全、环保、信息安全等管理中发生失误导致的风险。"2007～2014年广源天药集团有4种药品进入国家药监局不合格药品名单，其中影响最大的是2012年国内某省药监局查出广源天药胶囊的水分不合格，相关产品被召回，广源天药集团被列入医药企业黑名单，该省药物采购联合办公室取消了广源天药胶囊的中标权利和网上采购资格，并且在2013～2016年严格禁止广源天药胶囊进入该省基本药物统一招标采购目录"。

⑤因企业内、外部人员的道德风险或业务控制系统失灵导致的风险。"9年间，广源天药至少10次因为部分药品质量不合格、广告夸大疗效等原因导致负面消息"。

⑥企业现有业务流程和信息系统操作运行情况的监管、运行评价及持续改进能力方面引发的风险。"广源天药集团管理层没有审时度势和合理分析房地产的未来走势，没有结合集团房地产业务连续数年亏损的实际和房地产整个行业的发展现状及时做出调整，却于2012年反其道而行耗资38亿元兴建度假村。直到2013年才出售广源天药置业有限公司退出不良业务"。

8.5 　💡斯尔解析

（1）晨德集团实现成本领先战略的资源和能力包括：

①在规模经济显著的产业中装备相应的生产设施来实现规模经济。"随着企业品类与规模的不断扩大，晨德可以使用更大型、更有效率的机器设备，规模成本指数逐步降低"。

②降低各种要素成本。"规模化生产也极大增加了晨德的原材料采购量，增强了晨德在要素市场上的地位，大大降低采购成本"。

③提高生产率。"营销费用和生产成本均得到了有效地控制，生产效率大幅提高"。

④改进产品工艺设计。"成本领先不仅仅是简单的生产费用的领先,要想保持持续的优势,必须依托生产工艺上的创新"。

(2)晨德集团在2011年所采用的收缩战略(撤退战略)的主要方式包括:

①紧缩与集中战略,具体表现为削减成本战略。"晨德要求全体员工参与降本增效,通过将成本指标进行逐级分解,建立全员、全方位、全过程的责任成本体系"。

②转向战略,具体表现为重新定位或调整现有的产品和服务。"晨德还对业务进行了调整,突出更具竞争力的主业,减少规模小或经营欠佳的品类,停止生产低端或低毛利率的产品"。

③放弃战略,具体表现为将企业的一个或几个主要部门转让、出卖或者停止经营。"晨德开始对一些生产基地进行减少改良——晨德关闭了在天津、江门,邯郸、合肥、天津等城市的生产基地"。

(3)晨德集团并购库卡公司的动机包括:

①避开进入壁垒、迅速进入,争取市场机会,规避各种风险。"库卡机器人公司在全球拥有20多个子公司,大部分是销售和服务中心,渠道和销售资源更是遍及美国、墨西哥及绝大多数欧洲国家。此次收购将让晨德更为顺利地在'难啃'的欧洲市场开辟疆土,品牌影响力和高端制造形象也将在全球领域极大加强"。

②获得协同效应。"收购库卡将让晨德在智能制造领域的能力空前提升"。

③克服企业负外部性,减少竞争,增强对市场的控制力。"收购库卡可以帮助晨德在汽车制造机器人市场上获取更大的市场份额,相较于本地传统的汽车制造商而言,可以更快地投入使用自动化流水线,获得先发优势"。

(4)晨德集团并购库卡公司所面临的主要风险以及晨德集团规避风险所采取的应对措施包括:

①风险一:决策不当。

应对措施:"为慎重起见,晨德集团聘请了在跨国并购方面有着丰富经验的知名会计师事务所和律师事务所担任财务顾问和法律顾问,对库卡公司的经营、财务、法律进行全面的调查"。

②风险二:支付过高的并购费用。

应对措施:"为慎重起见,晨德集团聘请了在跨国并购方面有着丰富经验的知名会计师事务所和律师事务所担任财务顾问和法律顾问,对库卡公司的经营、财务、法律进行全面的调查""考虑到未来资产协同效应价值及共同分享国内外巨大的市场等因素,会计师事务所专家认为,晨德集团溢价收购库卡公司股权的收购价格属于正常范围"。

③风险三:并购后不能很好地进行企业整合。

应对措施:"为了保证并购整合后的顺畅发展,晨德并未采用对待其他被并购方的"主导"角色,而是退居幕后,从拓展市场资源和获取产业政策支持等方面帮助库卡减少运营成本,并以库卡为主体,在机器人本体生产、工业自动化方案、系统集成、以及智能物流等领域进行全面布局"。

④风险四:跨国并购面临的政治风险。

应对措施:"针对德国政府对于企业机密技术外流的担心,晨德和库卡6月28日签订了《投资协议》,内容共5条,都没有涉及技术转让,反而强调尊重库卡品牌和知识产权"。

（5）①晨德集团采取的国际化经营战略类型为跨国战略。

跨国战略是在全球激烈竞争的情况下，形成以经验为基础的成本效益和区位效益，转移企业的核心竞争力，同时注意当地市场的需要。为了避免外部市场的竞争压力，母公司与子公司、子公司与子公司的关系是双向的，不仅母公司向子公司提供产品与技术，子公司也可以向母公司提供产品与技术。"晨德……拥有15个海外生产基地及数十家销售运营机构。通过国际业务组织变革，从平台化走向实体化，晨德全球经营体系进一步完善，通过对海外业务持续加大投入，以当地市场用户为中心，强化产品竞争力，自有品牌业务获得持续发展。公司对海外市场的产品特色及需求的深入认知，使公司善于把握全球合资合作的机会，有效推动海外品牌构建与全球区域扩张，稳步提升全球化的竞争实力"。

②为了实现组织结构与国际化经营战略的匹配，晨德集团应采用的组织结构类型为跨国组织架构/全球性产品——地区混合结构。

特征：该结构是一种矩阵结构，企业总部从全球范围来协调各产品分部和地区分部的活动，以取得各种产品的最佳地区合作，管理各子公司的经营活动。公司凭借这种混合结构，能够针对不同产品或劳务的具体特点进行不同程度的集中决策和控制，并尽可能使集中决策和分散决策结合起来。

（6）①政治和法律环境。"近年来，国家发布了《国务院关于深化"互联网+先进制造业"发展工业互联网的指导意见》《国务院关于印发新一代人工智能发展规划的通知》等一系列宏观政策"。

②经济环境。"全球对机器人自动化的需求将进一步增加，预计2018年至2020年之间的平均年增长率至少为15%""劳动力短缺及用工成本攀升"。

③社会与文化环境。"随着中国人口老龄化加剧"。

④技术环境。"晨德还在持续关注更加前沿且发展非常迅速的新兴技术领域，如智能网关、5G、数字仿真等"。

（7）晨德集团为实现"人机新世代"发展战略转型执行了以下举措：

①构建数字化组织设计，转变经营管理模式。"晨德在2018年提出'人机新世代'发展战略，这标志着晨德将以机器人、工业互联网和人工智能开启人机交互新时代"。

②加强核心技术攻关，夯实技术基础。"晨德已持续对人工智能、芯片、大数据、云计算等技术领域进行研究与投入……同时，晨德还在持续关注更加前沿且发展非常迅速的新兴技术领域，如智能网关、5G、数字仿真等。除此之外，晨德还致力于以大数据和AI技术为驱动，赋予产品、机器、流程、系统以感知、认知、理解和决策的能力，最大限度消除人机交互的多余载体，打造以'没有交互'为目标的真正智能家电新品"。

③打破"数据孤岛"，打造企业数字化生态体系。"晨德正式对外发布了晨德工业互联网平台'M.IoT'，并成为国内首家集自主工业知识、软件、硬件于一体的完整工业互联网平台供应商"。

8.6 斯尔解析

（1）公司宗旨旨在阐述公司长期的战略意向，其具体内容主要说明公司目前和未来所要从事的经营业务范围。睿祥公司初创时期的业务定位是做手机业务，"要做一款设计好、品质好而价格又便宜的智能手机"；而历经8年的发展，到2018年睿祥公司上市之前，睿祥公司的业务定位是"围绕手机业务构建起手机配件、智能硬件、生活消费产品三层产品矩阵，睿祥公司也从一家手机公司过渡到一个涵盖众多消费电子产品、软硬件和内容全覆盖的互联网企业"。

（2）依据"战略钟"理论，睿祥智能手机与生态链产品所采用的竞争战略类型是混合战略，即在为顾客提供更高的认可价值的同时，获得成本优势。亦即差异化与成本领先兼顾的战略。"睿祥坚持做顶级配置，真材实料，高性能，高体验，强调超用户预期的最强性价比""这款号称顶级配置的手机其定价只有1 999元，几乎是同配置手机价格的一半""由于睿祥品牌给人们高性价比的印象已经根深蒂固，因此不少人认为睿祥生态链企业的产品无法赢利。但实际上，睿祥生态链企业已经有多家实现盈利""感动人心、价格厚道"。

（3）"睿祥的成功模式成为各行各业观摩学习的范本"，依据核心能力评价理论，向睿祥公司学习的企业基准分析的基准类型是过程或活动基准，即以具有类似核心经营的企业为基准进行比较，但是二者之间的产品和服务不存在直接竞争的关系。这类基准分析的目的在于找出企业做得最突出的方面。"大量企业开始对标睿祥，声称要用睿祥模式颠覆自己所在的行业，'做××行业的睿祥'"，说明不是同一行业企业，当然也不存在直接竞争关系。

（4）睿祥公司在2015年所面临的市场风险主要表现在两个方面：

①能源、原材料、配件等物资供应的充足性、稳定性和价格的变化带来的风险。"销量越来越大就意味着要与数百个供应商建立良好高效的合作协同关系，不能有丝毫闪失。而睿祥的供货不足、发货缓慢被指为'饥饿营销'，开始颇受质疑""芯片供应商G公司的一脚急刹车成为导火索"。

②潜在进入者、竞争者与替代品的竞争带来的风险。"竞争对手也越来越多、越来越强大，H公司推出的互联网手机品牌R手机成为睿祥手机强劲的对手，O公司和V公司也借助强大的线下渠道开始崛起""以线下渠道为主的O公司和V公司成为手机行业的新星，其手机出货量不仅增幅超过100%，而且双双超过睿祥进入全球前五、国内前三"。

（5）睿祥公司2016年所采用的收缩战略（撤退战略）的主要方式有：

①紧缩与集中战略中的机制变革，主要做法是调整管理层领导班子。"霍兵亲自负责睿祥手机供应链管理，前供应链负责人转任首席科学家，负责手机前沿技术研究。这意味着睿祥公司从组织架构上加大对供应链的管理力度"。

②转向战略中的调整营销策略，在价格、广告、渠道等环节推出新的举措。"开启'新零售'战略。所谓新零售就是指通过线上线下互动融合的运营方式，将电商的经验和优势发挥到实体零售中。让消费者既能享用线下看得见摸得着的良好体验，又能获取电商一样的低价格。截至2018年3月10日，全国范围内已经有330个实体店睿祥之家，覆盖186座城市""早年一直坚持口碑营销从未请过代言人的睿祥公司在2016年开始改变策略，先后请来几位明星作为代言人，赢得了不少新老用户"。

（6）睿祥生态链所采用的发展战略的类型属于相关多元化（同心多元化）。"睿祥生态链的投资主要围绕以下五大方向：

①手机周边，如手机的耳机、移动电源、蓝牙音箱；

②智能可穿戴设备，如睿祥手环、智能手表；

③传统白电的智能化，如净水器、净化器；

④极客酷玩类产品，如平衡车、3D打印机；

⑤生活方式类，比如睿祥插线板""围绕手机业务构建起手机配件、智能硬件、生活消费产品三层产品矩阵"。

睿祥采用这一战略的优点：

①有利于企业利用原有产业的产品知识、制造能力、营销渠道、营销技能等优势来获取融合优势，即两种业务或两个市场同时经营的盈利能力大于各自经营时的盈利能力之和。"睿祥生态链团队不仅做投资，而且是一个孵化器，从ID、外观、结构、硬件、软件、云服务、供应链、采购、品牌等诸多方面给予创业公司全方位的支持""麦家的多个产品已经做到了全球数量第一，睿祥生态链公司也出现多个独角兽""睿祥生态链企业已经有多家实现盈利。这是因为睿祥利用其规模经济所带来的全球资源优势帮助这些生态链公司提高效率""睿祥公司也从一家手机公司过渡到一个涵盖众多消费电子产品、软硬件和内容全覆盖的互联网企业"。

②利用未被充分利用的资源。"睿祥公司抽出20名工程师，让他们从产品的角度看拟投资的创业公司，通过与创业公司团队的沟通，了解这家公司的未来走向"。

③运用盈余资金。"运用睿祥公司已经积累的大量资金"。

④运用企业在某个产业或某个市场中的形象和声誉来进入另一个产业或市场，而在另一个产业或市场中要取得成功，企业形象和声誉是至关重要的。"睿祥生态链团队不仅做投资，而且是一个孵化器，从ID、外观……品牌等诸多方面给予创业公司全方位的支持"。

睿祥生态链所采用的发展战略的途径是战略联盟。"睿祥生态链团队不仅做投资，而且是一个孵化器，……但是，睿祥公司并没有控股任何一家睿祥生态链公司，所有的公司都是独立的""正是通过这种独特的战略联盟模式，睿祥投资并带动了更多志同道合的创业者，围绕手机业务构建起手机配件、智能硬件、生活消费产品三层产品矩阵"。

睿祥采用这种方式的动因：

①促进技术创新。"生态链企业各自发挥技术创新优势""很多新兴产品领域，麦家的多个产品已经做到了全球数量第一，睿祥生态链公司也出现多个独角兽"。

②避免经营风险。"同时……规避经营风险"。

③实现资源互补。"从ID、外观、结构、硬件、软件、云服务、供应链、采购、品牌等诸多方面给予创业公司全方位的支持""睿祥公司利用其规模经济所带来的全球资源优势帮助这些生态链公司提高效率"。

④开拓新的市场。"睿祥已经投资了90多家生态链企业，涉足上百个行业"。

⑤降低协调成本。"同时降低睿祥公司整体的内部协调整合的成本"。

（7）第一，研发能力。"睿祥公司一是运用互联网工具，让用户参与到手机硬件的设计、研发之中，通过用户的反馈意见，了解消费者的最新需求。而此前其他公司的研发模式都是封闭式的，动辄一两年，开发者以为做到了最好，但其实未必是用户喜欢的，而且一两年时间过去，市场很可能已经变化。二是睿祥坚持做顶级配置，真材实料，高性能，高体验，强调超用户预期的最强性价比""睿祥生态链团队不仅做投资，而且是一个孵化器，从ID、外观、结构、硬件、软件、云服务、供应链、采购、品牌等诸多方面给予创业公司全方位的支持。这些创业公司有一大半是睿祥生态链团队从零开始孵化的""在移动电源、空气净化器、可穿戴设备、平衡车等很多新兴产品领域，麦家的多个产品已经做到了全球数量第一"。

第二，生产管理能力。"利用互联网技术提高企业的运行效率，使优质的产品能够以高性价比的形式出现""睿祥公司运用其全球供应链优势能够让生态链上的小公司瞬间有几百亿的供应链提供的能力"。

第三，营销能力。

①产品竞争能力。"睿祥手机2012年实现销售量719万部。2014年第二季度，睿祥手机成为国内智能手机市场的第一名，睿祥公司在全球也成为第三大手机厂商""2017年第二季度，睿祥手机的出货量环比增长70%，达2 316万部，创造了睿祥手机季度出货量的新纪录。2017年四季度，在其他全球前五名的智能手机厂商出货量全部负增长的情况下，睿祥手机出货量增长了96.9%""在移动电源、空气净化器、可穿戴设备、平衡车等很多新兴产品领域，麦家的多个产品已经做到了全球数量第一，睿祥生态链公司也出现多个独角兽"。

②销售活动能力。"以品牌和口碑积累粉丝，靠口口相传，节省大量广告费用。第四，开创了官网直销预订购买的发售方式，不必通过中间商，产品就可以直接送到消费者的手上，省去了实体店铺的各种费用和中间的渠道费用""开启'新零售'战略。所谓新零售就是指通过线上线下互动融合的运营方式，将电商的经验和优势发挥到实体零售中""早年一直坚持口碑营销从未请过代言人的睿祥公司在2016年开始改变策略，先后请来几位明星作为代言人，赢得了不少新老用户"。

③市场决策能力。"霍兵与他的合伙人们就有一个想法：要做一款设计好、品质好而价格又便宜的智能手机。2010年的手机市场，还是国际品牌的天下，功能机仍是主体，智能手机的价格至少也要在3 000~4 000元。虽然也有一些国产品牌手机，但大多是低质低价的山寨机""2014年，霍兵开始意识到'智能硬件'和'万物互联（Internet of Things，IoT）'可能是比智能手机还要大的发展机遇。于是，睿祥公司开启了睿祥生态链计划"。

第四，财务能力。"睿祥公司开启了睿祥生态链计划，运用睿祥公司已经积累的大量资金，准备在5年内投资100家创业公司，在这些公司复制睿祥模式""2018年7月，睿祥公司成功上市""由于睿祥品牌给人们高性价比的印象已经根深蒂固，因此不少人认为睿祥生态链企业的产品无法赢利。但实际上，睿祥生态链企业已经有多家实现盈利"。

第五，组织管理能力。"2016年，睿祥内部开始进行架构和模式多维调整。霍兵亲自负责睿祥手机供应链管理，前供应链负责人转任首席科学家，负责手机前沿技术研究。这意味着睿祥公司从组织架构上加大对供应链的管理力度""睿祥公司抽出20名工程师，让他们从产品的角度看拟投资的创业公司，通过与创业公司团队的沟通，了解这家公司的未来走向""睿祥公司并没有控股任何一家睿祥生态链公司，所有的公司都是独立的。这样有利于在统一的价值观和目标下，生态链企业各自发挥技术创新优势，同时降低睿祥公司整体的内部协调整合的成本，规避经营风险"。

8.7 💡 斯尔解析

（1）

①具有强大的研发能力和产品设计能力。"力益公司创立之初就推崇'小而美'的策略，致力于开发优质的MP3产品……其产品成为国产MP3高品质的代表，也因此拥有了大量忠实用户，并创造了国内MP3历史上多个'第一'""力益公司开始在智能手机领域投入全部的精力，致力开发高端智能手机""力益公司的智能手机新品种在不断创新中脱颖而出"。

②具有很强的市场营销能力。"力益公司强化营销体系建设，在实施多重营销策划方案的同时，不断扩展专卖店和维修中心。2013年力益公司国内专卖店数量超过1 000家，维修中心数量突破100家"。

③有能够确保激励员工创造性的激励体制、管理体制和良好的创造性文化。"力益公司内部采取员工股票和期权激励制度，吸引和鼓励更多人才致力于公司的技术和产品创新"。

④具有从总体上提高某项经营业务的质量、树立产品形象、保持先进技术和建立完善分销渠道的能力。"力益公司创立之初就推崇'小而美'的策略，致力于开发优质的MP3产品。张煌对于上市产品的审核标准十分苛刻，多数开发的产品因'不够完美'被否定""力益公司延续着做MP3产品时的策略，崇尚小而美'，不追求扩大市场份额，专注制造精品"。

（2）

①力益公司对高端MP3和高端智能手机的研发类型属于"产品研究——新产品开发"。"进军国内MP3播放器市场，推出力益公司的开山之作MX系列""力益公司开始在智能手机领域投入全部的精力，致力开发高端智能手机"。

②力益公司对高端MP3和高端智能手机研发的动力来源类型属于"需求拉动"。"进军国内需求旺盛的MP3播放器市场""进入2007年，MP3市场盛极而衰，力益公司转向互联网智能手机的研发"。

③力益公司对高端MP3和高端智能手机的研发定位属于"成为成功产品的创新模仿者"。"进军国内需求旺盛的MP3播放器市场，推出力益公司的开山之作MX系列""力益公司开始在智能手机领域投入全部的精力，致力开发高端智能手机"。

（3）

①与电信运营商密切程度高、营销力度高的群组，包括"华夏"；

②与电信运营商密切程度高、营销力度低的群组，包括"中旺""盟进""联展"；

③与电信运营商密切程度低、营销力度高的群组，包括"OO""VV""XM"；

④与电信运营商密切程度低、营销力度低的群组，包括"力益"。

（4）

①狭小的目标市场导致的风险。"力益公司逐渐失去市场份额，成为一个小众品牌""在规模经济显著且已进入成熟期的产业中，投资者和供应链都开始拒绝'小而美'""小众厂商如果无法拿出很好的企划方案，很难说服投资方。而新一轮的手机技术竞争，大量投入，才能够作出高端产品，消费者情愿为高端产品埋单"。

②购买者群体之间需求差异变小。"在规模经济显著且已进入成熟期的产业中，产品差异逐渐变小"。

（5）

①产品策略。2009~2014年，"崇尚'小而美'，不追求扩大市场份额，专注制造精品，一年开发上市两部的精品"2015年以后，"实施机海战术，全面扩大产品线。2015年全年，力益公司发布了6款手机，覆盖了高、中、低三种不同档次和价格的产品线"。

②促销策略。2009~2014年，"广告投入也停滞不前"2015年以后，"运用新的投资，扩张线下门店，广告、公关宣传等营销手段在线上线下全面展开"。

③分销策略。2009~2014年，"渠道建设也停滞不前"；2015年以后，"运用新的投资，扩张线下门店，广告、公关宣传等营销手段在线上线下全面展开"。

④价格策略。2009~2014年，"专注制造精品"；2015年以后，"力益公司发布了6款手机，覆盖了高、中、低三种不同档次和价格的产品线"。

（6）

①企业产品结构、新产品研发方面可能引发的风险。"公司实施'小而美'策略，一年开发上市两部精品手机，而同时期其他国产手机厂商不断提高市场份额。力益公司成为一个小众品牌"。

②企业新市场开发，市场营销策略方面可能引发的风险。"公司实施'小而美'策略，广告投入与渠道建设也停滞不前，力益公司逐渐失去市场份额"。

③企业组织效能、管理现状、企业文化，高、中层管理人员和重要业务流程中专业人员的知识结构、专业经验等方面可能引发的风险。"自2016年起，力益公司再次遭受重创。主要原因是由于专业经验不足与评价体系不完善，力益手机大量使用了LFK的手机芯片"。

④质量、安全、环保、信息安全等管理中发生失误导致的风险。"LFK芯片用料廉价，CPU核心技术落后，与竞争对手GT芯片相比差距明显……由于'内芯'这一致命缺陷，市场并不买账，形势异常严峻"。

⑤企业现有业务流程和信息系统操作运行情况的监管、运行评价及持续改进能力方面引发的风险。"自2016年起，力益公司再次遭受重创。主要原因是由于……评价体系不完善，力益手机大量使用了LFK的手机芯片"。

8.8 斯尔解析

（1）

①政治和法律因素。"1979年中国恢复奥委会会籍，国家提出了以奥运会为核心的体育发展大战略。1993年，国家体委发布《关于深化体育改革的意见》，中国体育用品产业自此走向市场化道路"。

②经济因素。"改革开放大潮中的中国经济得以迅速发展，中国社会消费品零售额及服装鞋帽针织品零售额快速提高"。

③社会和文化因素。"公民生活的质量大大提高，大众对体育健身产品的爱好与日俱增，运动鞋服市场需求不断加大"。

（2）

①物理上独特的资源。"苏健公司1989年创立品牌后把'苏健'二字印在服装上，以其他企业难以模仿的中国奥运冠军'苏健'品牌为其主要发展动力，成为国产体

育用品品牌先驱"。

②具有路径依赖性的资源。"苏健公司从创建之日起坚持自有品牌，构筑自身竞争优势……"。

③具有因果含糊性的资源。"率先打造中华文化品牌形象，并将中华文化根植于企业文化中……"。

（3）

①产品或服务的价格及供需变化带来的风险。"经历了2008年的奥运热之后，国内运动鞋服行业规模增长速度自2011年开始下滑，2013年行业规模减小"。

②潜在进入者、竞争者、与替代品的竞争带来的风险。"自2011年以后，国际体育用品品牌的市场占有率开始遥遥领先于国产品牌；2011年，苏健公司的市场占有率被国产品牌步迅公司超过并自此位居其后""而AS和NK等国际品牌有几十年的研发历史和设计经验，科技性和品牌口碑更受消费者信任"。

（4）

①企业产品结构、新产品研发方面可能引发的风险。"苏健公司目标市场从广泛的体育爱好者群体转向'品牌年轻化'——全面拥抱'90后'年轻受众。然而，这一变革不仅使苏健公司失去了之前伴随和见证'苏健'品牌成长的'70后'和'80后'的广博群体，苏健公司为'90后'消费者重塑的新产品由于未能体现时代潮流也不被年青一代所接受"。

②企业新市场开发，市场营销策略方面可能引发的风险。"2011年以后'苏健'品牌主打产品单价从250元提高到390元以上""苏健公司为求扩张采取大力压货的方式，只是将产品批发到经销商手上，而很少关注从经销商到消费者的环节""苏健公司的对经销店铺的形象和零售能力缺乏统一的规划和引导，其经销商店铺形象陈旧，销售水平低下"。

③企业组织效能、管理现状、企业文化，高、中层管理人员和重要业务流程中专业人员的知识结构、专业经验等方面可能引发的风险。"苏健公司启动了一次重大的品牌重塑工程……然而，这一变革不仅使苏健公司失去了之前伴随和见证'苏健'品牌成长的'70后'和'80后'的广博群体，而且苏健公司为'90后'消费者重塑的新产品由于未能体现时代潮流也不被年青一代所接受""多年来营销力度大、设计研发投入少，消费者对于缺少设计研发能力而强行拔高价格的产品并不买账""对经销店铺的形象和零售能力缺乏统一的规划和引导，其经销商店铺形象陈旧，销售水平低下"。

④企业现有业务流程和信息系统操作运行情况的监管、运行评价及持续改进能力方面引发的风险。"对经销店铺的形象和零售能力缺乏统一的规划和引导，其经销商店铺形象陈旧，销售水平低下"。

（5）

①具有强大的研发能力和产品设计能力。"多年来营销力度大、设计研发投入少，消费者对于缺少设计研发能力而强行拔高价格的产品并不买账"。

②具有很强的市场营销能力。"对经销店铺的形象和零售能力缺乏统一的规划和引导，其经销商店铺形象陈旧，销售水平低下"。

③有能够确保激励员工创造性的激励体制、管理体制和良好的创造性文化。"苏健公司与国内其他品牌一样，多年来营销力度大、设计研发投入少，消费者对于缺少设计

研发能力而强行拔高价格的产品并不买账，而AS和NK等国际品牌有几十年的研发历史和设计经验，科技性和品牌口碑更受消费者信任"。

④具有从总体上提高某项经营业务的质量、树立产品形象、保持先进技术和建立完善分销渠道的能力。"多年来营销力度大、设计研发投入少，消费者对于缺少设计研发能力而强行拔高价格的产品并不买账""对经销店铺的形象和零售能力缺乏统一的规划和引导，其经销商店铺形象陈旧，销售水平低下"。

（6）2010年前苏健公司目标市场选择是无差异市场营销，2010年后苏健公司目标市场选择是集中化市场营销。"2010年，苏健公司启动了一次重大的品牌重塑工程，放弃了使用10年之久的'一切皆有可能'的广告传播语，更改为'让改变发生'，这一变革被业界看作是苏健公司目标市场从广泛的体育爱好者群体转向'品牌年轻化'——全面拥抱'90后'年轻受众"。

8.9 斯尔解析

（1）1992年N公司新任总裁欧先生上任后所实施的总体战略的类型分为两类：

①收缩战略。包括：

转向战略。"欧先生一上任就抓住时机达成共识，专注电信业务，推行以移动电话为中心的专业化发展新战略"。

放弃战略。"将造纸、轮胎、电缆、家用电器等业务或压缩到最低限度，甚至忍痛砍掉了当时规模已做到欧洲第二的电视生产业务"。

②发展战略。主要表现为密集型战略中的产品开发战略。"集中90%的资金和人力加强移动通信器材和多媒体技术的研究和开发""以最快的速度和最新的技术为用户研制出最需要的高质量产品，型号的更新速度更是令人应接不暇，层出不穷的每一款N公司手机都代表着一次经典性创新"。

（2）

①企业内部缺乏沟通，企业战略未能成为全体员工的共同行动目标，企业成员之间缺乏协作共事的愿望。"由于企业内部缺乏沟通，对新技术的认识不能在组织内部达成一致"。

②战略实施过程中各种信息的传递和反馈受阻。"管理层也没有通过集体学习加强信息交流促使组织达成共识"。

③公司管理者决策错误，使战略目标本身存在严重缺陷或错误。"但是当时N公司并没有考虑清楚自己要做什么类型的互联网公司，也不清楚互联网公司的内涵是什么，自己也说不清楚想怎么干，一会儿是游戏平台，一会儿是在线音乐商店，一会儿又是邮件服务平台，不断地变化让用户无法对N公司的互联网形象形成记忆""N公司的互联网战略仍然惯性地保持着2G时代的战略思维……2003年N公司买入塞班操作系统，在实践中，N公司发现塞班操作系统不适合3G时代的网络，它扛不住互联网庞大的流量""N公司也因相当傲慢的态度失去了占据中国3G市场的绝佳时机"。

④企业外部环境出现了较大变化，而现有战略一时难以适应。"2G时代N公司面临的只是众多手机厂商的竞争，到了3G时代，有线、无线、图像视频、娱乐、电子商务等在不断融合，N公司将要面临更多的未确定的竞争对手"。

（3）

①缺乏明确的发展战略或发展战略实施不到位，可能导致企业盲目发展，难以形成竞争优势，丧失发展机遇和动力。"但是当时N公司并没有考虑清楚自己要做什么类型的互联网公司，也不清楚互联网公司的内涵是什么，自己也说不清楚想怎么干"。

②发展战略因主观原因频繁变动，可能导致资源浪费，甚至危及企业的生存和持续发展。"在2006～2007年期间，N公司对在线业务投入高达100多亿美元，一会儿是游戏平台，一会儿是在线音乐商店，一会儿又是邮件服务平台，不断地变化让用户无法对N公司的互联网形象形成记忆"。

（4）文化与绩效的关系是：文化可能与高绩效相联系，文化也可能损害企业的绩效。

在2G时代，N公司的文化与高绩效相联系。"N公司始终在寻找和保持一种领导与管理之间的平衡，也就是通过领导的影响力，使企业的价值观渗透到员工的价值观中去。这种独特的企业文化，把广大员工凝聚到一起。N公司以其超强的成本控制能力、快速的市场反应、持续的产品创新、严格而完善的质量控制与检验、人性化的售后服务等优势，在手机市场独占鳌头"。

而在3G时代，N公司的文化损害企业的绩效。"由于企业内部缺乏沟通，对新技术的认识不能在组织内部达成一致，管理层也没有通过集体学习加强信息交流促使组织达成共识，公司研发的新技术被束之高阁，甚至出现在竞争对手的产品上，成为竞争对手产品的关键特色，N公司的好日子结束了"。

（5）

①研究项目未经科学论证或论证不充分，可能导致创新不足或资源浪费。"拥有5 000名创新人员和专业研究机构的N公司，产品开发指导思想还停留在做手机的阶段，产品所解决的问题还是如何更好地实现通信功能""N公司发现塞班操作系统不适合3G时代的网络，它扛不住互联网庞大的流量"。

②研究成果转化应用不足、保护措施不力，可能导致企业利益受损。"大量被当前的智能终端所普遍采用的技术如纳米科技、可视化、感应器、触控等在N公司的研发都成熟到了可应用的地步，但是公司研发的新技术被束之高阁；甚至出现在竞争对手的产品上，成为竞争对手产品的关键特色"。

8.10 斯尔解析

（1）无人机新兴产业内部结构的共同特征：

①技术的不确定性。"终于在2006年1月成功做出了第一台样品，并在航拍爱好者中广受好评""航拍爱好者购买了天志直升机后，相机还要另外购买，使用比较麻烦，而且产品价格过高，天志公司的新技术很难迅速推广""天志公司的无人机产品和技术使得更多的人获得了认识世界的全新视角，……开辟了一个又一个新的发展空间"。

②战略的不确定性。"天志公司的无人机产品和技术使得更多的人获得了认识世界的全新视角，让人们从地面的二维平面上升到三维空间去观察思考，其产品和技术也因此点燃了更多领域的创新。影视航拍、农业、能源、电力、测绘、安防等产业与无人机产业深度融合，天志公司的无人机技术成为这些产业创新所依赖的'基础设施'"。

③成本的迅速变化。"天志公司的技术很快就获得了业界认可，一个单品在当时卖到了20万元的售价，……而且产品价格过高，天志公司的新技术很难迅速推广""随

着生产技术的不断成熟，产品价格日趋下降"。

④萌芽企业和另立门户。"王浩开始了自主创业，他同两位一起做实验课题的伙伴，共同创立了天志公司"。

⑤首次购买者。新兴产业中许多顾客都是第一次购买。在这种情况下，市场营销的中心活动是选择顾客对象并诱导初始购买行为。"终于在2012年，天志精灵PH1横空出世，高度的集成一体化很快就获得了第一批消费者的认可"。

天志公司在无人机新兴产业中的战略选择：

①塑造产业结构。在新兴产业中占压倒地位的战略问题是考虑企业是否有能力促进产业结构趋于稳定而且成型。这种战略选择使企业能够在产品策略、营销方法以及价格策略等领域建立一套有利于自身发展的竞争原则，从而有利于企业建立长远的产业地位。"天志公司开始了相机飞机一体化的研发设计，终于在2012年，天志精灵PH1横空出世""天志公司的无人机技术成为这些产业创新所依赖的'基础设施'""产品价格日趋下降""牢牢锁定无人机市场的霸主地位"。

②正确对待产业发展的外在性。在一个新兴产业中，一个重要的战略问题是在对产业倡导和追求自身狭窄利益的努力之间作出平衡。产业的整体形象、信誉、与其他产业的关系、产业吸引力、顾客对产业的认知程度、产业与政府及金融界的关系等都与企业的生产经营状况息息相关。产业内企业的发展，离不开与其他同类企业的协调以及整个产业的发展。"天志公司的无人机技术成为这些产业创新所依赖的'基础设施'。在这一过程中天志公司与各产业中的专业人员密切合作，优势互补，开辟了一个又一个新的发展空间""全球有约10万名无人机技术开发者通过天志公司的平台完成各种各样的开发项目，有些项目远远超出了人们想象，伴随而至的是对天志公司技术和管理深化及制造管理提出新的任务和要求"。

③注意产业机会与障碍的转变，在产业发展变化中占据主动地位。"中国的直升机自主悬停技术在天志公司取得突破性的进展""天志公司的无人机产品和技术使得更多的人获得了认识世界的全新视角，让人们从地面的二维平面上升到三维空间去观察思考，其产品和技术也因此点燃了更多领域的创新。影视航拍、农业、能源、电力、测绘、安防等产业与无人机产业深度融合，天志公司的无人机技术成为这些产业创新所依赖的'基础设施'。在这一过程中，天志公司与各产业中的专业人员密切合作，优势互补，开辟了一个又一个新的发展空间"。

④选择适当的进入时机与领域。选择适当的进入时机在新兴产业中尤为重要。早期进入涉及高风险，但可以在关键市场取得"局内人的位置"，获得市场支配地位。"2008年，第一个较为成熟的直升机飞行系统XP3.1在天志公司问世，中国的直升机自主悬停技术在天志公司取得突破性的进展，……牢牢锁定无人机市场的霸主地位"。

（2）

①它对顾客是否有价值？"高度的集成一体化很快就获得了第一批消费者的认可，引爆了整个无人机领域的使用需求""天志公司的无人机产品和技术使得更多的人获得了认识世界的全新视角，让人们从地面的二维平面上升到三维空间去观察思考，其产品和技术也因此点燃了更多领的创新"。

②它与企业竞争对手相比是否有优势？"天志公司从此走上无人机领域的巅峰""牢牢锁定无人机市场的霸主地位"。

③它是否很难被模仿或复制？"由于天志公司技术和管理的不断深化和创新，竞争对手不易模仿，更难以超越"。

天志公司在无人机产业同时满足3个关键测试，具备核心能力。

（3）

①研发类型属于产品研究——新产品开发。"中国的直升机自主悬停技术在天志公司取得突破性的进展"。

②研发的动力来源既属于"技术推动"，即创新来自发明的应用。"中国的直升机自主悬停技术在天志公司取得突破性的进展"。又属于"需求拉动"，即市场的新需求拉动创新以满足需求。"天志公司的无人机产品和技术使得更多的人获得了认识世界的全新视角，让人们从地面的二维平面上升到三维空间去观察思考，其产品和技术也因此点燃了更多领域的创新。影视航拍、农业、能源、电力、测绘、安防等产业与无人机产业深度融合，天志公司的无人机技术成为这些产业创新所依赖的'基础设施'"。

③研究定位属于成为向市场推出新技术产品的企业。"中国的直升机自主悬停技术在天志公司取得突破性的进展""天志公司从此走上无人机领域的巅峰""牢牢锁定无人机市场的霸主地位"。

④从安索夫矩阵角度，分析天志公司研发的战略作用。研发支持四个战略象限：

可以通过产品求精来实现市场渗透战略和市场开发战略。"天志公司从此走上无人机领域的巅峰""在全球范围内，已有越来越多的用户使用天志公司的产品和解决方案"。

产品开发和产品多元化需要更显著的产品创新。"天志公司的无人机产品和技术使得更多的人获得了认识世界的全新视角，让人们从地面的二维平面上升到三维空间去观察思考，其产品和技术也因此点燃了更多领域的创新。影视航拍、农业、能源、电力、测绘、安防等产业与无人机产业深度融合，天志公司的无人机技术成为这些产业创新所依赖的'基础设施'。在这一过程中，天志公司与各产业中的专业人员密切合作，优势互补，开辟了一个又一个新的发展空间"。

（4）

①企业组织效能、管理现状、企业文化，高、中层管理人员和重要业务流程中专业人员的知识结构、专业经验等方面可能引发的风险。"公司治理结构相对混乱""'重结果，轻人才'的管理模式"。

②质量、安全、环保、信息安全等管理中发生失误导致的风险。"2017年一名安全研究员在天志公司的网络安全方面发现了一个非常严重的漏洞。这个漏洞会导致天志公司的所有旧密钥毫无用处，从而可能造成天志公司服务器上的用户信息、飞行日志等私密信息能够被下载"。

③因企业内、外部人员的道德风险或业务控制系统失灵导致的风险。"在公司运作的各个领域（采购、研发设计、工厂制造、行政管理以及销售）均出现了舞弊行为，可见这次串通勾结行为范围极广，危害程度极大"。

④企业现有业务流程和信息系统操作运行情况的监管、运行评价及持续改进能力方面引发的风险。"缺乏内部信息的披露。作为一家非上市的民营企业，天志公司没有对外披露重大事项的要求和压力，导致公司内部治理缺乏良性运行和监督机制，在信息不对称的情况下，舞弊、泄密等问题极易产生"。

（5）

①治理结构形同虚设，缺乏科学决策、良性运行机制和执行力，可能导致企业经营失败，难以实现发展战略。"天志公司领导层面对业务的迅速扩张，将注意力集中在极力扩大经营规模、追求足够的市场份额和企业利润，而忽略组织内部治理，致使腐败、泄密等问题频繁产生"。

②内部机构设计不科学，权责分配不合理，可能导致机构重叠、职能交叉或缺失、推诿扯皮，运行效率低下。"产品在开发时由两个团队分头去做，谁的产品好就用谁的，产品未被选用的团队会被公司淘汰。这一管理模式带来诸多问题，如研发过程中两个团队恶性竞争、人才流失严重、被选用的团队为防以后被淘汰而滋生腐败动机等"。

（6）

①人力资源缺乏或过剩、结构不合理、开发机制不健全，可能导致企业发展战略难以实现。"赛马机制一直是团队竞争发展的管理模式。……'重结果，轻人才'的文化氛围大大地降低了员工的归属感，难以形成凝聚力、向心力"。

②人力资源激励约束制度不合理、关键岗位人员管理不完善，可能导致人才流失、经营效率低下或关键技术、商业秘密和国家机密泄露。"产品在开发时由两个团队分头去做，谁的产品好就用谁的，产品未被选用的团队会被公司淘汰。这一管理模式带来诸多问题，如研发过程中两个团队恶性竞争、人才流失严重、被选用的团队为防以后被淘汰而滋生腐败动机等"。

③人力资源退出机制不当，可能导致法律诉讼或企业声誉受损。"产品未被选用的团队会被公司淘汰。这一管理模式带来诸多问题，如研发过程中两个团队恶性竞争、人才流失严重、被选用的团队为防以后被淘汰而滋生腐败动机等，离职员工对天志公司负面评价很多"。

（7）

①供应商选择不当，采购方式不合理，招投标或定价机制不科学，授权审批不规范，可能导致采购物资质次价高，出现舞弊或遭受欺诈。"让供应商报底价，然后伙同供应商往上加价，加价部分双方按比例分成""利用手中权力，以技术规格要求为由指定供应商或故意以技术不达标把正常供应商踢出局，让可以给回扣的供应商进短名单，长期拿回扣""以降价为借口，淘汰正常供应商，让可以给回扣的供应商进短名单并做成独家垄断，然后涨价，双方分成""利用内部信息和手中权力与供应商串通收买验货人员，对品质不合格的物料不进行验证，导致质次价高的物料长期独家供应""内外勾结，搞皮包公司，利用手中权力以皮包公司接单，转手把单分给工厂，中间差价分成"。

②采购验收不规范，付款审核不严，可能导致采购物资、资金损失或信用受损。"在2018年由于公司供应链贪腐造成平均采购价格超过合理水平20%以上，保守估计造成超过10亿元人民币损失。在公司运作的各个领域（采购、财务、研发设计、工厂制造、行政管理以及销售）均出现了舞弊行为，可见这次串通勾结行为范围极广，危害程度极大"。

小斯有话说：

　　做完不代表做对，做对不代表都会，认真回顾做题过程，总结掉坑经验，下次可千万别再犯同样的错误啦！

　　学员：

过